21世纪普通高等院校系列教材

Tourism and Hospitality Management

旅游接待业管理

主　编　胡家镜

副主编　岳培宇　徐晓炜　刘　燕

西南财经大学出版社

中国·成都

图书在版编目(CIP)数据

旅游接待业管理/胡家镜主编;岳培宇,徐晓炜,刘燕副主编.—成都:西南财经大学出版社,2021.12(2023.8重印)
ISBN 978-7-5504-5202-2

Ⅰ.①旅… Ⅱ.①胡…②岳…③徐…④刘… Ⅲ.①旅游业—经营管理—高等学校—教材 Ⅳ.①F590.6

中国版本图书馆CIP数据核字(2021)第249737号

旅游接待业管理
LÜYOU JIEDAIYE GUANLI

胡家镜 主编
岳培宇 徐晓炜 刘燕 副主编

策划编辑:孙婧
责任编辑:冯雪
责任校对:王琳
封面设计:杨红鹰 墨创文化
责任印制:朱曼丽

出版发行	西南财经大学出版社(四川省成都市光华村街55号)
网址	http://cbs.swufe.edu.cn
电子邮件	bookcj@swufe.edu.cn
邮政编码	610074
电话	028-87353785
照排	四川胜翔数码印务设计有限公司
印刷	郫县犀浦印刷厂
成品尺寸	185mm×260mm
印张	16.5
字数	394千字
版次	2021年12月第1版
印次	2023年8月第3次印刷
印数	7001—9000册
书号	ISBN 978-7-5504-5202-2
定价	38.00元

前言

随着全球经济的稳步发展，旅游业正在成为全球经济体系中产业规模最大、发展势头最强劲、关联带动作用最明显的产业，并在众多国家和地区展示出极具活力的发展前景。尽管受新冠肺炎疫情的影响，全球旅游业严重受挫，但仍然拥有快速复苏的能力。实现旅游接待业的优质管理，提升旅游者的旅游体验，满足人民对美好生活和精神文化的极致需求是旅游发展过程中的重要目标和产业使命。从教育供给来看，我国旅游教育日趋成熟。2012年，教育部将旅游管理类本科专业列为独立一级专业，彰显出产业发展对专业人才的紧迫需求。在此背景下，《旅游管理类本科专业教学质量国家标准》明确确立了旅游管理类专业“4+3”核心课程体系。其中，旅游接待业是旅游管理类本科专业必修的“4”门核心课程之一。

《旅游接待业管理》正是面向高等院校旅游管理类专业核心课程“旅游接待业”编写的教材。本教材的编写坚持科学性与实用性原则，注重课程内容的完整性、系统性和前沿性。本书内容包括十三个章节，第一章是旅游接待业概述，第二章至第七章立足旅游接待业的核心构成，分别介绍旅游住宿、旅游餐饮、旅游景区、休闲与游憩、会展与节事、旅行服务等旅游接待部门及其业务管理；第八章至第十一章基于接待业的服务导向、顾客导向，以及行业敏感性、发展性等共性特征，重点介绍旅游接待业的服务质量管理、顾客关系管理、危机管理、信息技术在旅游接待业中的应用；第十二章、第十三章则面向未来和行业整体，特别引入旅游接待业的新兴业态和公共服务体系。全书内容丰富、结构合理，理论与实践紧密结合，以期为旅游管理类本科学生、研究生、从事旅游管理教学工作的本科院校老师以及旅游行业管理人员、广大从业者构建相对完善和前沿的接待业知识体系和理论框架。

本教材由三所拥有旅游管理国家一流本科专业建设点的高校专任教师协作编写完成，是集体创作的结晶。参加编写的人员有四川农业大学的胡家镜副教授（第一章、第十章、第十一章、第十三章）、刘燕副教授（第四章）、曹兴平博士（第九章）、周格粉博士（第三章），成都大学的岳培宇博士（第五章、第六章、第七章、第十二章）、西南财经大学的徐晓炜博士（第二章、第八章）。四川农业大学的胡家镜副教授负责全书理论框架构思、内容梳理、结构设计等统筹工作。感谢西南财经大学博士生熊林，四川农业大学研究生宋悦、马秀丽、欧楚楚，以及成都大学研究生钟沁洁为本书所做的大量基础资料整理、案例筛选和校稿工作。感谢四川农业大学本科生郑婧姮、吴雨、叶语嫣为本教材制作精美课件。

旅游接待业在国内旅游学科中还是一门新兴而重要的课程，但在国际上已经形成相对成熟的课程内容和框架体系。编写团队既继承了现有旅游接待业成熟的内容框架、基础知识和基本理论，又充分结合了行业发展的现实背景和未来趋势，力求在逻辑上保持严密，内容上有所突破，表述上精准恰当，形式上丰富立体。本教材的编写借鉴了国内外大量研究成果和相关资料，在此对相关作者一并致谢！尽管编写团队对旅游接待业课程建设充满热情，但对这门课程的执教年限还比较短，相关知识水平有限，教材编写中难免存在疏漏之处，敬请广大读者批评指正。

胡家镜

2021 年 9 月

目录

第一章 旅游接待业概述

■学习目标

理解旅游接待的内涵
了解旅游接待业的范围
掌握旅游接待业的特征
了解旅游接待业的组织形式
理解旅游接待业的战略定位
了解旅游接待业从业人员素质要求
核心概念：旅游接待、旅游接待业、旅游企业、世界旅游组织、从业素养

第一节 旅游接待业的概念、范围与特征

一、旅游接待

中文语境中，“接待”一词由“接”和“待”两个单音节词构成，包含“迎接、接纳”和“招待、款待”之意。英文语境中，“hospitality”是使用最为广泛的“接待”单词，与“hotel”一样源于中世纪拉丁词汇“hospes”（等同于 guest，即客人、陌生人的意思），并进一步发展为“hospitabilis”（等同于 put up as a guest，其中 put up 有提供食宿之意）。《牛津词典》将“hospitality”定义为“the act or practice of being hospitable; the reception and entertainment of guests or strangers with liberality and goodwill”，即以慷慨和善意招待客人或陌生人，是一种好客的行为或做法。

可见，无论是中文语境中的“接待”，还是英文语境中的“hospitality”，都有鲜明的主客情景，是一种涵盖了主体和客体的双方活动。根据主体和客体之间的关系差异，以及接待目的的不同，接待可分为私人接待和商业接待两个领域。私人接待多指在家

中款待亲朋好友，发生情景通常是家里或其他私人场所中，不具有营利目的；商业接待通常是有偿为接待对象提供膳食、住宿、休闲娱乐等商业服务，具有营利目的。

基于上述分析，本书将旅游接待界定为旅游接待组织在为旅游者顺利开展旅游活动时提供有形产品和无形服务的行为和关系总和。旅游接待的主体以旅游接待企业为主，旅游接待的客体以旅游者为主；旅游接待主要但不限于以盈利为目的的商业接待；旅游接待的内容包括有形的产品（住宿设施）和无形的服务（旅游咨询服务）；人们对旅游活动的需要是旅游接待的直接触发因子，它与旅游接待相互促进。

二、旅游接待业的概念和范围

（一）旅游接待业的概念

本教材基于旅游接待的内涵，综合相关学者的观点，将旅游接待业定义为：在社会文化和经济发展的推动下，为旅游者顺利开展旅游活动，并在旅游过程中获得快乐、舒适和福祉，从而向旅游者有偿提供住宿、餐饮、交通等有形旅游产品和无形服务的旅游接待企业和其他旅游接待组织的集合。前者如旅游饭店、旅行社、旅游景区、主题公园等，后者如旅游行业组织、旅游行政主管部门等。旅游接待业的核心产业包括住宿业、餐饮业、景区、休闲业、会展业和旅行服务业。

（二）旅游接待业的范围

目前旅游接待业的产业范围还未被明确界定，但世界旅游组织推荐的《2008 年国际旅游统计建议》和我国国家统计局印发的《国家旅游及相关产业统计分类（2018）》，从旅游统计的技术层面，为旅游接待业的范围界定提供了参考。

世界旅游组织推荐的《2008 年国际旅游统计建议》，依据受旅游需求活动影响程度的大小，将旅游产业划分为旅游特征产业和旅游管理关联产业两部分。其中与旅游需求关系密切，受旅游需求变化影响大的产业被称为旅游特征产业。旅游接待业至少由 12 个旅游特征产业构成，包括住宿行业、餐饮行业、铁路客运交通行业、公路客运交通行业、水路客运交通行业、航空客运交通行业、交通设备租赁行业、旅行代理与其他预定服务行业、文化服务行业、体育与娱乐行业这 10 个具有国际可比性的行业和国家特定的旅游特征物品的零售业、国家特定的其他旅游特征行业这 2 个不具国际可比性的行业。

国家统计局印发的《国家旅游及相关产业统计分类（2018）》中的旅游接待业由 9 个行业大类、27 个行业中类和 65 个行业小类构成（见表 1-1）。9 个行业大类分别是旅游出行、旅游住宿、旅游餐饮、旅游游览、旅游购物、旅游娱乐、旅游综合服务、旅游相关产业和政府旅游管理服务。

表 1-1　旅游行业分类表

大类	中类	小类
旅游出行	旅游铁路运输	铁路旅客运输、客运火车站
	旅游道路运输	城市旅游公共交通服务、公路旅客运输
	旅游水上运输	水上旅客运输、客运港口
	旅游空中运输	航空旅客运输、观光游览航空服务、机场、空中交通管理
	其他旅游出行服务	旅客票务管理、旅游交通设备租赁
旅游住宿	一般旅游住宿服务	旅游饭店、一般旅馆、其他旅游住宿服务
	休养旅游住宿服务	—
旅游餐饮	旅游正餐服务	—
	旅游快餐服务	
	旅游饮料服务	
	旅游小吃服务	
	旅游餐饮配送服务	
旅游游览	公园景区游览	城市公园管理、游览景区管理、生态旅游游览、游乐园
	其他旅游游览	文物及非物质文化遗产保护、博物馆、宗教活动场所服务、烈士陵园、纪念馆、旅游会展服务、农业观光休闲旅游
旅游购物	旅游出行工具及燃料购物	—
	旅游商品购物	
旅游娱乐	旅游文化娱乐	文艺表演旅游服务、表演场所旅游服务、旅游室内娱乐服务、旅游摄影扩印服务
	旅游健身娱乐	体育场馆旅游服务、旅游健身服务
	旅游休闲娱乐	洗浴旅游服务、保健旅游服务、其他旅游休闲娱乐服务
旅游综合服务	旅行社及相关服务	—
	其他旅游综合服务	旅游活动策划服务、旅游电子平台服务、旅游企业管理服务
旅游相关产业	旅游辅助服务	游客铁路出行辅助服务、游客道路出行辅助服务、游客水上出行辅助服务、游客航空出行辅助服务、旅游搬运服务
	旅游金融服务	旅游相关银行服务、旅游人身保险服务旅游、财产保险服务、其他旅游金融服务
	旅游教育服务	旅游中等职业教育、旅游高等教育、旅游培训
	其他旅游辅助服务	旅游安保服务、旅游翻译服务、旅游娱乐体育设备出租、旅游日用品出租、旅游广告服务
政府旅游管理服务	政府旅游事务管理	—
	涉外旅游事务管理	

三、旅游接待业的特征

（一）综合性

综合性是旅游接待业最显著的特征之一。首先，旅游接待业具有构成要素的综合性。旅游者的旅游活动开展涉及诸多要素和项目，它是以游览、休闲为主要内容的综合性消费。旅游接待业为旅游者提供吃、住、行、游、购、娱等综合性产品和服务，以满足旅游者的多样化需求，由此决定了旅游接待业作为供给要素构成体系的综合性。其次，旅游接待业具有产业关联的综合性。随着社会、经济和技术的进步，一方面，旅游的社会化分工越来越细，旅游接待业中的细分行业和企业之间的横向联合和纵向联合越来越频繁；另一方面，旅游产业融合演变，产业之间的边界进一步模糊，这种产业发展趋势也增强了旅游接待业的综合性和复杂性。

（二）经济性

首先，旅游接待业属于商业接待的范畴，尽管会涉及少量非营利性接待，但主要产品和服务还是以营利为目的，因此具有典型的经济属性。其次，旅游接待业能够拉动区域内的其他相关产业，促成产业系统的形成和发展，优化产业结构。最后，旅游接待业属于劳动密集型综合服务业，能够有效增加区域内就业机会，缓解就业压力。

（三）服务性

旅游接待业是通过为旅游者提供有形产品和无形服务，来满足游客的物质享受和精神需求，其中以向旅游者提供无形服务为主，很多有形产品是更好地为旅游者提供无形服务的依托和载体。

（四）文化性

旅游接待业是促进文化交流的重要途径和渠道。首先，旅游接待业的发展是以经济为动力，并以经济的方式拓展文化交流的范围。其次，旅游活动可视为不同国家和不同地区居民之间基于文化差异而进行的相互访问，是国民能够全方位参与的文化交流，因此它能够产生更为持久、广泛和深远的文化影响。

第二节　旅游接待业的组织

一、旅游接待企业

企业是在一定法规约束下，能够自主经营、自负盈亏、独立承担民事责任的经济实体。旅游接待企业是旅游接待业的基本组织单元。根据企业的所有权形式和企业之间的联系形式，旅游接待企业可分为不同类型。

（一）基于所有权分类的旅游接待企业

根据企业所有权的不同，旅游接待企业可分为以下几类：

1. 个人业主制旅游企业

个人业主制旅游企业是以旅游收入为唯一或主要收入来源的、由个人出资建立并承担无限责任的企业。常见的个人业主制旅游企业有旅行社、旅馆、餐馆、旅游咨询公司等。个人业主制旅游企业的所有权和经营管理权都属于业主，业主经营积极性高，不存在委托代理、信息不对称等导致的代理人“道德风险”等问题。但这类企业主要依赖业主个人的资源和能力，资金规模有限，经营的稳定性和可持续性容易受到影响。

2. 合伙制旅游企业

合伙制旅游企业又叫旅游合伙企业，是指自然人、法人和其他组织依照《中华人民共和国合伙企业法》在中国境内设立的，以旅游收入为唯一或主要来源的普通合伙企业和有限合伙企业。普通合伙企业由普通合伙人组成，合伙人对合伙企业债务承担无限连带责任。有限合伙企业由普通合伙人和有限合伙人共同构成，普通合伙人负责合伙企业的经营管理，对合伙企业债务承担无限连带责任，有限合伙人不执行合伙事务，仅以其认缴的出资额为限对合伙企业债务承担有限责任。

相较于个人业主制旅游企业，合伙制旅游企业的资金来源更广，但由于普通合伙人要对企业债务承担无限连带着责任，而经营管理工作往往由少数合伙人承担，在信息不对称的情况下容易产生经营风险，也限制了合伙制企业的合伙人数量和企业发展规模。

3. 旅游公司

旅游公司是指依据《中华人民共和国公司法》在中国境内设立的，以旅游收入为唯一或主要来源的有限责任公司和股份有限公司。公司是企业法人，有独立的法人财产，享有法人财产权。公司以其全部财产对公司债务承担责任。有限责任公司的股东以其认缴的出资额为限对公司承担责任；股份有限公司的股东以其认购的股份为限对公司承担责任。

公司股东依法享有资产收益、参与重大决策和选择管理者等权利。公司制旅游企业有利于吸引投资、扩大资金来源，但公司存在所有权和经营权分离的情况，容易导致管理者发生“道德风险”等问题。

旅游接待业的六大核心产业中，存在大量的公司制企业。

4. 其他形式的旅游公司

随着商业业态的创新和企业融资渠道的多样化发展，旅游接待业还衍生出一些新型旅游公司，如旅游投资信托公司、私人共有产权式酒店等。旅游信托投资公司的运营模式是将广大投资者的零星资金汇集为整笔基金，代理投资人将资金投资于旅游项目，如开元产业投资信托基金，是全球第一个专注于中国内地酒店产业的信托基金。私人共有产权式酒店的基本特征是酒店的住宿单元，如一个房间，由投资者个人拥有，其他公共区域则由全体业主或者酒店开发商拥有。个体投资者可将住宿单元出租给酒店运营方，也可自行居住。私人共有产权式酒店有助于酒店开发商及时收回资金，并获得酒店经营的长期收益。

（二）基于企业联系形式的旅游接待企业

旅游接待业的企业发展往往需要获得规模经济和范围经济，因此除了单体旅游企业，行业内还存在各类连锁运营的旅游企业和旅游企业战略联盟。

1. 单体旅游企业

单体旅游企业是指同一品牌旗帜下只有一家旅游企业。大部分处于创立阶段的旅游企业都是单体旅游企业，这类企业普遍缺乏规模经济与范围经济。

2. 连锁旅游企业

连锁旅游企业是指在同一品牌旗帜下拥有两家及以上的旅游企业集团。集团母公司或总部与旗下企业之间要么拥有资产组带关系，要么是总部对旗下企业进行品牌输出或管理输出，如特许经营。旅游连锁企业的专业化程度较高，品牌影响力大，通常在营销渠道、常旅客计划方面具有强大竞争力，能够实现品牌经济、规模经济和范围经济。

3. 旅游企业战略联盟

旅游企业战略联盟指一家旅游企业与其他旅游企业为了实现各自的战略目标，在保持各自资产独立、经营独立的基础上，就某一业务达成合作的松散型组织。随着企业之间合作领域的拓展和深化，旅游企业战略联盟可能发展为战略联盟网络，如一家酒店与多家酒店在共建共享预定渠道的基础上，进一步建立采购战略联盟、人力资源供给保障战略联盟等。

二、旅游接待业的行业组织

旅游接待业的行业组织主要表现为各种行业协会。行业协会的主要职能包括协调行业发展；制定行业规范，维护行业形象；代表行业与政府及相关部门保持联系，争取推动行业发展的合理政策和利益；为行业提供市场和政策信息、专题研究及培训等公共服务。

本教材主要介绍我国几个运行相对成熟、影响力较大的行业组织。

（一）中国旅游景区协会

中国旅游景区协会成立于2010年，它由全国旅游景区行业及相关企事业单位在平等自愿的基础上组成，具有独立的社团法人资格，接受文化和旅游部的领导和民政部的业务指导和监督。华侨城集团公司作为中国旅游景区协会的发起单位和会长单位，颐和园等24家景区为副会长单位。中国旅游景区协会是顺应我国旅游景区发展的产物，有助于推动旅游产业大发展。

（二）中国展览馆协会

中国展览馆协会成立于1984年，主要由展览主办机构、展览中心、展览工程公司、展览运输公司、展览媒体、高等院校、展览科研机构以及展览行业相关的具有法人资格的企事业单位自愿组成，业务主管部门是国务院国有资产监督管理委员会。中国展览馆协会积极为会展行业和会员单位服务，为行业与政府交流提供平台，成功组织多场不同主题的论坛活动，力求构筑展览信息与知识分享传播平台，推动会展行业共同发展。

（三）中国旅行社协会

中国旅行社协会成立于1997年，由中国境内的旅行社、各地区旅行社协会等单位自愿组成，具有独立的社团法人资格，业务指导单位为文化和旅游部。中国旅行社协会代表和维护旅行行业的共同利益和会员的合法权益，努力为会员和行业服务，在行业和政府之间发挥桥梁作用，为中国旅行社行业的健康发展做出贡献。

（四）中国航空运输协会

中国航空运输协会成立于2005年，它是以民用航空公司为主体，由企事业法人和社团法人自愿组成的全国性社团法人，行业主管部门是中国民用航空局。中国航空运输协会围绕行业发展和会员需要开展工作，促进科学发展、促进持续安全，维护会员权益、维护市场秩序，加大科技教育、强化合作交流，充分发挥自身的引导协调、支持保证和桥梁纽带作用，努力建设研究型、协同型、服务型社会组织，为实现建成民航强国目标贡献力量。

（五）中国旅游饭店协会

中国旅游饭店协会是指由业主公司、为饭店提供服务或与饭店主营业务紧密相关的企事业单位及各级相关社会团体自愿结成的全国性非营利社会组织。它代表和维护中国旅游饭店行业的共同利益，维护会员的合法权益，为会员和行业提供市场和政策信息、数据统计、专业研讨及培训考察服务，在政府与会员之间发挥桥梁和纽带作用，为促进我国旅游饭店业的健康发展做出积极贡献。

三、旅游接待业的国家和地方组织

我国旅游接待业的国家和地方组织主要指国家旅游行政主管部门（文化和旅游部）、各级地方文化和旅游行政主管部门（各省文化和旅游厅）以及地方旅游业合作发展组织。

（一）文化和旅游部

文化和旅游部是国务院组成部门，为正部级。依据文化和旅游部主要职责中对有关旅游发展职责的规定，文化和旅游部在推动旅游发展方面的主要职责包括：

（1）研究拟订旅游政策措施，组织起草旅游法律法规草案。

（2）统筹规划文化事业、文化产业和旅游业发展，拟定发展规划并组织实施，推进文化和旅游融合发展，推进文化和旅游体制机制改革。

（3）组织国家旅游整体形象推广，促进文化产业和旅游产业对外合作和国际市场推广，制定旅游市场开发战略并组织实施，指导、推进全域旅游。

（4）推进国家旅游公共服务体系建设。

（5）指导、推进文化和旅游科技创新发展，推进文化和旅游行业信息化、标准化建设。

（6）统筹规划文化产业和旅游产业，组织实施文化和旅游资源普查、挖掘、保护和利用工作，促进文化产业和旅游产业发展。

（7）指导文化和旅游市场发展，对文化和旅游市场经营进行行业监管，推进文化和旅游行业信用体系建设，依法规范文化和旅游市场。

（8）指导、管理文化和旅游对外及港澳台交流、合作和宣传、推广工作，指导驻外及驻港澳台文化和旅游机构工作，代表国家签订中外文化和旅游合作协议，组织大型文化和旅游对外及对港澳台交流活动，推动中华文化走出去。

（9）完成党中央、国务院交办的其他任务。

文化和旅游部中有关旅游的主要机构有政策法规司、人事司、财务司、公共服务司、科技教育司、产业发展司、资源开发司、市场管理司、国际交流与合作局（港澳台办公室）。

（二）各级地方文化和旅游行政主管部门

各级地方文化和旅游行政主管部门是各级地方政府站在地方经济和社会发展层面，统筹、规划、协调当地旅游业发展的地方政府机构。由于各级地方文化和旅游行政主管部门众多，本教材以四川省文化和旅游厅为例，说明地方文化和旅游主管部门推动旅游行业管理的主要职责和机构情况。

四川省文化和旅游厅在推动旅游发展方面的主要职责包括：

（1）拟订旅游政策措施，起草旅游地方性法规、规章草案，负责本部门依法行政工作。

（2）组织推动全省旅游业发展，拟订发展规划并组织实施，推进文化和旅游体制机制改革，推进文化和旅游融合发展。

（3）管理全省性重大文化和旅游活动，指导全省重点文化和旅游设施建设，组织全省文化和旅游整体形象推广，促进文化产业和旅游产业对外合作和国际市场推广，制定旅游市场开发战略并组织实施，推进全域旅游。

（4）推进全省旅游公共服务建设。

（5）推进文化和旅游科技创新发展，推进文化和旅游行业信息化、标准化建设。

（6）组织实施文化和旅游资源普查、挖掘、保护与利用工作，促进文化产业和旅游产业发展。

（7）指导文化和旅游市场发展，对文化和旅游市场经营进行行业监管，推进文化和旅游行业信用体系建设，依法规范文化和旅游市场。

（8）统筹全省旅游市场综合执法，组织查处全省性、跨区域旅游市场的违法行为，督查督办大案要案，维护市场秩序。

（9）负责管理文化和旅游对外及对港澳台交流合作与宣传推广工作，代表四川省签订对外文化和旅游合作协定，组织大型文化和旅游对外及对港澳台交流活动，推动中华文化走出去。

（10）负责文化和旅游系统及市场安全生产工作的综合协调与监督管理，对文化旅游园区的安全生产和职业健康工作实施行业监督管理。制定职责范围内的安全生产年度监督检查计划并组织实施。

（11）完成省委、省政府交办的其他任务。

（12）职能转变。以人民美好生活为引导，统筹推进文化事业、文化产业和旅游业融合发展。巩固旅游业的战略性支柱产业地位，提升国家文化软实力、国际旅游竞争力。

四川省文化和旅游厅中有关旅游的主要机构有政策法规处、规划指导处、公共服务处、科技教育处、产业发展处、资源开发处、市场管理处、综合执法监督局、宣传推广处、国际交流与合作处（港澳台办公室）。

（三）地方旅游业合作发展组织

地方旅游业合作发展组织是指在国家范围内，某些邻近或有密切关系的地方，为了合作发挥某处旅游业的优势而建立的地方性组织。由于旅游活动和旅游业具有天然的跨地区、跨产业特点，建立区域性旅游合作发展组织对于推动区域旅游发展的意义毋庸置疑。目前我国具有代表性的地方旅游合作发展组织是长三角城市经济协调会中的旅游专业委员会。

四、旅游接待业的国际性组织

由于旅游活动以及旅游影响的全球性，旅游接待业的国际性组织不可或缺。本教材重点介绍三个具有国际影响力和代表性的国际旅游组织：联合国世界旅游组织、世界旅游与旅行理事会、世界旅游联盟。

（一）联合国世界旅游组织

世界旅游组织（World Tourism Organization，UNWTO）是联合国系统的政府间国际组织，是当今旅游领域最受认可的领导性国际组织之一，2003 年 11 月成为联合国的专门机构。世界旅游组织的成员包括158 个正式会员国和6 个联系成员。其宗旨是促进和发展旅游事业，使之有利于经济发展、国际相互了解、和平与繁荣。世界旅游组织的总部设在西班牙马德里。

世界旅游组织的主要职能包括：

（1）负责制定国际性旅游公约、规则。

（2）研究全球旅游政策，收集和分析旅游数据，定期向成员国提供统计资料。

（3）参与旅游领域的经济活动，倡导以旅游促进经济发展、消除贫困、解决就业、与各国开展合作项目。

（4）为旅游经济活动提供咨询、援助，开展技术合作。

世界旅游组织的组织机构包括全体大会、执行委员会、秘书处及地区委员会。

（二）世界旅游与旅行理事会

世界旅游与旅行理事会（World Travel & Tourism Council，WTTC）是全球旅游业的商业领袖论坛组织，其成员包括全球旅游业中近百位最著名企业的总裁、董事长和首席执行官。作为全球范围内代表世界旅游业界企业们的唯一机构，它对全球旅游业有着其独特的影响力和见解。

世界旅游与旅行理事会以“提高公众对发展旅游业重要性的认知”为核心使命。主要职能包括：

（1）将旅游业纳入全球发展议程。

（2）提高旅游业的竞争力。

（3）促进旅游业的可持续发展。

（4）促进旅游业对减少贫困和加快经济发展的贡献。

（5）促进知识、教育和行业能力建设。

（6）加强与政府、学界等各类机构合作，建立可持续、负责任和更具竞争力的旅游组织。

（三）世界旅游联盟

世界旅游联盟（World Tourism Alliance，WTA）是由中国发起设立的，中国第一个全球性、综合性、非政府、非营利国际旅游组织。会员包括各国的全国性旅游协会，有影响力的旅游企业、学界、城市和传媒等，以及国际组织负责人、部分国家前政要、卸任旅游官员、旅游企业负责人和著名学者等，拥有来自中国、美国、法国、德国、日本、澳大利亚、马来西亚、巴西等29个国家和地区的89个会员。世界旅游联盟的总部设立在中国杭州。

世界旅游联盟以“旅游让世界和生活更美好”为宗旨，以旅游促进和平、旅游促进发展、旅游促进减贫为目标，以互信互尊、互利共赢为原则，推动全球旅游界的交流与合作。

第三节　旅游接待业的产业地位与从业要求

一、旅游接待业的战略定位

2009年发布的《国务院关于加快发展旅游业的意见》，明确提出要把旅游业培育成为国民经济的战略性支柱产业。这是我国在面对新时期经济社会发展的新形势和新任务，针对我国旅游业在经济社会发展中的综合功能和带动作用，着眼于我国旅游业发展而做出的战略定位。

根据产业经济学原理，战略性支柱产业通常指该产业需求弹性大、发展速度快、产业关联高、带动能力强，在国民经济中处于支配地位；从量上说，国际上一般认为该产业增加值占国内生产总值的5%以上就是支柱产业，占8%以上就是战略性支柱产业。现阶段我国旅游业主要接待人数和收入指标名列世界前茅，实现了由旅游资源大国向旅游经济大国的跃升，旅游业综合贡献不断提高，由国民经济新的增长点提升为国民经济的重要产业。同时，排除疫情等突发性公共卫生事件的影响，我国旅游业仍处于增长期，年人均出游次数还有很大的提升空间，旅游业蕴含巨大发展潜能。因此，把旅游业建设成为国民经济战略性支柱产业是可行的，也是完全必要的。

《2015年国务院政府工作报告》进一步明确界定旅游接待业属于服务业，兼具生活服务业和生产服务业的双重属性，不但凸显旅游接待业在国民经济发展战略中的地位和作用，更加肯定了旅游接待业在协调推动经济稳定增长和结构优化中的作用。

目前，我国正在旅游业传统的“吃、住、行、游、购、娱”六要素基础上，形成“吃、住、行、游、购、娱”和“文、商、养、学、闲、情、奇”旅游综合要素体系。初步形成观光旅游和休闲度假旅游并重、旅游传统业态和新业态齐升、基础设施建设和旅游公共服务共进的新格局，旅游业已融入经济社会发展全局，正在成为国民经济战略性支柱产业。

二、旅游接待业的就业效应

在世界范围内，旅游接待业都是重要的就业领域。旅游接待业不仅是促进经济增长、创造工作机会的引擎，更是促进就业平等与可持续发展的动力。在某些国家和地区，旅游接待业为妇女、年轻人和贫困人口摆脱贫困并充分融入社会，实现人生价值提供机会。

旅游接待业作为一个集劳动密集、资金密集和知识密集于一体的综合性服务行业，其快速发展为社会提供了大量的就业岗位与机会。相对于制造生产业或单纯的服务业，旅游接待业具有低就业成本投入、高就业机会产出的突出优势。发达国家的经验表明，旅游接待业在解决就业问题上的平均成本远远低于其他经济部门，旅游接待业提供的岗位在专业技术要求上相对较低，能够广泛吸纳不同层次劳动力就业，有效解决大量的剩余劳动力问题，并能够让不同层次劳动力在旅游接待行业内部相关行业中进行灵活转移，适应性较强。此外，旅游接待业关联性强，就业乘数效应显著。据世界旅游组织测算，旅游收入每增加 1 元，将带动相关行业增收 4 元；旅游业每增加 1 人直接就业，社会就能增加 5~7 人就业。旅游接待业能够拉动相关产业就业率，为社会扩大就业机会。

三、旅游接待业的基本意识

（一）恪守职业道德

遵守社会公德和旅游接待职业道德是对旅游接待业从业人员的基本要求。由于旅游接待工作涉及面宽，人际互动频繁，具有广泛的社会影响，这要求旅游接待从业人员严格遵守社会道德，以防止和纠正行业当中的不正之风。相较于旅游者，旅游接待从业人员在旅游接待活动中占有信息优势，处于相对主动的地位，如果从业人员缺乏职业道德，旅游者的合法权益就难以得到保障。我国旅游接待从业人员应该遵守的社会公德和职业道德包括遵纪守法、诚信公道，不卑不亢、一视同仁，文明礼貌、宾客之至，乐于专研、精进业务。

（二）强化服务意识

服务意识是指旅游接待业从业人员对自身职责、义务、规范、标准、要求的认识，它要求从业人员时刻保持其在旅游者心中的真诚感。旅游接待业本质上是服务型行业，真诚、热情、专业的服务是接待业树立良好形象、创造服务价值、取得核心竞争优势的主要途径。服务意识应该根植于旅游接待业从业人员的观念之中，并通过顾客能够感知的方式，如服务仪表、服务言谈、服务举止以及服务礼仪等，呈现在旅游接待的全过程。旅游接待业的行业组织和政府主管部门也需要展现出良好的服务意识，以推动行业发展。

（三）增强协作意识

协作意识首先指旅游接待业组织从全局出发，主动将行业整体利益放在第一位，通过组织与组织之间的通力协作，最大限度地提高产业效率，提升旅游者、旅游从业人员以及旅游目的地的居民福祉。其次，它表现在旅游接待业接待人员主动将自己融入组织团体，明确自己在团队中应尽的义务和职责，能正确处理个体与团队、个体与组织之间的关系，为实现组织目标贡献自己的全部力量，在分工协作的基础上创造企业价值和顾客体验。旅游接待业产业构成的复杂性和接待服务的多样性，要求该产业从组织层面到个体人员层面，都具备协作意识。协作意识越强，越能产生系统效应和凝聚力，团队中的个体也更容易获得归属感、安全感和幸福感。

（四）培养创新意识

创新意识是旅游接待业的行业主体和从业人员从事创造性活动的思维前提和内在

动力，是根据旅游接待业发展需要和旅游者新兴消费需求，迸发出来的运用新技术、新理念、新思想或新方法来创设新产品、开辟新市场、重塑新商业模式、革新旅游接待组织运营方式等愿望或设想。一方面，随着旅游者需求的多样化和个性化，传统的旅游接待产品、旅游接待企业经营管理方式、旅游接待服务方式等难以适应日新月异的市场需求，行业之间的竞争也愈发激烈；另一方面，旅游接待业产业分工越来越细，大数据、云计算、物联网、人工智能等新兴技术不断涌现，为旅游接待业洞悉市场、更新产品、转变营销、优化内部管理都提供了良好契机和技术支撑。因此，旅游接待业需要具备创新驱动发展的意识，并以此赋予行业新生力量。

（五）具备危机意识

旅游接待业的危机意识源于行业脆弱性特征。从旅游接待业的内部看，旅游供给的各组成部分在数量上和质量上都需实现协调发展，其中任何部分出现脱节都会造成旅游接待业的供给失调，从而影响旅游者的整体体验。从旅游接待业的外部环境看，政治环境、经济环境、自然环境和社会因素一旦出现重大的不利变化，都将给旅游接待业带来全局性影响。因此，旅游接待业必须具备危机意识，完善危机管理和应对机制，最小化旅游危机导致的负面影响。

四、旅游接待业的核心理念

（一）顾客满意理念

顾客（旅游者）是旅游接待服务的消费者、体验者和评判者，顾客的消费是旅游接待企业的利润来源，顾客满意也是顾客忠诚的重要前置变量，这关系到旅游接待业的长久发展，因此令顾客满意是旅游接待业的根本理念。顾客满意属于营销概念，指消费者将对产品或服务的实际感知和期望进行比较之后形成的愉悦或失望的心理状态。贯彻顾客满意理念，首先有助于旅游接待组织对接待产品和服务进行评价，从而优化旅游产品、接待项目和服务流程，减少不必要的经营成本；其次，顾客满意能够增加顾客重复购买和溢价支付意愿，并形成良好的口碑效应，有助于旅游接待企业扩大市场份额，形成规模优势，从而获得更高的利润。

顾客满意的实现并不只针对一次服务交易，而是需要与顾客建立良好的关系，并努力维持顾客关系。这要求旅游接待业充分了解顾客的真实需求，进行准确的市场细分，以出色的产品和用心的服务满足不同顾客的差异化需求，并打动消费者的心。此外，旅游接待业必须为顾客创造价值，并努力提升顾客价值。一般而言，顾客感知价值包括功能价值、成本价值、享乐价值、象征价值和情感价值，即要向旅游者提供满足其功能需求的产品或服务，价格符合旅游者预期，产品或服务具有象征意义，给旅游者留下难忘的娱乐和情感体验。

（二）科技导向理念

云计算、物联网、移动互联网、虚拟现实技术、大数据、人工智能、区块链等现代信息技术和新能源技术不断应用到旅游接待业，正在极大地改变旅游接待业的发展趋势。新能源技术为绿色旅游、低碳旅游、可持续旅游的发展提供有力的技术支持，节能环保的理念和开发模式在旅游接待业中全面展开，推广更高的环境保护标准。云计算和大数据平台的技术支持，给旅游接待业提供了整合公安、交通运输、电信、气象等相关方面涉及旅游数据的可能，与网络搜索引擎、旅游电子运营商合作，有助于建设旅游大数据资源，推行旅游接待业数字化管理，为旅游出行、旅游营销、旅游安全管理等提供高效的智能手段。物联网和人工智能技术的广泛应用与智慧景区、智慧酒店、智慧旅行社的建设与管理，将大大提升旅游接待业的运营效率，改善顾客体验。虚拟现实技术、人机互动等突破了原有的旅游体验局限，带来全新的旅游产品和设施设备。这些技术将多方位渗透到未来的旅游目的地设计建设中，产生真实场景和虚拟场景的重叠，提供古迹复原和数字化文化遗产保护，增强旅游地的现场效果和提升顾客的旅游体验，也使目的地管理获得全面升级。移动互联、区块链技术不仅为旅游接待业搭建成本更低、更便捷的营销平台，还将全面提升和改善旅游接待业支付效率和结算模式，重塑顾客忠诚计划等。旅游接待业必须以科技为导向，拥抱新兴技术，重塑行业生态。

（三）绿色发展理念

绿色发展，是理念、是保护，更是发展。旅游接待业的绿色发展是引领行业破解难题，实现更高质量、更有效率、更加公平、更可持续的发展理念。在绿色发展的浪潮下，旅游接待业只有树立绿色发展理念，转换经营思路和方向，广泛应用绿色科技，定位绿色市场，研发绿色旅游消费产品，才能更好地迎接和满足日益扩大的消费市场。

随着党的十八届五中全会将绿色发展作为我国经济社会发展的重要引领，“十九大”明确更是提出了我国生态文明建设和绿色发展的路线图，十九届六中全会则吹响了向着第二个百年奋斗目标迈进的号角，明确提出在迈向美丽中国的新征程中，全面推动绿色发展是新时代生态文明建设的治本之策。推进旅游接待业的绿色发展，推动绿色旅游产品供给，倡导绿色消费已成为旅游接待业落实绿色发展理念的必然选择。但总体来看，目前我国仍需从以下几个方面努力落实绿色发展理念：首先是提高全行业对绿色发展观的认识，充分认识到绿色发展对旅游接待业的重大意义，正确处理旅游接待业经济发展与生态环境保护之间的关系，坚决摒弃以破坏环境为代价的旅游开发模式和旅游管理方式；其次要强化旅游接待企业的绿色价值观和经营管理行为，从管理观念、产品设计、设施设备引进、消费引导等方面全面贯彻绿色发展观，同时从法律法规层面让旅游接待业企业认识到，实施绿色管理既是履行企业法定义务的需要，也是实现绿色经营目标的需要；最后要倡导旅游者树立绿色消费意识，着实进行绿色旅游消费，比如选择更为低碳环保的交通方式，入住绿色酒店，旅行过程中践行环境保护行为等。

复习与思考：

1. 简述旅游接待业的特征。
2. 分析旅游接待业的核心产业。
3. 列举旅游接待业的组织形式。
4. 分析旅游接待业的就业效应。
5. 论述旅游接待业的基本意识。
6. 分析旅游接待业的核心理念。

第二章 住宿接待管理

■**学习目标**

了解住宿接待业的定义和业态形式
理解住宿接待业的主要任务
了解预定渠道的常见类型
掌握预订的种类
了解入住接待服务的主要内容
理解客房清洁服务的重要性
了解客房清洁质量的控制方式
核心概念：住宿业、住宿接待、预订、入住接待、客房服务

第一节 住宿业的主要接待任务

一、住宿业的基本定义

住宿业是指为旅行者和社区居民提供以住宿为核心产品的综合服务行业。在消费升级和供给侧结构改革的双重推动下，住宿业的范畴在不断扩大，既包含规模大、标准化、品牌化运作的星级酒店，也包括民宿、青年旅社、房车露营地等非标住宿接待设施，住宿业变得前所未有的多元化。本教材将住宿接待业定义为：以为公众提供住宿接待服务，以及在此基础上的其他相关服务（餐饮、会议及休闲设施）为目的，并由此获得合理利润的营利性企业或接待设施。

通常来说，住宿接待场所应该具备以下基本特征：

第一，它是一座建筑物或由诸多建筑物组成的接待设施。

第二，它必须能够提供住宿服务，通常也能提供餐饮及休闲服务。

第三，它的服务对象是公众，因此，既包括外来的游客、商旅者，也包括当地的社会公众。

第四，它是商业性的，以营利为目的，服务对象需要支付一定的费用。

二、住宿业的主要业态

根据国家统计局发布的《生活性服务业统计分类（2019）》，住宿服务可分为以下4个类型：

（一）旅游饭店

《旅游饭店星级的划分与评定》（GB/T 14308-2010）将旅游饭店明确定义为“以间（套）夜为单位出租客房，以住宿服务为主，并提供商务、会议、休闲、度假等相应服务的住宿设施”。区别于旅游饭店的历史性概念，餐饮设施不再是旅游饭店的必备条件。旅游饭店被进一步划分为“有限服务饭店”（limited-service hotel）和“完全服务饭店”（full service hotel），这也意味住宿业的多元化发展是必然趋势。一、二、三星级饭店属于有限服务饭店，评定星级时强调住宿核心功能，减少对配套设施的要求。四、五星级饭店属于完全服务饭店，强调饭店全面价值的实现，评定星级时注重对饭店“硬件”与“软件”的全面评价，保证高星级饭店产品的高质量。

（二）一般旅馆

一般旅馆是指不具备评定旅游饭店和同等水平饭店条件的一般旅馆等住宿接待设施，包括各种旅馆、旅社、客栈等。

（三）民宿服务

民宿服务指的是城乡居民及社会机构利用闲置房屋开展的住宿活动和短期出租公寓服务。我国第一部关于民宿的旅游行业标准《旅游民宿基本要求与评价》（LB/T 065-2019）（以下简称《民宿要求》）已从2017年10月1日起开始实施。《民宿要求》还强调了旅游民宿必须有民宿主人参与接待，为游客提供体验当地自然、文化与生产生活方式的小型住宿设施。但在《民宿要求》中，民宿工人为民宿业主或经营管理者，即民宿主人不一定是农宅、房屋的产权拥有者。根据所处地域的不同，民宿分为城镇民宿和乡村民宿。

（四）其他住宿服务

其他住宿服务主要包括随着产业融合或住宿商业模式更新与发展而出现的新兴住宿业态，如房车及露营地住宿接待、酒店式公寓、分时度假住宿设施、胶囊酒店等。

其中，分时度假（timeshare）类住宿接待在西方国家和地区早已存在，但目前在我国仍属于有待探索和发展的住宿业态。分时度假是指客户在每年的特定时期对某个度假资产（一般为公寓式的单元）所拥有的使用权。使用权可分成每年1周，或者是两年1周，甚至是每年4周，以一种信托投资产品的形式出售给客户。客户也可以通过交换服务系统把自己度假资产使用权与其他会员的异地度假资产使用权进行交换，以此实现低成本的到各地旅游度假的目的。

三、住宿业的主要接待任务

住宿业的主要接待任务可分为吸引顾客、服务顾客和留住顾客三个经营阶段，不同经营阶段的任务也不相同。

（一）吸引顾客阶段

住宿接待的首要任务就是销售客房。以酒店业为例，客房的营业收入一般要占酒店全部收入的40%~60%。根据文化和旅游部发布的《2020年度全国各星级饭店经营情况表》数据显示，截至2020年年底，星级酒店的客房营业收入占营业收入总额的39.92%。基于此，住宿接待企业员工必须有效销售客房和组织客源，提高客房出租率，以实现客房产品的价值，增加住宿企业的经济收入。此外，客房的营销不单单取决于员工的销售技能，住宿产品及服务的创新和营销策略也非常重要。

1. 产品服务创新

住宿接待企业需要不断地研究和开发新产品。住宿接待企业产品的创新包括许多方面，但大致可以归为两类：一是硬件创新，包括住宿接待企业的设施、设备、环境氛围（硬装和软装）、住宿用品、员工服饰等；二是软件创新，主要是指住宿接待企业所提供的服务，包括共性服务、个性服务、特色服务等。

住宿接待企业可以利用文化与环境要素，推出独具特色的组合产品。组合产品可以是客房与特色餐饮的组合，也可以是包含休闲娱乐项目的组合产品。从收益管理的角度看，通过组合产品进行捆绑销售，既能提高产品的综合性能和性价比，满足消费者的个性化追求，又有助于提高住宿接待企业的收入。

2. 销售渠道管理

住宿接待企业的销售渠道管理也是收益管理的重要部分。住宿接待企业应关注营销渠道建设（视频营销、社交媒体营销），并以此来提升酒店竞争力，抢占市场份额。

（二）服务顾客阶段

服务顾客阶段的主要任务包括预订服务、入住接待服务、住店服务及离店服务。

1. 预订服务

客房预订是客房销售的中心环节。住宿接待企业开展预订业务，可以满足顾客的用房需求。预订服务包括：①根据客人要求，提供使之满意的房间；②及时处理客人的订房需求；③完成客人抵店前的准备，以便缩短客人办理入住手续的时间。

2. 入住接待服务

入住接待服务指客人抵达住宿接待企业后、入住客房之前为客人提供的服务，这也是客人在住宿接待企业消费开始的阶段。根据《旅馆业治安管理办法》和《中华人民共和国反恐怖主义法》相关规定，接待旅客住宿必须查验旅客的身份证件，按规定的项目如实登记，对身份不明或者拒绝身份查验的，不得提供服务。接待境外旅客住宿，还应当在24小时内向当地公安机关报送住宿登记表。

入住接待服务还包括行李送房及建立客账等。建立客账是为了记录和监控客人与住宿接待企业之间的财务关系，以保证住宿接待企业及时准确地得到营业收入。客人的账单可以在预订客房时建立（记入定金或预付款）或是在办理入住登记手续时建立。客账主要包含八个要素：宾客姓名（团队名称）、房间号码、房间单价、用房间数、住店日期、离店日期、住店人数、结账方式。有些住宿接待企业除了客房以外，还会提供其他收费服务。因此，除了房账以外，客人每天也会产生其他业务交易，如餐厅酒吧、洗衣、客房送餐、商务中心、儿童看护服务等。越来越多的住宿接待企业为住店提供一次性结账服务，只要客人在入住时按规定预付保证金，住宿接待企业就会允许客人凭房号及姓名进行签单消费，待其退房时一并结账。

3. 住店服务

住店服务主要指客人办理完入住手续，入住客房后享受的相关服务。客人住店期间是对客服务全过程中的重要阶段，住宿接待企业要尽可能地满足顾客的合理需求。住店服务主要包含：打扫及维修客房；委托代办（购买景区门票、预订机票、租车、邮寄明信片等）；人身财产安全控制与管理；行李寄存；换房、提前离店、续住；问讯服务；电话转接；投诉受理等。

4. 离店服务

离店服务指客人对客房使用权终止阶段的相关服务，主要内容包括：办理结账离店手续，为客人核清账目；更改房态；主动询问客人入住体验；送客离店等。

（三）留住客人阶段

1. 建立客史档案

建立客史档案是住宿接待企业了解客人、掌握客人的需求特点，从而为客人提供针对性服务并使其成为忠诚顾客的重要途径和工具（见表 2-1）。随着住宿接待企业竞争的日益激烈和顾客消费个性化需求的不断加强，住宿接待企业客史档案在住宿接待企业经营与服务中的作用日渐显著，客史档案有利于为客人提供“个性化”服务，增加人情味；有利于提高住宿接待企业工作效率，创造良好的客户关系。有效地建立客史档案系统，不仅为住宿接待企业的经营决策提供有力支持，而且对提高住宿接待企业服务质量，改善住宿接待企业经营水平具有重要意义。

表 2-1　集团酒店客史档案登记表

<table>
<tr><td rowspan="2">编号</td><td rowspan="2">基础档案</td><td>姓名</td><td>性别</td><td>出生年月</td><td>结婚纪念日</td><td>风俗习惯</td><td>单位名称</td><td>职务</td><td>联系电话</td><td>身份证号码</td><td>通信地址</td><td>电子邮箱</td></tr>
<tr><td></td><td></td><td></td><td></td><td></td><td></td><td></td><td></td><td></td><td></td><td></td></tr>
<tr><td rowspan="13"></td><td rowspan="13">消费档案</td><td colspan="4">用餐爱好</td><td colspan="5">客房服务要求</td><td>客人忌讳</td><td>备注</td></tr>
<tr><td colspan="3" rowspan="2">1、餐具和杯具的要求</td><td rowspan="2"></td><td colspan="2" rowspan="3">1、喜欢的房型、房号</td><td rowspan="3"></td><td rowspan="3">5、喜欢看的电视节目、报纸等</td><td rowspan="3"></td><td rowspan="12"></td><td rowspan="12"></td></tr>
<tr></tr>
<tr><td colspan="3" rowspan="2">2、调料的喜好（酱油、醋等）</td><td rowspan="2"></td></tr>
<tr><td colspan="2" rowspan="3">2、房间的位置（内外景、靠电梯、靠角落等）</td><td rowspan="3"></td><td rowspan="3">6、要求清洁房间和夜床服务的时间与次数</td><td rowspan="3"></td></tr>
<tr><td colspan="3" rowspan="2">3、菜肴喜好（酸、甜、辣等）</td><td rowspan="2"></td></tr>
<tr></tr>
<tr><td colspan="3" rowspan="2">4、酒水的喜好</td><td rowspan="2"></td><td colspan="2" rowspan="3">3、菜肴喜好（酸、甜、辣等）</td><td rowspan="3"></td><td rowspan="3">7、客人喜欢的房间清洁方式和物品摆放的位置</td><td rowspan="3"></td></tr>
<tr></tr>
<tr><td colspan="3" rowspan="2">5、茶水喜好（红茶、绿茶等）</td><td rowspan="2"></td></tr>
<tr><td colspan="2" rowspan="3">4、需要提供的个护清洁用品（牙刷、牙膏、洗面奶）</td><td rowspan="3"></td><td rowspan="3">8、客衣洗涤的特殊要求</td><td rowspan="3"></td></tr>
<tr><td colspan="3" rowspan="2">6、菜肴喜爱的品种</td><td rowspan="2"></td></tr>
<tr></tr>
</table>

2. 处理客人评论

社交媒体的出现以及住宿在线评论的普及改变了顾客预订客房的决策方式。大部分客人在预订之前都会查看用户点评，在线点评在住宿产业生态链中的角色和地位越来越重要。基于此，住宿接待企业需要建立清晰的点评管理政策，监控客人住店后的在线评论，倾听和处理客人反馈，并跟进、回复顾客评论，以及时了解和修正接待服务中存在的问题，提升顾客忠诚度。此外，在线评论中蕴含着大量的和用户及服务产品相关的有用信息，住宿企业可以通过挖掘在线评论，了解客人对住宿产品及服务的喜好，从而提升服务质量，维护住宿品牌声誉。

第二节　预订接待管理

一、住宿的预订渠道及方式

营销渠道，又称为“销售渠道”“分销渠道”或“交易渠道”，是营销组合的重要构成元素之一。住宿接待业的营销渠道是指住宿提供方把相关产品和服务销售给消费者的途径，即向顾客提供产品及服务过程中经过的各个环节。根据是否有中间销售环节，住宿预订渠道可以分为直接预订渠道和间接预订渠道。

（一）直接预订渠道

直接预订渠道指的是消费者在预订住宿设施的过程中不经过任何中间销售环节。住宿接待企业的直接预订渠道主要有以下三种：

1. 电话预订

电话预订指通过拨打住宿接待企业电话预订房间。它的优点是能直接、迅速、清楚地传递双方信息，可当场回复客人的订房要求。电话预订渠道分为单店预订和酒店集团的呼叫中心。单店预订一般是指客户直接拨打电话至住宿接待企业进行预订。

对于连锁酒店集团，通常通过呼叫中心给客人提供订房、投诉、咨询等服务，以此提高顾客满意度。有些酒店集团的呼叫中心采取服务外包，由专门经营呼叫服务的公司运营，也有部分酒店集团自建集团呼叫中心。呼叫中心会利用中央预订系统（central reservation system，CRS）与前台的酒店管理系统（property management system，PRS）的即时连接功能为客户提供在各成员酒店的客房实时预订。

2. 面谈预订

面谈预订是指客人直接来到住宿接待企业，与客房销售人员面对面地洽谈订房事宜。在酒店业中，这种上门询价的预订者被称为上门散客（walk-in）。该渠道享受的价格一般为前台门市价。面谈预订沟通方便，有助于客房销售人员根据客人的神态、表情等洞察其消费心理，详尽了解顾客需求，当面解答客人提出的问题，必要时还可以安排客人参观客房，因此这种订房方式有利于推销客房产品。

3. 自建在线渠道预订

为降低住宿接待企业每年向间接预订渠道支付的佣金，许多住宿接待企业开始自建在线直销渠道，如官网、App 等。许多品牌住宿企业（万豪、凯悦）都推出了最优惠房价保证（best rate guarantee，BRG）条款，配合相应的忠诚计划来吸引顾客。他们通常会要求顾客通过住宿企业的直销渠道预订才能获得升级房间、延迟退房时间、免费早餐、欢迎水果等额外权益。

（二）间接预订渠道

间接渠道预订指顾客通过代理商（第三方）进行客房预订，住宿接待企业的间接预订渠道主要包括如下五种：

1. 在线旅行社（online travel agent，OTA）

OTA 即各种在线旅行社，包括各类专业的酒店预订代理平台，这是目前占据最大市场份额的间接渠道。中国在线酒店预订平台累计订单量达到前五位[①]为美团、携程、同程艺龙、去哪儿和飞猪。国外比较热门的预订平台有好订网（www.hotels.cn）、安可达（www.agoda.cn）、缤客网（www.booking.cn），以及亿客行（www.expedia.cn）。OTA 之所以目前占据最大的市场份额，在于其提供的酒店覆盖面广，且提供景区票务、机票预订、旅游攻略等一站式旅游预订及信息服务。

由于自建直销渠道时间长、成本高，民宿及一些小规模单体酒店主要依赖于第三方在线预订平台。目前国内民宿预订平台主要有综合类平台（携程、美团、飞猪等）和专业民宿预订平台（爱彼迎及小猪短租等）。

2. 元搜索引擎（meta-search engines）

元搜索引擎是对多个独立搜索引擎的整合、调用、控制和优化，它通过统一的用户界面帮助顾客在多个搜索引擎中选择和利用合适的搜索引擎来实现检索操作，是对多种检索工具的全局控制。元搜索引擎主要运用于酒店预订，顾客可以搜索和比较多个酒店网站的客房信息，以便找到最经济实惠的房间。酒店元搜索引擎旨在帮助顾客选到心仪房源的最优惠价格，而不是目的地最好的酒店。目前国际上主流的元搜索平台包括猫途鹰（TripAdvisor）、比驿网（hotels.biyi.cn）、优栈网（www.youzhan.com）、天巡网（www.tianxun.com），以及客崖（www.kayak.com）等。

3. 基于用户生产内容（user generated content，UGC）的预订推介平台

基于用户生产内容的旅游社区等分享平台为顾客提供旅游攻略服务、住宿查询和推介服务，帮助顾客依据个人需求挑选酒店。推介订单最终在与其合作的 OTA 平台上完成。国内旅游社区，如蚂蜂窝，其旗下的酒店频道根据社区积累的结构化数据，对酒店的类别、分区等进行旅行化解读，强调用户真实点评，它的 OTA 合作伙伴目前包括缤客网、安可达、携程等预订网站。而旗下的客栈、短租公寓子频道则与更加小型的垂直网站如多多驿站（yododo. cn）及游天下（youtx. com）合作。2020 年 7 月，社交媒体小红书也与特色民宿预订平台小猪宣布达成战略合作，用户可在小红书社区内完成攻略查找、民宿预订闭环。

4. 微信公众号及预订小程序

随着自媒体的发展，如各种微信订房小程序、支付宝“会员订酒店”小程序等，仅通过扫码或搜索的方式就可直接了解酒店位置、房型及价格，减少了冗杂烦琐的消费流程，实现了便利程度最大化。顾客可通过公众号关联、朋友推荐、关键词或附近小程序定位等方式进入订房小程序，在线查看酒店环境、地理位置、服务评价、订房价格等信息，自由选择房间。预订小程序为住宿接待企业提供会员与会员转化能力，采用入住即会员、会员共享折扣、推荐返积分或卡券、电子现金等新模式，助力酒店使用最低成本获客，提升用户黏度，增加二次消费。

① 受疫情影响，此处引用的排名数据截至 2019 年第 3 季度。

二、预订种类

以酒店为代表的住宿企业在受理顾客预订时，一般分为非保证类预订和保证类预订。

（一）非保证类预订（non-guaranteed reservation）

1. 临时类预订（advanced reservation）

临时类预订是指没有支付一定数额的金钱作为担保的预订。一般而言，酒店会将此类预订客人的房间保留至当日18：00（留房截止时限），超时酒店有权将房间出租给其他客人。

2. 确认类预订（confirmed reservation）

确认类预订通常指以书面形式确认过的预订（或客人以口头或书面形式对预订进行确认）。对于确认类预订，酒店可以事先声明为客人保留客房至某一具体时间，如过了规定时间，客人仍未抵店，也未与酒店取得联系，酒店则有权将所保留的客房出租给其他客人。

3. 等待类预订（waitlisted reservation）

对于等待类预订，酒店不发确认书，只是通知客人，在其他客人取消预订或提前离店等情况下，予以优先安排。预订员在处理这类订房时，应征求客人的意见，确认能否将其列入等候名单，以免发生纠纷。

（二）保证类预订（guaranteed reservation）

保证类预订是客人通过支付一定数量的预付款、与酒店签订订房合同或用信用卡授权等形式向酒店保证前来入住，否则将承担经济责任。酒店则必须在任何情况下都保证优先落实此类预订用房，保留客房至抵店日期的次日退房结账时间，否则酒店将同样承担经济责任。

保证类预订在酒店与住客之间建立了更牢靠的关系，通过预付款担保、信用卡担保、合同担保等形式约束双方行为的同时，也保护了双方的权益。

1. 预付款担保

预付款担保指客人通过现金缴纳、支票、汇款等酒店认可的方式预付订金，以获得酒店的预订保证。预付款一般要求预付一天以上的房费，对于届时未取消预订又没能到酒店入住的情况，酒店可以从预付款中收取一定房费，避免损失。

2. 信用卡担保

信用卡担保是指客人在订房时向酒店声明，将使用信用卡为所预订的房间付款，同时会把信用卡的发卡公司、号码、有效期及持卡人姓名告诉酒店并做授权。如客人在预订日期未抵达酒店，酒店可以通过信用卡公司获得房费收入作为补偿。

3. 合同担保

合同担保指酒店与客户签订订房合同，以保证客户用房需求。合同内容主要包括签约单位的地址、账号以及对预订失约责任的说明。合同还应规定取消预订的最后期限，如签约单位未能在规定的期限通知取消预订，酒店可以向对方收取房费。

在实际工作中，一些客人有时会因各种原因无法按期抵达酒店或者取消订房，但不会将变更信息及时、主动地通知酒店。因此酒店在客人抵店之前，有必要通过电话或者邮件等方式主动与客人进行核对，一旦获悉变更信息，应及时调整并通知相关部门，以便将闲置客房重新出租给其他客人。

三、预订受理

接收客人预订时，预订员首先要将客人的预订要求与酒店未来一段时间的客房动态进行对照，以决定是否接受客人的预订。如果可以接受，需要对客人的预订加以确认。酒店一般会采用书面确认的方式，向客人发送确认函。受理客人预订后，在客人抵达酒店之前，应该对预订进行核对，主动应对客人更改预订或取消预订的需求，以提高预订准确性和出租率。

如果无法接受客人的预订，应对预订加以婉拒。婉拒客人预订时，不能因未满足客人的最初需求而终止服务，应该主动为客人提出一系列可供客人选择的建议，也可征求客人的意见，将客人姓名登记在等待类预订单上，一旦有空房，立刻通知客人。

四、超额预订（overbooking）管理

超额预订是指宿接待企业在一定时期内，有意识地接受超过客房实际接待能力的预订现象，这样做的目的在于充分利用客房、提高入住率。由于客人的旅行计划会受到多种因素影响，如工作安排变动、恶劣天气、旅行者自己或家人身体不适等，客人会延迟入住、预订后未到（no-show）、临时取消订房或提前退房等，这些情况都会造成住宿接待企业客房闲置，营业额减少。为避免损失，住宿接待企业往往会实施超额预订。

但超额预订应该有个“度”，以免出现因“过度超额”导致客人入住失败，或者“超额不足”导致部分客房闲置。通常，住宿接待企业接受超额预订的比例控制在10%~20%，各住宿接待企业应该根据各自的实际情况及历史数据，合理掌握超额预订的“度”。对于客房数较少或仅有一间客房的民宿而言，一般不会采用超额预订策略。

第三节　入住接待管理

一、入住接待的重要性

首先，入住接待是留给宾客第一印象的过程，宾客第一印象对整体入住体验产生重要影响。北欧航空公司前总裁詹·卡尔森提出了“关键时刻”（moments of truth，MOT）理论，他认为关键时刻就是指客户与企业的各种资源发生接触的那一刻，这个时刻决定了服务型企业未来的成败。这个理论随后被广泛运用于接待服务行业，泛指与消费者接触的每一个关键时间点。从客人到达住宿企业的那一刻起，顾客与住宿企业关键接触就开始发生，顾客对入住接待中的关键时刻的评价直接影响整体入住体验。

其次，入住接待是建立良好宾客关系的重要过程。住宿接待服务质量最终由住店

客人做出评价，评价标准就是顾客满意度。建立良好的宾客关系有利于提高顾客满意度和忠诚度，从而提高住宿企业经济效益和品牌形象。

最后，在入住接待过程中，前台接待员能够采集和传递客户个人信息及行为偏好，为住宿企业精准营销及精细化运营提供数据支持。

二、入住接待服务的主要内容

（一）排房服务

排房，即安排和分配客房，是指前台接待人员根据住宿接待企业的实际情况，结合顾客住宿的特点和需求，给客人分配适合的客房。排房的合理性直接影响客人入住体验和满意度，也能体现住宿接待企业的管理水平和形象。

为客人安排合适的客房是前台接待人员的一项重要工作。虽然随着现代住宿接待业的发展，住宿接待企业的排房工作可以借助一些管理系统来完成，但是电脑系统只是工具，更多的工作仍然需要前台接待人员来完成。工作人员需要掌握一定的排房方法和技巧。

1. 排房的原则

前台接待人员在分配客房时，需要遵循以下三个原则：

（1）针对性。

前台接待人员需要根据顾客的类型（VIP 客人、常客、团体客人）和特点（旅游目的、年龄）等，有针对性的排房。比如，给 VIP 客人排房时，一般会安排朝向、环境和设备保养相对较好的客房。对于团体客人，可以安排在低楼层房。对于老年人、残疾人和带小孩的宾客，应尽量安排在离电梯较近的客房。

（2）差异性。

住宿接待企业面对的客人千差万别，顾客的属性和需求也不尽相同。因此，住宿接待企业要考虑到客人的年龄、性别、乡俗、种族禁忌、宗教信仰等情况，在排房时妥善处理。比如，要注意不同地区、不同种族的客人对楼层和房号数字的忌讳。

（3）利己性。

在排房时，住宿接待企业要考虑到自身经营管理的需要，尽量方便工作人员，减轻其工作负担。比如，在平季和淡季期间，住宿接待企业可以集中使用某几个楼层，便于日常清洁和服务。同时，也要注意客房的平均使用率，保持客房的设施设备的新旧程度相对均匀。

2. 排房的顺序

住宿接待企业在安排客房时，是有先后顺序的。前台接待人员应该根据客人的类型和特点，按照一定的顺序进行排房。正常情况下，排房应按以下顺序进行：

（1）VIP 客人和常客。

（2）有特殊要求的客人。

（3）团体客人。

（4）保证类预订客人。

（5）要求延期离开住宿企业的客人。

（6）普通预订且准时抵达住宿企业的客人。

（7）未经预订直接到店的客人。

3. 排房的技巧

掌握排房原则和顺序后，前台接待人员要灵活应用以下排房技巧，合理安排房间，满足客人需要。排房合理与否直接影响客人的入住体验。好的体验会带来复购和口碑，而差的体验则会导致客人流失。

（1）团队客人的排房技巧。

团体客人到店的前一天，工作人员就要安排客房，并制好房卡。同一团队的客人尽可能安排在同一楼层、同一标准的客房，团队领队尽可能安排在团队楼层的出口处。优先安排 VIP 团、政府团，然后安排订房量较大或者房价较高的团队。

（2）淡旺季的排房技巧。

在旺季时段，优先安排环境和设施相对较差的客房，高楼层和低楼层搭配安排。此外，要注意离店客人与到店客人在客房使用上的时间衔接，避免退房客人拖延、抵店客人无法入住的情况。

在淡季时段，可集中安排某几个楼层的客房，以节约能耗，便于集中维护及保养客房。同时，也要注意客房的平均使用率，保持客房的各项设施新旧程度均匀。

（3）特殊客人的排房技巧。

①VIP 客人。对住宿接待企业的常客、旅行社经理或领队、协议公司的领导等，应该安排较好的客房，给予其良好的接待和照顾。

②老年人。对老年人或行动不便者，可安排在低楼层、距离电梯较近的客房，注意避免噪音。

③提早到店的客人。如果客人提早到店，要求办理入住，住宿接待企业在有空房的情况下，可以给客人安排入住。如果没有空房，可以先跟客人说明情况，帮客人寄存行李，协商入住时间，预留好客房，请客房部优先打扫。

④OTA 客人。对于在 OTA 平台预订的客人，安排状态好、朝向好的客房，有助于提高网络评分，避免差评。

⑤亲朋好友类团队客人。如果预订的几间房是家人或亲朋好友一起入住，前台接待人员可以安排连通房或相邻的客房。

（二）入住登记服务

入住登记服务是住宿接待人员为客人办理住宿登记时的系列工作，包括为客人提供住宿登记表、查验客人有关证件、为客人制作房卡，指示行李员引领客人进入客房等。

1. 入住登记服务

入住登记的服务规程如下：

（1）微笑迎宾，主动向宾客问好。

这是向宾客提供里礼貌服务的第一步，表示对宾客的欢迎，是对住宿接待人员的基本要求，但这项服务目前在我国很多酒店仍执行得不好。

（2）确认宾客有无预定。

询问宾客是否已做预定，如果宾客未经预定直接抵店，在客房充足的情况下尽量满足宾客的用房要求；如果客人已做预定，询问宾客的预定情况。

（3）请宾客出示有效身份证件，为客人分配房间。

无论是未做预定的上门散客、已做预定的宾客，还团队客人，都需要出示有效身份证件才能为其办理入住手续，并将客人有效身份证件上传相关信息系统。

根据房态情况，合理地为客人分配房间，有预定的散客和团队客人的房间通常已提前分配好，只需打印出“住宿登记表”请客人签字确认即可。

对于团队客人，除了要填写“团队客人住宿登记表”以外，还需要在团队负责人的陪同下填写“团客资料单”等材料，由总台接待人员发送至餐饮部、客房部等接待部门，作为服务团队客人的重要依据。

（4）询问客人付款方式，收取押金。

为了防止部分不良客人的逃账行为或破坏住宿接待设施设备，同时也方便客人在住宿接待企业开展其他消费活动，为客人提供一次性结账服务，住宿接待企业通常会要求客人在办理入住登记手续时预付房费或支付一定数量的押金。客人可以采用现金支付、信用卡支付等多种付款方式。所付押金由总台结账处负责保管，并向客人出具支付凭证。

（5）为客人制作房卡。

根据客人的入住房间和停留天数，为客人制作房卡。预定客人和团队客人的房卡通常已提前制作完毕。房卡也叫酒店护照“Hotel Passport”，是客人进入客房的通行证。房卡通常放置在房卡套里，与其一起形成欢迎卡，发挥欢迎功能、促销功能、住店客人身份证明、向导、声明等功能。

（6）将欢迎卡交付客人，并提示客人相关信息。

将填写好的欢迎卡礼貌地递给客人，提醒客人房间位置、电梯走向、早餐时间等，祝客人住店愉快。

（7）制作宾客账单。

送走宾客后，要及时制作宾客账单。要特别注意挂账客人和团队客人的账单要求，一般而言，挂账客人账单需要制作两份，一份记录由协议单位支付的账目，是向协议单位收款的凭证；另一份记录客人需要自付的账目。团队客人的账单类似，通常由团队主账单和分账单构成，主账单记录与全团整体相关的款项，由团队组织单位支付；分账单记录团队中的个人支付款项。

2. 入住登记服务中的注意事项

履行入住登记手续几乎是国内外住宿接待业的一致要求，但也是住宿接待企业获取客源、建立良好宾客关系的渠道，是保障住店客人和住宿接待企业安全和利益的重要环节。在入住登记环节中，接待人员要特别注意以下几点：

（1）谨慎选择住店客人。

酒店是为客人提供住宿等综合服务的场所，通常不会无缘无故拒绝前来住宿的客人，但这并不意味着必须无条件接待所有客人。对于被列入住宿接待企业“黑名单”的客人，酒店可以明确拒绝。

（2）掌握基本接待技巧。

住宿接待业属于“好客”产业，入住登记环节接待人员与客人的互动场景相对较多，礼貌待客是服务态度的基本体现，接待人员应该接受专业培训，具备良好的服务意识。比如多向客人行“注目礼”，多说欢迎语和祝福语，多跟客人保持微笑互动，主动与客人交流，拉进与客人之间的距离，让客人感到亲切、自然。

（三）问询服务

住宿接待企业的客人可能来自五湖四海，他们在陌生的地方，产生了解有关住宿接待企业及其所在地相关信息的需求十分合理，住宿接待企业应该尽可能为其提供准确的问询服务，帮助他们提高办事效率，较低环境不适感。

客人的问询需求通常包括三方面：一是有关住店客人的问询，这要求住宿接待企业在不触及住店客人私生活的范围内进行回答，保证住店客人的个人隐私受到尊重。二是有关住宿接待企业内部服务场所、项目及其营业时间、收费状况方面的问询，对于这类信息，接待人员要熟练掌握，给予客人准确、肯定的答复。三是有关住宿接待企业所在社区的问询，如旅游景区、交通信息、民俗节庆活动等，这要求接待人员具有较高的综合素养，较广的知识面。无论对于哪种问询服务，都要求接待人员热情、耐心，态度和蔼可亲。

（四）换房服务

接到客人换房要求时，需问清客人换房原因，如果是房间卫生或者维修问题，前台接待人员需要对客人表示歉意。如果是房间朝向或者是房号问题，前台接待人员需要将客人的需求记录在客史档案上，以便客人下次入住时住宿接待企业可以提前安排相应的房间。换房的步骤见表2-2。

表2-2　换房服务规程

服务程序		服务规范
换房过程	刚入住的情况下	①根据客人喜好更换新的房间，告诉客人新的房号，并介绍新房间的特点； ②协助客人提行李，并陪同客人去新的房间； ③打开新房间房门，礼貌地向客人确认对房间是否满意，如果满意，介绍房间设施，放好行李，再次向客人致歉并询问客人是否需要其他服务，最后祝客人入住愉快
	已入住的情况下	（1）客人在房间： ①带上行李车和新的房卡进入房间； ②按门铃通知客人换房，帮助搬运行李并陪同客人去新的房间，在离开之前为给客人带来不便再次向客人致歉并表示今后愿意向客人提供其需要的帮助； ③向客人取回旧的房卡还给前台。 （2）客人不在房间： ①留言请客人回来后准备换房时联系服务中心，按照上面的换房程序进行换房； ②如果客人要求在他/她不在房间时进行换房，应和住宿接待企业相关负责人一起进入房间； ③住宿接待企业相关负责人使用万能房卡进入房间，监督行李员搬运客人物品，重复检查抽屉、壁橱和其他区域，确保没有东西遗留在房间里面

服务程序		服务规范
换房结束	换房完成后	①换房完成后通知前台，以便更新系统信息并通知相关部门； ②通知客人已完成换房服务，并向客人确认是否满意； ③记录换房信息

（五）行李服务

行李服务是前台接待服务员向客人提供的一项重要服务。行李服务主要分为行李寄存和提取服务。操作流程见表 2-3。

表 2-3　行李服务规程

服务程序	服务规范
填写行李寄存牌	①向客人询问所寄存行李件数及提取行李时间，填写行李寄存牌，须写清当天日期、客人姓名、房间号码； ②礼貌地递给客人行李寄存牌，并向客人介绍行李寄存牌上需填写的项目，并提醒客人对散客过期不取的行李仅保留 30 天； ③行李员签名后将行李寄存牌的下联交付给客人，并提醒客人凭此证提取行李
保管客人所存的行李	①将半天或一天的短期存放行李，存放在行李房间的外侧，以便搬运；将长期存放的物品放在行李房的行李架上，如一位客人有多件行李，应用绳连起来以免错拿； ②在行李寄存本上登记所存行李情况，标明位置、件数、日期、颜色及存放人姓名和寄存牌编号，如有贵重物品或易碎物品，应做明显标志； ③如发现长期不取物品，立即通知礼宾部主管
为客人查找、提取行李	①礼貌地向客人收回行李寄存牌的下联； ②礼貌地向客人询问行李的颜色、大小及存放时间，以便查找； ③翻查行李寄存本，找到行李，如果查找有困难，可请客人帮助查找； ④把行李取出后，交于客人核实，做好已提取记录； ⑤帮助客人将行李搬运出店或送到房间； ⑥如遇客人遗失单据，应报告当班领班，通过检验客人身份，核实无误后，方可领取； ⑦若遇他人代领行李，需要求其出示有效身份证件并问清寄存客人的姓名及行李件数，确认无误将行李交给代领人，请代领人写收条
备注：易损坏的物品，易腐坏的食品、危险品、易燃品、植物等不予保管	

（六）结账服务

办理结账手续是宾客离店前接受住宿接待企业所提供的最后一项服务。

1. 散客结账服务程序

①当宾客到前台结账时，应先确认宾客姓名是否正确，并随时称呼宾客的姓氏。

②接待人员主动收取房卡，并问询宾客是否发生其他消费。

③宾客结账的同时，前台接待人员要及时与客房服务中心联系，请客房服务员实施查房服务。

④打印出电脑清单，交付宾客检查，经其认可后在账单上签字，并确认付款方式。

⑤在结账的同时，要清理宾客档案栏，取出登记卡、信用卡复印件，以便新入住的宾客使用。

⑥宾客提前付清账目，但晚些离店时，接待人员要在电脑中注明延迟离店，以便提醒其他部门及人员注意。

⑦在宾客结账时，要查看电脑中所注明的特殊注意事项。

⑧确认一切手续，在最短时间内完成结账手续。

⑨礼貌地为宾客迅速、准确地办理离店手续，并欢迎宾客再次光临酒店，祝其旅途愉快。

宾客的付款方式有现金、支票、信用卡、挂账等形式。若宾客用外币旅行支票结账，前台不直接收取旅行支票，宾客需到外币兑换处依照当天汇率兑换人民币现钞，然后再付清账目；若宾客以信用卡付款，当宾客离店时，要礼貌地让宾客出示信用卡，检查信用卡号码、有效期及签字，以确保信用卡的有效性、通用性和真实性，保证信用卡的正确使用。如果宾客住店消费超过有效限额，将通知信用卡授权中心，申请授权号码，所批准的授权号码应写在信用卡单据的右上角。如果宾客使用外币现钞结账，需先请其到外币兑换处依照当天汇率换成住宿接待企业接受的货币，然后转交前台结账；若为公司挂账，接待人员打出电脑明细账单，经宾客认可在账单上签字，与相应公司担保付款凭证一起转交至财务部，由财务部和公司进行结算。

2. 团队结账服务程序

①在团队离店前一天根据团队要求准备好团队总账。

②再次核查团队进店和离店日期、团队名称、房间数、房间类型、房价、餐饮安排、预付款收取等内容。

③在团队离店前，及时与团队负责人联系，随时沟通团队付账情况；经领队认可在总账单上签字，其余账由宾客各自付清，团队负责人要保证全队账目结算清楚后方可离开酒店。

④团队总账单由团队负责人签字认可后，转交至财务部门。

⑤财务部门将与团队组织单位联系解决有关付款问题，如有特殊情况，团队组织单位将在团队到达时现付或预先付定金作为保证。

⑥检查团队所有账目是否付清；收取团队全部房间房卡；查清账目后，发放放行单，作为团队可离店的凭证。

3. 快速离店结账服务（express check-out）

住宿接待企业推行快速退房，一方面能够提升客户的满意度，另一方面也能减少查房和结账的人工成本。由于客人离店的时间相对集中，在高峰期经常出现排队结账的情况，快速离店可以缓解排队等候时间，是一便民措施。在宾客离店后，服务人员只需在非忙碌时间替宾客办理结账手续，根据顾客要求邮寄或通过电子邮箱发送账单。快速离店结账服务建立在住宿接待企业对顾客的信任基础上，由于住店客人个人素养参差不齐，住宿接待企业可通过建立客人信用档案调控快速退房机制。

（七）投诉处理

顾客投诉是顾客对住宿接待企业所提供的产品和服务的信息反馈，也是对住宿设施设备、服务质量的变相检测，应引起住宿接待企业有关人员的高度重视，这有利于住宿接待企业有针对性地改善经营管理，填漏补缺；有利于员工吸取经验教训，提高服务技能和水平，从而增强企业竞争力。妥善处理投诉，可改善顾客与住宿接待企业的长期关系，使顾客成为酒店常客；但若处理不好，则失去的不仅是涉及投诉的一位或几位顾客，还可能是他们身后的亲朋好友等潜在顾客，在互联网时代，受影响的潜在顾客将被无限放大。

住宿接待企业在处理宾客投诉过程中，要把握一定的方式方法，认真对待每一位宾客的意见。无论是管理人员还是服务人员，接受宾客投诉都是一件不愉快、不轻松的事情。因此要把握投诉处理的基本原则和处理程序。

1. 投诉处理的基本原则

有效地处理投诉，应遵循下列原则：

（1）足够重视，尽快处理。

住宿接待企业管理者和一线员工都要明白，处理顾客投诉时的任何拖沓或没有下文，企图不了了之，都会招致客人更为强烈的不满。

（2）真心诚意帮助宾客。

投诉处理人员应设身处地地理解投诉宾客当时的心情，同情其所面临的困境，并给予应有的帮助，接待好宾客。投诉处理人员首先要让宾客产生信赖感，让他相信受理人员能帮助他解决问题。

（3）绝不与宾客争辩。

无论前来投诉的宾客情绪如何激动、态度如何不恭、言语如何粗鲁、举止如何无礼，接待人员都应冷静、耐心，绝不可急于辩解或反驳，与宾客争强斗胜。即使是不合理的投诉，也应做到有礼、有理、有节，既要尊重他们，不失宾客的面子，又应做出恰如其分的回应。

（4）维护住宿接待企业应有的利益。

处理投诉亦不可损害住宿接待企业的利益，尤其是对于一些复杂问题，切忌在真相查明之前，急于表态或贬低住宿接待企业及相关员工。除宾客物品、财产确实是由于住宿接待企业的单方面责任而遗失或损坏外，退款、打折等经济性补偿，绝不是处理投诉和解决问题的最佳方法，了解事情的来龙去脉、厘清事实真相、准确把握顾客投诉心理和住宿接待企业责任范围，是解决投诉的关键。

2. 投诉处理的基本程序

不同类型的投诉在处理的具体细节上有所不同，但基本程序是相通的，下面以顾客当面口头投诉为例，介绍投诉处理的一般程序。

①聆听。受理人员应耐心、仔细地听完顾客的投诉内容。

②记录。受理人员应注意倾听具体内容（时间、地点、经过、涉及人员），并当宾客面做详细记录。如客人较为激动，要设法请客人到合适的地点交谈。

③表示同情。受理人员要对顾客的处境表示同情及理解，同时，应给予真诚的安慰。

④保持冷静。绝不与顾客争辩是非，弄清原因后，受理人应迅速做出正确判断。

⑤着手处理。受理人员应当着顾客的面与有关部门联系，对顾客投诉的事情进行处理，或随顾客到出事地点处理问题。对一时不能解决的问题，受理人员应及时向顾客解释，并把将要采取的措施告诉客人。如有可能，可考虑多个方案以供顾客选择，

以示尊重他们，切忌一味地道歉和解释。受理人员应充分估计处理该问题所需的时间，并告诉顾客，以免顾客产生怀疑，引起抵触情绪，为解决问题增加难度。

⑥对极少数不讲道理的宾客，受理人员在处理时要做到维护住宿接待企业的利益，但态度要缓和，语言举止须礼貌，并根据情况采取有效措施。

⑦协调跟进。对于需要其他部门配合处理的问题，协调有关部门和人员进行事后补救和改正，同时将问题处理的进展情况通报宾客。

⑧检查落实。问题解决后，受理人员应再次联系顾客，征询顾客意见，了解投诉的问题是否得到圆满解决，做到有始有终。

⑨整理归档。受理人员可将投诉的问题及处理过程整理成为书面材料，进行分类存档，作为今后员工培训和解决类似问题的案例。同时记入客史档案，以免顾客下次入住时，再发生类似问题。

第四节　客房接待管理

客房是住宿接待企业的主体和存在的基础，也是宾客在住宿接待企业逗留时间最长的地方，在住宿接待企业中具有重要地位。因此客房接待人员需要通过提供系列客房接待服务给宾客营造“家外之家”的体验。

一、客房接待的重要性

（一）客房是住宿接待企业存在的基础

住宿接待企业是向顾客提供生活需要的综合服务设施，住宿既是住宿接待企业的核心功能，也是顾客的核心需求，从这个意义上来说，有客房便能成为住宿接待企业，所以说客房是住宿接待企业存在的基础。

（二）客房是住宿接待企业等级和服务水平的集中体现

顾客衡量住宿接待企业的等级和服务水平时，主要依据住宿接待企业的设施设备和服务。设施设备无论从外观、数量或是功能来说，都集中体现在客房。客房设备主要包括房间、家具、墙壁和地面装饰、客房布置、客房电器设备和卫生间设备等。由于顾客在客房停留时间相对较长，因此客房服务水平也是顾客衡量住宿接待企业等级的标准。客房服务水平主要表现为客房工作人员的服务意识、工作态度、服务标准、服务效率、服务技能技巧和方法等。

（三）客房是住宿接待企业经济收入和利润的重要来源

住宿接待企业的经济收入主要来自客房收入、餐饮收入、综合服务和设施收入。其中，客房收入是住宿接待企业收入的主要来源，而且相较于其他部门收入，客房收入更为稳定。

（四）客房是带动住宿接待企业经济活动的枢纽

住宿接待企业作为一种现代化商务、休闲、度假场所，只有在客房入住率高的情况下，其他服务和设施使用率才会相应提高，整个住宿接待企业的业务运行才更有活力。

（五）客房服务质量是整体服务质量的重要指标

客房是否卫生清洁，服务人员的服务态度是否热情、周到，服务项目是否周全丰富等，对宾客的入住体验产生直接影响，是客人衡量“价”与“值”是否相符的主要依据。客房服务质量是衡量整个住宿接待企业服务质量的重要构成指标，反映了住宿接待企业的形象和声誉。

二、客房接待服务的主要内容

（一）客房清洁服务

1. 客房清洁的作业内容

卫生工作是客房日常接待管理的重点。客房卫生状况，直接影响到顾客的入住体验。新冠疫情的爆发使得顾客尤为注重住宿接待企业的卫生状况。随着疫情防控进入常态化阶段，各大住宿接待企业都升级了清洁操作程序和卫生标准。从细节入手，用专业的手段进一步提升住宿接待企业的卫生安全。

住宿接待企业的客房清洁服务主要分为两大部分：一是房间日常卫生清洁。房间卫生是客用房间的整体卫生情况。日常卫生清洁工作包括物品整理、打扫除尘、卫生间清洁、更换及补充物品、检查设备等，要求做到房间整洁、规范、舒适。二是环境卫生清洁。环境卫生清洁包括楼面卫生清洁和公共区域卫生清洁，它影响顾客到达楼层所看到和感受到的第一印象。环境卫生清洁通常要求该区域员工做到常巡视、多擦拭、留意细节卫生。

2. 客房房态与清洁顺序

客房服务员在清扫客房之前，必须了解、核实每间客房的房态，即客房目前处于的使用或非使用状态，包括住客和前台的特殊要求，以便合理安排客房的清扫整理顺序，确保清扫整理的标准。住宿接待企业常见房态主要有如下几种（见表 2-4）。

表 2-4 住宿企业常用的客房房态

房态	定义
住客房（Occupied）	住店客人正在使用的客房
空房（Vacant）	暂时未出租的房间
已清洁住客房［Occupied & Clean（OC）］	该客房已清扫完毕
未清洁住客房［Occupied & Dirty（OD）］	该客房正在使用但尚未清扫
已清洁空房［Vacant & Clean（VC）］	已完成清扫整理工作，可以出租的房间
未清洁空房［Vacant & Dirty（VD）］	该房间尚未清扫
走客房［Check out（CO）］	客人刚离店，房间尚未清扫
待修房［Out of Order（OO）］	硬件出现故障，正在或等待维修
停用房［Out of Service（OOS）］	因各种原因，已被暂时停用房间
保留房［Blocked Room（BL）］	为团体客人、预订客人以及重要客人等预留的房间

表2-4（续）

房态	定义
外宿房［Sleep Out（SO）］	客人已办理入住，但未使用客房
无行李房［No Baggage（NB）］	该房间无行李房
请勿打扰房［Do Not Disturb（DND）］	客房的请勿打扰灯亮着，或门把手挂有“请勿打扰”牌
双锁房［Double Locked（DL）］	客房门反锁，无法用楼层卡开启
重要客人［Very Important Person（VIP）］	该房间住着重要的客人
长住客［Long Staying Guest（LSG）］	该房间的客人为长住客
请即打扫房［Make up room（MUR）］	请立即打扫房间

不同房态在淡旺季时打扫的顺序不同。在淡季时，一般先打扫前台指示要尽快打扫的房间、门上挂有“请即打扫”牌的房间，然后再对走客房、VIP 房、其他住客房进行打扫，最后对已清洁空房做简单整理。而在旺季时，一般先打扫空房，无论是已清洁空房还是未清洁空房，即走客房，都需尽快打扫，以便交由总台出租。客房的清扫顺序不是一成不变，应视客情而定。因此，服务员在了解自己所负责清扫的客房状态后，应根据开房的轻重缓急、客人情况或总台的特别交代，决定当天客房的清扫顺序。

3. 客房清洁注意事项及一般原则

（1）若客人在房间。

①应礼貌问候客人，询问客人是否可以清理房间。

②操作要轻、快，程序要熟练，不能与客人长谈。

③清洁完毕，向客人致歉并询问是否有其他需要；退出房间时要轻轻关门。

（2）若客人中途回房。

若在清洁过程中客人回来，要主动地向客人打招呼问好，查核客人房卡，核实后征求客人意见是否继续打扫，征得同意后继续清扫。

（3）客房清扫的一般原则。

①从上到下。如抹尘时应从上至下进行。

②从里到外。如地毯吸尘和擦拭卫生间地面时，应从里向外清扫。

③环形清理。在清洁房间时，应按顺时针或逆时针方向进行环形清扫，以求时效及避免遗漏。

④先铺后抹。清扫客房时应先铺床，后抹家具物品，以免扬起的灰尘重新落在家具物品上。

⑤干湿分离。在擦拭不同家具物品时，要注意分别使用干、湿抹布，如清洁灯具、电器时要使用干布。

⑥先卧室后卫生间。卫生间清洁是带水操作，清洁后服务员的鞋下可能有水渍，后清扫可以避免对卧室区域造成重复污染。

4. 客房清洁质量保证

客房接待的首要任务就是提供干净、卫生、舒适的客房，带给顾客安全感和舒适感，客房清洁质量具有至关重要的意义。住宿接待企业需要从以下几个方面严格控制和保证客房的清洁质量。

（1）重视对员工的培训，强化员工的卫生意识。

接待人员和管理人员都要有个人卫生意识，对客房卫生工作的重要性要有足够的认识，为此必须做好岗前及岗位培训，让员工树立起卫生第一、规范操作、自检自查的岗位责任感。在客房服务中，对员工进行技能培训更不容忽视，技能的高低将直接影响客房卫生质量的高低。针对客房清洁卫生这项工作，住宿接待企业主要以在职培训（on-the-job training）方式进行，即通过实际操作来学习。

（2）制定客房清洁操作规范和卫生标准。

做好客房清洁服务，需要制定一套行之有效的客房清洁操作规程和卫生标准，这是确保客房清洁卫生的基础性文件和制度，也是对接待人员清洁工作进行培训、考核和监督的依据。在制定相关规程和标准时，需要涉及操作标准、质量标准、时效标准。设立双向沟通的平台，能让基层员工根据自身的工作经验参与到标准和操作程序的制定，使其更有实操性。

（3）严格执行客房逐级检查制度。

严格的逐级查房制度是确保客房清洁卫生的有效方法。客房的逐级检查制度指对客房清洁卫生质量检查实行领班、主管及部门经理责任制度，包括要求接待人员每次完成清洁任务后的自查和管理层抽查。

5. 客房清洁卫生质量的标准

客房清洁卫生标准有感观标准和生化标准。

（1）感观标准。

感观标准指客人和员工、管理者凭借视觉、嗅觉等感观能感受到的标准，如灰尘、污迹、异味等。这一标准只是停留在卫生要求的表层，如眼看到的地方无污迹；手摸到的地方无灰尘，空气清新无异味。

（2）生化标准。

生化标准是由专业防疫人员进行专业仪器采样与检测的标准，它所包含的内容有洗涤消毒标准、空气卫生质量标准、微小气候质量标准、采光照明质量标准及环境噪声允许值标准等。生化标准是客房清洁卫生质量更深层次的衡量标准。

（二）客衣洗涤服务

客衣洗涤是客人住店期间需求较高的一项服务，全服务型住宿接待企业均能为客人提供客衣洗烫服务。客衣洗涤的特点是织物种类较多，且多为高档织物；织物污渍也呈现多样性，如酒渍、果汁、血渍等；总洗涤量不稳定，客人取衣时间要求短，衣物熨烫效果必须好。由于住宿接待企业的洗衣房通常需要较大的空间场所，且运行成本高，所以目前不少住宿接待企业已不设洗衣房，而是将洗涤业务外包。但是，住宿接待企业应注意严格控制外包洗涤的质量。客衣洗烫服务规程如表 2-5 所示。

表 2-5　客衣洗烫服务规程

服务程序	服务规范
接收信息	1. 接到客人需要洗衣服务的要求，及时准确记录客人房号 2. 客房员工带好洗衣单与洗衣袋到客人处收取洗衣
收取客衣	1. 清点客人交洗的衣物件数，检查是否有破损或者遗留物品 2. 请客人阅读洗衣单上的相关说明并填写《洗衣单》，记录联系电话 3. 询问客人有无特殊要求，提示洗衣送回时间。尤其注意加急服务的时间，避免因时间延误给客人带来不便
费用确认	1. 根据《洗衣单》上价格计算出客人的洗衣费用 2. 让客人在《洗衣单》上签名，予以确认，并询问客人支付方式
送出洗衣	1. 客房将收取的洗衣立即送至洗衣房，并做好登记 2. 如果采用洗涤外包，应及时交付给外包公司 3. 加急洗衣及时送洗
取回洗衣	1. 无论是洗衣房洗涤还是外包洗涤，都需及时送回客房部 2. 客房服务员将洗衣送入客房

（三）客房用餐服务

客房送餐服务（room service 或 in-room dining）是将住店客人预订的菜肴和酒水送到客房，并提供简单服务，使客人能在房间内用餐的服务形式。客房用餐服务规程如见表 2-6。

表 2-6　客房用餐服务规程

服务程序	服务规范
受理订餐	1. 接听电话 2. 重复客人点菜内容 3. 与客人确认用餐人数、房号、有无宗教信仰、有无忌口菜品 4. 告诉客人送餐到达的准确时间 5. 询问客人用何种方式付账（挂房账时确认是否与开房人姓名一致、现金支付时询问客人是否需要发票），根据客人情况入账，向客人表示感谢
送单	将客人房号、人数、所点食品、菜品禁忌、特殊要求等通知厨房
备餐	按客人要求备餐
检查	1. 检查口布，台布是否干净 2. 检查餐具、瓷器、椒盐瓶、花瓶、糖缸、牙签筒是否干净，整齐 3. 按账单清点菜品及配料 4. 检查酒水是否备齐，杯子是否加盖 5. 核实客人的特殊要求 6. 核实房号，并知道客人的姓名（称呼客人，检查签单是否有效）
送餐	1. 以最快时间送到客人房间门口 2. 询问客人喜欢在哪用餐，为客人服务菜品安排餐具，按标准摆放餐具，主动介绍菜品，饮料，调味品 3. 请客人签单
收餐	1. 征得客人同意后进入房间收餐，如客人不在房间应找客房服务员一起进入客房收餐；如房态显示为“请勿打扰”，应告诉客房服务员此房间有未收餐具，由客房服务员收餐具 2. 清点餐具，做好记录

中国住宿业走上高质量发展之路①

在党的“十九大”召开后的开局之年，我国住宿业绩效表现总体较抢眼，增长速度虽有所放缓回落，但仍处于2014年触底以来的上升趋势中。在国家经济转变发展方式的大背景下，已经做大的住宿业正转向高质量发展阶段。

发展方式：从速度优先到质量优先

住宿业发展从以前的注重规模和速度转向关注质量和品质。目前，住宿业的体量已经非常庞大，固定资产投资经过十余年的高速增长后，增速开始放缓，但品牌影响力提升与集团规模增长还不同步。当前消费者的住宿体验和服务品质需求日益分化多元，住宿供给的业态和产品也日渐丰富多样，但仍然存在供给的区域与档次结构的不平衡，供给的类型和内容不充分的情况。这些发展中的问题和矛盾在与宏观经济叠加的形势下，倒逼住宿业正从以前的速度优先转向质量优先。

发展动力：从要素驱动转向创新驱动

过去更多是依靠土地、资本、人力这些要素投入来推动住宿行业的高增长，现在则是依靠科技、创意所形成的创新来提高全要素生产率，推动住宿业高质量发展。首先，随着优质土地资源和位置优越的闲置空间的减少，住宿业更多是对已有土地资源和存量空间的优化利用。在住宿功能之外，住宿业还融入美食、艺术、社交、健康、娱乐、教育、购物、办公等功能，从而实现空间价值的最大化利用。其次，科技创新可以催生新的模式，促进产业效率提升。酒店开始应用人脸识别、云计算、大数据等新兴技术，提升酒店运转效率和顾客入住体验，科技创新将对住宿业产生深远的影响。最后，文化创意提升住宿业附加值。住宿业是文旅融合的代表，文化创意和IP对于精品酒店、主题酒店、精品民宿等住宿业态的重要性无论如何强调都不过分。从酒店的建筑设计、室内设计到产品设计，文化创意的融入都将提升其吸引力，增加其附加价值。

发展方向：追随并引导消费者需求

消费升级对产业升级具有导向作用。优势敌不过趋势，住宿企业必须追随消费者需求的步伐，研究消费者偏好和消费趋势。住宿业不仅要关注显性的消费行为升级，更要研究在水面之下较为隐性的消费认知升级和观念升级，以达到影响用户心智和改变用户观念，进而影响消费行为的目的。

发展创新：聚焦核心、突破边界和关注边缘

住宿业的高质量发展，首先还是要聚焦核心，深耕细作，专业化发展。住宿业是一个传统行业，但“所有传统行业都值得重新做一遍”。在产品开发上，住宿企业要找准行业痛点，围绕自身核心优势，以工匠精神精耕细作，不断重构与迭代，开发契合消费者需求的产品。对于有能力和额外资源的企业，可以尝试突破边界、拓展边界、融合共生、融合发展。此外，住宿业需要关注边缘，实现从零到一的突破。数量众多的非标住宿，相比酒店业态来说相对边缘，通过住宿分享平台的整合，立刻产生长尾

---

① 改编自杨宏浩的《2018住宿业走上高质量发展之路》。

力量的颠覆性效应。

发展政策：深化供给侧改革

住宿业发展的“质量追赶”战略，要以提高住宿供给体系质量为主要方向，提升服务品质、产品附加值和产业价值链，提高运营效率、投资回报率和全要素生产率，关注企业社会责任和绿色低碳发展，显著增强住宿业质量优势和优化产业结构。

复习与思考：

1. 分析住宿接待业的业态。
2. 论述住宿接待业的主要任务。
3. 简述住宿预订的渠道和方式。
4. 简述预订的种类。
6. 论述入住接待服务的主要内容。
7. 论述客房接待服务的主要内容。
8. 论述客房清洁质量的控制方式。

第三章 餐饮接待管理

■学习目标

了解餐饮接待业的概念和业态类型
理解餐饮接待管理的主要业务
理解菜单的概念和作用
掌握菜单的类型
了解菜单制作的依据
掌握菜单价格制定策略和方法
了解各类餐饮服务接待的特点和标准
核心概念：餐饮业、餐饮接待业务、菜单设计、餐饮接待服务

第一节　餐饮接待的业态类型与职能

一、餐饮接待业的概念、特征及类型

（一）餐饮接待业的概念

目前关于餐饮接待业还未形成统一的定义。按欧美《标准行业分类法》的定义，餐饮业是以商业营利为目的的餐饮服务机构。在我国，据《国民经济行业分类注释》的定义，餐饮接待业是指在一定场所，对食物进行现场烹饪、调制，并出售给顾客主要供现场消费的服务活动。中国烹饪协会认为餐饮业是指通过生产制作加工、商品销售和服务性劳动等手段，向消费者提供饮料、食品、菜肴、消费场所和设施设备的经营单位。

从上述概念界定可见，餐饮接待业具有以下三个要素：一是具有一定的场所和相应的设备、设施。餐饮接待企业要有一个固定的场所，还要提供食品和服务，因此无

论当场消费或外卖，都必须有设备、设施才可以进行生产；二是提供餐饮食品和服务。餐饮接待企业提供的商品包括餐饮食品和服务两个部分，越是档次高的酒店、餐厅，提供的产品中服务所占的比例越大；三是以产生利润为目的，是一种经济行为。餐饮接待的目的是获得相应的利润。

（二）餐饮接待业的特征

餐饮接待业具有以下特征：

1. 客源市场的广泛性

国内外各类型的旅游者、相关团体、企事业单位、政府机构及当地居民等各行各业的人们都可以成为餐饮接待企业的接待对象。

2. 对国民经济发展的依赖性

国民收入水平越高，人们的社会交往和旅游等活动就越频繁，当地居民和社会各界人士对餐饮产品的需求量也就越大。

3. 产品风味的民族性和地方性

不同国家、不同地区、不同民族的地理、气候和生活环境、生活习惯不同，各地物产不同，食品原材料的种类也不同。就是同一民族的不同地区，上述各方面的区别也会很大，从而使餐饮产品形成不同的风味，具有鲜明的民族性和地方性，如西餐有法式、英式、俄式和美式，中餐有川菜、粤菜、浙菜和鲁菜等。

4. 餐饮服务的不可储存性

餐饮产品生产者和服务者与消费者直接接触，不经过中间环节，即当场生产、销售和消费。

（三）餐饮接待业的业态类型

餐饮接待业业态丰富，类型繁多，全面了解餐饮业态形式，有助于餐饮接待企业满足不同旅游者的餐饮消费需求。

1. 按照餐饮经营形式划分

按照餐饮经营形式可分为综合餐饮和独立餐饮。

综合餐饮主要指酒店、度假村、娱乐场所等运营的餐饮部门，其综合性主要表现为集住宿、餐饮、康乐、购物、休闲、演艺等经营项目和业务活动于一体。其中，餐饮经营是企业的主要功能之一，如各类风味的中西餐厅、酒吧、咖啡厅、泳池茶座等。

独立餐饮指以经营餐饮为手段，以获取商业利润为目的的餐饮接待企业。独立餐饮一般为独立经营，规模可大可小，以提供某种风味食品为主，并可采用连锁方式发展的社会餐饮接待企业，如餐馆、酒楼、快餐店、小吃店、酒吧、茶馆、咖啡屋等。

2. 按照国民经济行业划分

按照国民经济行业划分将餐饮划分为正餐、快餐、饮料或冷饮、餐饮配送、外卖送餐及其他餐饮形式。

正餐指在一定场所内提供以中餐、晚餐为主的各种中西式菜肴和主食，并由接待人员送餐上桌的餐饮活动，包含酒楼、饭庄、宾馆餐厅等在内的主流餐饮接待企业。

快餐又称速食餐厅、速食店，是指在点餐之后食物很快就供应出来，并且服务维持在最低限度的一种餐厅。包含各种西式快餐、中式快餐和自助式餐饮。

饮料及冷饮是指在一定场所内以提供饮料和冷饮为主的餐饮形式。包括各类茶馆、酒吧和酒馆、冷饮店或乳制品店等。

餐饮配送指根据协议或合同，为民航、铁路、学校、公司、机关等机构提供餐饮配送服务。

外卖送餐指根据消费者的订单和食品安全的要求，选择适当的交通工具、设备，按时、按质、按量送达消费者，并提供相应单据的服务。

其他餐饮业包括小吃及其他未列明的餐饮业。小吃指提供全天就餐的简便餐饮服务，包括小饭馆、农家饭馆、流动餐饮和单一小吃等餐饮服务；其他未列明餐饮主要包括餐饮私人定制、餐饮上门定做、机构餐饮等。

3. 按照国家旅游及相关产业统计分类

按照国家旅游及相关产业统计分类，可将旅游餐饮划分为旅游正餐服务、旅游快餐服务、旅游饮料服务、旅游小吃服务、旅游餐饮配送服务。

旅游正餐服务仅包括在一定场所为游客提供以中餐、晚餐为主的餐饮服务。

旅游快餐服务仅包括在一定场所为游客提供的快捷、便利的就餐服务。

旅游饮料服务仅包括在一定场所为游客提供以饮料和冷饮为主的服务，以及茶馆服务、咖啡馆服务、酒吧服务、冰激凌店、冷饮店服务等。

旅游小吃服务仅包括为游客提供的一般饭馆、农家饭馆、流动餐饮、单一小吃、特色餐饮等服务。

旅游餐饮配送服务仅包括为民航、铁路及旅游机构（团）提供的餐饮配送服务。

二、餐饮接待管理的主要业务

（一）餐饮产品的定位管理

餐饮产品的定位管理是为了让餐饮产品在顾客心中树立鲜明形象，进而占据独特位置。有效的定位管理有助于餐饮接待企业在清晰了解顾客需求的基础上，对其需求进行积极、精准的回应。

（二）餐饮产品的生产管理

餐饮产品的生产管理不仅是餐饮接待企业管理的中心环节，更是直接关系到餐饮产品特色和餐厅形象的呈现。餐饮产品的生产过程涉及生产任务的确定、原料的生产加工与制作、对菜肴质量的控制以及对生产过程中的成本控制等，其中对菜肴的生产管理是整个餐饮产品生产管理的重中之重。对菜肴的生产管理直接反映了餐饮产品的风味特点和总体质量，决定了顾客的饮食体验和餐饮接待企业的经济效益。

（三）菜单的筹划管理

菜单是餐饮接待企业与顾客沟通的媒介、餐饮产品推销的重要工具，菜单的内容筹划需要综合考虑餐饮形象、餐饮产品定位、价格档次与市场需求的匹配，外观设计则要力求科学精美、信息展示清楚真实。由于菜单是餐饮接待工作中重要的交互工具和载体，因此本章将重点介绍菜单设计。

（四）餐饮服务管理

餐饮服务管理是餐饮接待工作的重要内容，餐饮服务质量的好坏直接决定着顾客对餐饮接待企业整体满意度的高低，也影响着顾客自身整体旅游体验的好坏。餐饮服务管理首先以餐饮接待企业提供的设施设备、环境氛围等有形产品为依托，在服务的使用价值上满足顾客的物质需要；其次需要依赖餐饮服务标准、服务程序、服务规范等提升无形服务的效率，满足顾客的精神需求，从而提高顾客的忠诚度，提高餐饮接待企业的经济利润。

（五）餐饮卫生管理

食品安全大于天，餐饮卫生是顾客的基本餐饮需求，也是餐饮服务质量的重要影响因素。餐饮接待企业应该确保食品卫生，杜绝食品污染和有害因素，切实抓好餐饮卫生管理。餐饮卫生管理主要包括食品卫生管理、员工卫生管理、餐饮环境卫生管理以及餐饮设备餐具等卫生管理，在原料库存、生产加工、传菜及就餐、餐具清洁等各个环节严加控制。

第二节　菜单设计

一、菜单的概念、作用及种类

（一）菜单的概念

菜单是餐厅提供的商品目录和介绍书，是餐厅的消费指南，也是餐厅最重要的名片。一般来说，菜单是指餐饮接待企业向顾客提供的有关餐饮产品的主题风格、种类项目、价格水平、烹调技术、品质特点、服务方式等经营行为和状况的总纲领，菜单内容主要包括菜肴及饮料的品种和价格。

菜单包含两种含义，一种是指餐厅中使用的可供顾客选择的所有菜目一览表，即菜单是餐厅提供商品的目录；一种是指某次餐饮活动中菜肴的组合，如婚宴菜单的设计，其重点并不是如何设计印刷精美的菜品一览表，而是为顾客设计菜肴及饮料的最佳组合。

（二）菜单的作用

对餐饮接待企业而言，菜单是对内工作的行动指南，对外销售的广告载体。它的具体作用如下：

第一，它是餐饮接待企业和消费者之间相互了解的桥梁。餐饮接待企业通过观察客人点菜、统计点菜率，可以了解菜单设计是否合理；消费者通过菜单可以了解餐厅的经营风格、菜品特色。

第二，菜单可以指导餐饮接待企业的经营和管理工作。通过客人点菜反馈出的信息，餐厅可以及时地调整自己的经营和管理行为。

第三，菜单的装帧艺术、风格以及它透露出的文化气息可以起到宣传餐厅的作用。精美的菜单不仅能够反映菜品特色，还能吸引消费者的关注，增加口碑宣传。

（三）菜单的种类

菜单种类繁多、形式广泛、层次多样，不同的菜单体现了不同的内容和特色。把握菜单的种类，重点在于了解菜单的分类情况，熟悉旅游接待中常用菜单。旅游接待企业的常用菜单有以下几种。

1. 零点菜单

零点菜单是餐饮接待企业提供给消费者随机点菜的菜目一览表，它是餐饮接待业中最基本的菜单。旅游正餐、快餐、饮料、小吃服务中均提供零点菜单。零点菜单的特点是菜单上所列菜肴种类较全面、品种较丰富，并按相应特点排序，且排序灵活多变。

2. 套餐菜单

套餐菜单又称为特定组合菜单，它所列的是一定数量、不定类别、消费标准各异的整套菜点。常见的套餐菜单有中、西餐商务式、生日式、节日式等多种形式。套餐菜单的主要特点是有较为固定的菜肴、点心和水果等组合搭配，菜点种类相对较少，价格相对稳定。并且，套餐菜单普遍存在于正餐、快餐和配送服务中。

3. 团队菜单

团队菜单是针对旅行社组织的团队、各类会议等客源所设计的菜单，常见于旅游正餐、旅游快餐和小吃服务中。团队菜单通常需要大批量的生产和同时服务，这种菜单上的菜式品种较少，一般不选择做工十分精细的菜品，需要根据这些团队客人的用餐标准安排菜单。

4. 宴会菜单

宴会菜单是餐饮接待企业结合自身综合资源，根据设宴主题、进餐对象、消费标准等餐饮需求的具体情况，将不同类型的菜点及饮品等，以一定的原则和形式进行有效组合而形成的宴会菜点一览表。宴会菜单常见于正餐中，包括中餐宴会、西餐宴会、自助餐宴会和鸡尾酒会等。宴会菜单的基本特点是标准明确，编排格式讲究，制作材料与形式多样，所列食物品种丰富，讲究合理搭配与灵活多变。特别是放置于宴会桌面的宴会菜单，更要求制作精美典雅，文化艺术性强。

5. 客房送餐菜单

客房送餐菜单是由于部分顾客不能或不愿意到餐厅就餐，为满足其在客房中用餐的需求而提供的点餐一览表，常见于酒店餐饮。客房送餐菜单应选择质量较高但加工不太复杂，品种形状比较稳定，便于配送的菜点。由于这项服务的特殊性，客房送餐菜单上的菜品和酒水价格相对较高。

6. 自助餐菜单

自助餐菜单常见于酒店餐饮和社会餐饮中，早餐和正餐中均提供自助餐服务。自助餐菜单可表现为真实的菜品展示。自助餐菜品以清爽、悦目、制作简便、适应面广、方便取食为主要特点，因而展示要求花色品种丰富，布置讲究，如冰雕摆件、黄油雕刻件、鲜花、水果或其他装饰常常使自助食品色彩缤纷、富丽堂皇。自助餐菜品展示的理想效果在于激发顾客愉悦心情，给顾客留下美好印象，从而促进顾客重复消费。

（四）菜单的使用和更新

菜单在使用过程中要注意以下三个问题。

1. 专人保管，留档备查

餐饮接待企业的菜单正式投入使用后，一般由迎宾或领位员保管。菜单数量要充足，能够满足高峰期餐厅的营业需要。客人来到餐厅，由迎宾领位员引导客人入座，同时递送菜单，客人点菜后一般应将菜单收回。每日营业结束，应清点菜单，如果是宴会厅或团体餐厅，菜单应在摆台时按标准摆在桌面上。客人未带走的菜单也应收回。各种菜单调整更换后，还应分类整理，留档备查，以便为设计新的菜单提供参考。

2. 正确使用，加强维护

餐厅接待人员要熟悉菜单，能够背诵菜单上各种菜点的名称、价格、原料、简单烹调方法和口味特点，便于推销菜点。菜单在使用过程中，尤其是每次客人点菜收回后，应检查菜单是否清洁，若发现有菜汤、酱油等污迹应及时清除，加强维护。使用时间较长，已经破损、陈旧的菜单，应用备用菜单代替，以防影响客人使用，影响餐厅的服务规格。

3. 定期更换，以旧换新

各种菜单使用一定时期后，都应根据市场客人的需求变化和菜点的发展趋势，重新设计与制作新的菜单。

二、菜单设计的依据

（一）目标市场的客人需求

任何一家餐饮接待企业的餐饮经营都不可能满足市场上所有客人的消费需求，它只能针对一部分具有相似消费特点和消费能力的客源。因此，餐饮接待企业的菜单设计必须以目标市场的客人需求为首要依据。同时，目标市场仍然是一个消费群体，要成功地设计出菜单，还要进一步分析餐饮接待企业的主要客源，了解他们的所属阶层、旅游目的、消费水平、职业特点、年龄结构、风俗习惯、饮食嗜好等特点，以及他们对餐厅环境、花色品种、产品质量、产品价格的具体要求。对目标进行深入调查和分析，掌握其相似特点，才能正确掌握菜单设计的方向。

（二）食品原材料的供应情况

原料供应是餐饮产品生产的先决条件。菜单设计得再好，如果原料供应没有保证，造成缺菜率很高，也会影响销售额和该餐饮接待企业的声誉。因此，凡是列入菜单的产品，都应保证原料供应，避免菜单上的菜品无法提供而引起客人的失望和不满。菜单设计人员应根据企业的地理位置、交通条件等基础性条件，认真分析食品原材料的市场供应情况、采购运输条件以及原料供应的季节变化等信息，然后利用这些信息来设计、制作菜单。

（三）餐饮产品的花色品种

餐饮产品的花色品种成千上万。在保证原料供应的条件下，同一种食品原材料的加工方式、配菜方法和烹调方法不同，其产品也不一样。设计制作菜单，需要菜单设计者充分发挥职业想象力和专业才智，对菜点的花色品种进行入选决策。

（四）不同菜点的营利能力

菜单设计的最终目的是扩大销售、增加餐饮利润。各种菜点的营利能力各不相同，主要受产品成本、价格和销售份额三个因素的影响。这就要求菜单设计不仅要合理选择花色品种，而且要充分考虑不同菜点的营利能力，合理安排产品结构。

（五）厨师技术水平和厨房设备

菜点品类和规格直接受厨师技术水平和厨房设备的限制，没有专业技术水平高超的厨师，即使设计出规格较高的名点名菜，厨房也无法烹制出名副其实的产品，反而会让客人感到失望。菜单的品种、规格和水平超越了厨师技术水平和设备生产能力，菜单设计得再好，也无异于“空中楼阁”。

三、菜单的内容设计

（一）零点菜单的内容

零点菜单主要由冷菜类、海味类、河鲜类、禽肉类、禽蛋类、蔬菜类、甜品类、瓜果类和预定菜组成。零点菜单在内容安排中要注意以下几点：菜品的数量要与餐厅的规模相适应；菜品的档次要与餐厅的档次相适应；菜品的分量与顾客的需求相适应；菜肴的品种要以餐饮接待企业常用菜、特色菜为基础。

（二）套餐菜单的内容

套菜的内容包括冷盘、热炒、大菜、主食、汤、点心和水果等。各个菜点的数量要根据用餐的人数合理安排。套餐菜单中菜肴的品种，既要满足人们对菜肴的营养、口味、质感的不同追求，又要切合用餐者的就餐目的和要求。

（三）团队菜单的内容

团队菜单根据用餐的对象一般可分为旅游团队套餐菜单和会议套餐菜单。

旅游团队套餐菜单的菜品安排一般以热菜为主，同时还应配备汤、主食等。在菜单内容的安排上应注意以下几点：了解每批旅游团队客人的来源及组成；菜品既要尽可能安排富含蛋白质、脂肪、糖等营养素的食物，以补充团队客人因旅游而耗费的能量，又要考虑适当安排部分本地特色菜肴或本餐厅的特色菜肴，以丰富客人的旅游美食体验；由于团队客人就餐非常讲究时效，因此，应选用可以事先准备的菜肴，如蒸菜、炖菜或烧菜等。

会议套餐的菜点通常包括开胃小菜、热菜、汤、点心、水果等。在菜单内容安排上应注意以下几点：了解参会人员的饮食喜好和禁忌；应安排一些口味浓郁、便于下饭的菜肴；所安排的菜肴品类要齐全，便于大批量生产。

（四）宴会菜单的内容

1. 中式宴会菜单

中式宴会菜单的组成内容一般由冷菜、热菜、甜菜、素菜、汤菜、点心组成。在设计中式宴会菜单时要注意以下几点：宴会菜单的设计应根据档次和就餐人数确定菜品数量和质量；菜单的菜肴品种在营养、口味、烹调、色泽上要满足消费者需要；菜单中菜品要能显示出宴会主题，展示地方特色。

2. 中西结合式宴会菜单

中西结合式宴会菜单的内容包括冷菜、色拉、中菜、西菜、汤、点心、甜品、水果等。在设计中西结合式宴会菜单中要注意以下几点：中式菜品和西式菜品在类别、品种、烹调方法等方面应各占一定的比例；菜品的上菜顺序应严格按照要求进行编排；菜品的种类尽量满足消费者的特殊需求；确定菜品组合方式，考虑中西式菜品组合之间的联系；菜单组配营养要合理，以满足人们对营养需求。

（五）客房送餐菜单的内容

客房送餐菜单在设计上应选用一些制作工艺简便、加热时间较短的菜品；品种不宜太多，要做到少而精，品种搭配要合适；应选用原料新鲜、品质较高、富有地方特色的品种。客房送餐菜单按销售形式一般可分为套餐菜单与零点菜单。

（六）自助餐菜单的内容

自助餐菜单的设计主要根据用餐的费用标准、人数、主题、菜品的风味等因素来决定。在设计各种自助餐之前，餐饮接待企业必须要了解自助餐的主题及客人的组成。由于自助餐的主题不同，就餐者需求差异大，因此在设计菜单时，要视宾客及用餐标准等情况来确定自助餐的风味、菜品结构及数量。

四、餐饮产品的价格设计

（一）餐饮产品的价格构成

餐饮产品的价格是以价值为基础的，其价值主要包括三个部分：一是物化劳动的转移价值，它以食品原材料价值、设施设备、家具用具、餐茶用品和水电燃料消耗价值为主。其中，既有物化劳动价值的直接转移，又有物化劳动价值的渐进补偿；二是活劳动消耗中的必要劳动价值，它以劳动者的工资和工资附加费、劳保福利、奖金消耗为主，即劳动力价值；三是活劳动消耗中的剩余劳动价值，它以税金和利润的形式为国家提供公共积累，并为企业的生产和再生产积累资金。

由此可知，餐饮产品的价格构成同其价值是相适应的，在价值向价格的转化过程中，食品原材料价值转化为产品成本。生产加工和销售服务过程中的设施设备、家具用具、餐茶用品、水电燃料、工资及工资附加费和福利费等转化为人工成本及经营费用；产品成本和流通费用形成餐饮经营成本；税金以公共积累的形式上交国家；其余额为餐饮产品的利润。因此，餐饮产品的价格是由产品成本、人工成本、经营费用、税金和利润五个部分构成的。其公式为：

产品价格=产品成本+人工成本+经营费用+税金+利润

在实际工作中，除食品原材料成本以外，餐饮产品的人工成本、经营费用、税金和利润很难按花色品种单独分摊到各个产品中去进行单独核算，这是由餐饮产品花色品种繁杂、产销服务融合在一起、产品销售随时处于变化之中的特点决定的。因此，其价格构成中的人工成本经营费用、税金和利润融合在一起，形成产品毛利。由此可知：餐饮产品的价格是由成本和毛利构成的。其公式为：

餐饮产品价格=产品成本+产品毛利

（二）餐饮产品的定价策略

餐饮产品常见的定价策略有以下四种：

1. 满意利润策略

满意利润策略以争取正常利润为主，重点在于掌握企业综合毛利率和分类毛利率，使产品价格补偿原材料成本和流通费用后，有比较满意的利润。由于餐饮产品利润包含在毛利之中，而价格制定又主要是运用毛利率法来确定。因此，运用满意利润策略，要重点注意三个问题：一是产品价格的最终确定要充分考虑分类毛利率标准；二是分类毛利率的比较标准要以同一档次、同类产品为主，毛利率大体和其他同类企业、同一档次和同类产品相当；三是具体产品的价格水平要相对稳定，使产品价格和实际利润水平与同行、同一等级的同类产品大体相当，求取合理利润。

2. 市场占领策略

市场占领策略是产品价格以占领市场为主要目标，其具体目标又有两种：一是占领新的市场；二是要大力降低成本费用开支，然后以较优惠的价格吸引就餐客人，造成局部优势。从表面上看，产品价格比同行同类产品略低，但成本低、质量好、企业具有竞争优势，可以占领更多的市场。因此，餐饮产品市场占领策略的总体价格水平相对较低，有利于占领新的市场或扩大市场占有率。

然而，采用市场占领策略，也有一定的风险。为此，采取该策略需要具备两个条件：一是餐饮接待企业有较大的规模、资金技术雄厚和一定的承受能力，这样，才能在较长时期内以低价扩大市场占有率取得预期效果；二是目标市场对企业餐饮产品的价格变动比较敏感，能够较快引起客人的重视，否则，价格较低，而市场反应不大，反而会造成企业的经济损失。

3. 声望价格策略

声望价格策略又称撇脂价格策略，它是为创造企业某种风味或某类产品的名贵形象，形成市场声望，在一定时期内采用高价，尽快取得高额利润。这种策略主要适用于两种类型的餐饮接待企业：一是企业刚开业，设施设备及产品质量高，估计自己的某类产品投入目标市场后会深受客人的欢迎，趁产品对顾客有较大吸引力，价格弹性较小之时，制定较高价格，形成自己产品的名贵形象，从而获得丰厚利润。如果随着时间的推移，市场需求发生了变化，企业再采用正常价格，仍能获得满意利润。二是餐饮接待企业经营某种特殊风味，其产品在市场上具有较高的垄断性，如北京饭店的谭家菜，为保持企业产品的名贵形象，企业采用较高价格，从而获得优良的经济效益。

4. 竞争价格策略

竞争价格策略以开展市场竞争、扩大产品销售和增强竞争能力为主要定价目标。采用这种策略，餐饮接待企业始终瞄准同行竞争对手的同类餐饮产品的价格。如果自己的产品和服务明显高于竞争对手，深受客人欢迎，立即采用较高价格，打造产品名贵形象；如果自己的产品和同行竞争对手没有太大区别，则以竞争对手同类产品价格作为自己的比较参数，价格略低，形成竞争优势；如果同类产品竞争激烈，餐饮接待企业则尽快开发新产品，吸引对方顾客，加速市场分化，形成局部优势。因此，采用竞争价格策略，餐饮产品的价格是随竞争对手的价格水平而变化的。正确运用这种策略，关键在于及时掌握餐饮产品价格的调价时机和价格水平，竞争价格既不能过高，又不能过低，否则，必然影响企业经济效益，反而削弱了竞争实力。

（三）菜品的定价方法

餐饮接待企业对菜品的定价方式有多种，每种定价方式都有其优缺点，相关企业可根据自身的经营特色和方式，选择最合适的定价法，也可将几种方法有机结合整体考虑，灵活运用。

1. 毛利率定价法

以利润为中心的定价思路，主要采用毛利率定价法。由于毛利率有销售毛利率（内扣毛利率）和成本毛利率（外加毛利率）两种形式，因此，毛利率定价有两种不同的方法：

（1）销售毛利率法。

销售毛利率法也称内扣法，即根据产品的原材料成本和销售毛利率来计算餐饮产品的销售价格。计算公式如下：

价格=原材料成本÷（1-销售毛利率）

【例3-1】某特色菜品的原材料成本为18元，企业对该菜品制定的销售毛利率为45%，则该菜品的售价应为：

价格=原材料成本÷（1-销售毛利率）=18÷（1-45%）≈33（元）

用销售毛利率法进行菜点定价，可以让管理者清楚地知道菜点食品的毛利在销售额中所占的比例，但不能反映菜点的人力成本。

（2）成本毛利率法。

成本毛利率法也称外加法，即根据产品的原材料成本和成本毛利率来计算餐饮产品的销售价格。计算公式如下：

价格=原材料成本×（1+成本毛利率）

【例3-2】某风味菜肴的成本毛利率为65%，其原材料耗用成本为19元，则该菜肴的售价应为：

价格=原材料成本×（1+成本毛利率）=19×（1+65%）≈31（元）

此方法的不足是，管理者难以清楚地知道菜点的毛利在销售额中所占的比例。

需要说明的是，以上两例所计算出的菜肴价格仅为理论售价，或为参考价格，具体实施菜单定价时，还要根据该品种的风味特色及促销因素，确定其实际售价。

2. 成本定价法

成本定价法，主要指餐饮接待企业以餐饮产品的成本为中心，再加上一定的利润和税金而形成的定价法。成本定价法普遍适用于我国餐饮接待企业。在现阶段，它是一种最基本和运用得最多的定价法。成本定价法的具体定价方法有以下两种：

（1）成本加成定价法。

成本加成定价法是指在产品成本的基础上再加上一定的百分比进行定价（加价率）。不同档次的餐饮接待企业采用不同的加价率，档次越高、产品综合成本越高，其加价率也相对越高。基本计算方法是：

价格=成本×（1+加价率）

此方法要注意有效控制产品加价的幅度。

（2）毛利加合定价法。

毛利加合定价法也称贡献毛利法，是指在产品的成本额上加一定额的毛利作为售价。其实质就是在各种菜点中均摊企业的各种经营费用。毛利额的计算可依据销售历史记录数据预测而得。其计算公式为：

$$毛利额=\frac{预测的销售总收入-原料成本总额}{预测的菜点销售份数}$$

使用此方法定价可用公式表示为：

$$价格=原材料成本+贡献毛利$$

此方法的优点是使餐饮接待企业重视产品的毛利而不是毛利率。毛利和毛利率在反映产品营利能力上是不同的，很多企业喜欢用毛利率来表示一个菜点的营利能力，而在实际中，有时毛利率高的产品，未必能带来较高的利润。假如一个菜品的售价较低，即使它有较高的毛利率，它的毛利额也不会高；而另一个毛利率并不算高的菜品，由于它的价格较高，反而能获得较高的毛利额。因此，最终决定企业经营利润的是各个菜点的毛利额。

五、菜单的外观设计

在经过前期全面、完整、系统的菜单内容和价格等设计与决策的基础上，要开始对菜单进行外观设计。菜单的外观设计须充分考虑菜单的版式、封面与封底、颜色与画面、字体与字号以及菜单制作纸张等因素，以突出美感效果为基本原则，使菜单装帧与餐厅的规格等级、菜单内容及整体环境相协调。

（一）菜单版式

菜单版式是指菜单的形状、规格、大小、款式和结构。最常见的不同档次的菜单版式有：

1. 杂志式

杂志式菜单也称书本式菜单，是餐饮接待企业最常用的一种菜单形式。此菜单主要适合于各类中、西式正餐零点菜单。杂志式菜单朴实、素雅、印制精美，有挺括、硬朗、精美的封面、封底和排列有序、分门别类的多项内页，消费者通过翻阅可选择合适的菜点与酒水。

2. 折叠式

折叠式菜单主要指常用的中、西餐宴会菜单形式，也指特别促销菜单形式，常见的规格有两折、三折及四折。此菜单设计简洁、明快，菜单内容一目了然，多为一次性菜单，一般平放或立放于桌面上，不重复使用。折叠式宴会菜单消费者可带走留作纪念。

3. 单页式

单页式菜单主要用于快餐、咖啡厅、茶吧、酒馆及火锅餐饮等销售形式中；同时，也可作为零点菜单的补充形式，如“每日特价”“总厨推荐”“最新菜点”等促销菜单形式。此菜单制作工艺简单，使用周期短。

4. 活页式

活页式菜单是一种灵活机动的菜单形式，即在不重新设计菜单封面、封底的基础上，以活页形式随时添加需补充的菜目，或撤换拟淘汰的菜目。活页式菜单是现代餐饮业在激烈的市场竞争中产生的一种菜单形式。

现代餐饮接待企业除选用上述常见固定的菜单版式外，还可根据自身经营主题、特色、经营氛围和目标客源，并结合餐饮促销，设计使用多姿多彩的异形菜单，如用于圣诞节特别推销的松树状菜单，用于中秋节推销的月圆形菜单，用于儿童节促销的卡通式菜单，用于情人节使用的心形菜单等。此外，布标式、悬挂式、张贴式、立体式及金字塔式等菜单形式也是餐饮接待企业可供选择的菜单形式。

（二）菜单封面与封底

菜单封面是体现餐饮接待企业的形象要素和文化精髓。设计独具特色的封面，能昭示餐厅经营的风味、风格、档次、规模与气势，是餐厅形象的差异化表现形式之一，有助于营造就餐氛围，为就餐者创造进餐经历的“真实瞬间”。

菜单封底作为餐厅附加性促销内容的信息栏，其总体风格应与主题相一致。附加信息内容的编排应根据企业的不同促销方法与策略灵活把握。

（三）菜单颜色与画面

菜单色彩、色调的选择应与餐厅的总体艺术效果及进餐氛围相协调，同时需要考虑成本因素，颜色差别越多，印刷成本越高。菜单色彩与色调在菜单内页中使用时，尤其要慎重，要恰到好处地进行同色组合、安排，以不同的色彩层次和色调差异来创造一种气氛，或者将消费者的视线吸引到特别的菜点上；还可将色彩灵活运用于菜单的边饰、画面等背景上。菜单的不同颜色组合，体现了餐厅的不同经营风格与类型。

菜单的画面包括了图画、照片、装饰画和边饰画等。菜单画面应与餐厅的装饰设计和主题装修风格相协调。但需要注意，图文并茂式菜单要切实避免所附彩照与消费者所消费菜点的实际制作有较大的差异性；否则，极易引起消费者投诉。

（四）菜单字体与字号

消费者对菜单的评价在一定程度上与菜单呈现的字体和字号有关。在制作菜单时，究竟选择哪种字体，主要根据菜单设计的整体风格而定，并应与餐厅的经营主题、业态与特色相协调。

（五）菜单纸张

菜单纸张的类型和质量是反映菜单规格、档次的标志，它决定了菜单制作的成本。一般而言，高档餐饮菜单，多选用光泽度较好且平滑、柔和的铜版纸；大众化餐饮菜单，一般选用普通的打印纸。菜单纸张的选择要充分考虑菜单的不同类型与使用频率的高低，充分考虑纸张的防污性、防水性、耐磨性、手感性与感光度，并避免使用塑料、绸、绢等材料。另外，菜单内页是否压膜、是否烫制锡箔等，都应与菜单总体设计相协调。

第三节　餐饮服务

一、餐饮服务概述

（一）餐饮服务概念及内容

餐饮服务有狭义和广义之分。狭义的餐饮服务是指餐饮人员帮助顾客用餐等一系列的活动；广义的餐饮服务是指餐厅为顾客提供的一系列有关餐饮服务的设施、餐具、菜肴、酒水和帮助顾客用餐的一系列活动。良好的餐饮服务应是以顾客为目标，提供积极的、细致周到的、不断创新的、相互理解和相互沟通的服务。

餐饮服务的内容包括以下几个方面：

①辅助性设施设备。如餐桌、餐具和服务用品等。

②使餐饮服务易于实现的产品。如菜品和酒水等。

③显性的服务，即使顾客感知的各种利益。

④隐性的服务，即顾客的心理感受或附属于服务的特征。

（二）餐饮服务的特点

1. 服务态度具有价值

餐饮服务中，"态度"是一种服务因素，它本身具有价值，能为餐厅带来效益。微笑是服务态度的重要组成部分，也是服务人员态度积极的表现形式，从而备受餐饮业的重视。微笑作为无言的服务，对客人起到诱导积极情绪的作用。在服务的情感交流中，微笑是必不可少的。微笑是员工颜面和内心情感的表露，也是一种服务的表现方式。从微笑中，可以将友好、融洽、和谐、尊重、自信的形象和气氛传染给客人，为成功服务奠定良好的基础。

2. 服务对象的广泛性

由于顾客的层次不同、职业不同、风俗与文化背景不同，他们在就餐需求上容易产生差异，这就要求餐饮服务多方位满足客人的不同需求。餐饮接待企业的客源来自不同国家、地区和民族，宾客的社会文化背景、风俗、习惯、禁忌以及个人特征等方面的差异，使餐饮服务的标准及其适用性表现出不同的特征和不同的行为规范。

3. 餐饮服务标准的相对稳定性

餐饮服务的形成与发展经历了漫长的过程，它与人民生活、社会环境、外来文化、客人需求等都有密切的关系。我国目前餐饮服务规范是中西餐饮服务的融合。可见，餐饮服务既有已经形成的方式和标准，又在不断发展变化中，特别是西餐服务方式不断渗透于餐饮服务之中，所以餐饮服务标准具有相对稳定性。

4. 餐饮服务的统一性

统一性是指餐饮服务是直接服务与间接服务的统一；是一线行为与二线行为的统一；是对顾客的照顾、款待与食品的制作、卫生与安全的统一。顾客到某餐厅就餐往往含有信赖的因素，即在一定时间内将自己托付给了餐厅。餐厅则应本着对客人负责的精神，充分重视餐饮服务的统一性。

三、零点餐厅服务接待

（一）零点餐厅的接待特点

零点餐厅即点菜餐厅，是指按客人的个人口味随意点菜、按数结账、自行付款的餐厅，包括中餐零点餐厅和西餐零点餐厅。其特点是：以桌边服务为主；客人多而杂，各种需求不一，到达时间交错，工作量大，因此须人手较多，财力、物力损耗较大；服务技术要求高，且最能显示餐厅的服务档次和水平。

（二）零点餐厅接待流程与标准

1. 餐前准备

餐前准备工作主要包括两大内容：一是就餐布置和物品准备，比如按餐厅要求摆台，确保就餐环境干净、整洁、美观；二是召开餐前短会，确保员工仪容仪表恰当，工作状态饱满，充分了解当日工作安排和注意事项。

2. 开餐接待

开餐接待的重点是做好迎宾、待应、点餐等相关服务。

3. 席间服务

席间服务包括上菜、斟酒和巡台服务。整个接待过程中服务人员要主动服务、态度友善、语言亲切、动作敏捷、精神专注。席间巡台要及时，包括及时清理台面、斟酒水、撤换骨碟、烟缸，添加茶水、酒水，撤换毛巾等。

4. 餐后服务

根据客人的结账需求，通知收银员准备账单，核对无误后递交客人，收取费用。客人起身离店，提醒客人带上随身物品，礼貌向客人告别。

四、团体包餐服务接待

（一）团体包餐的概念

团体包餐是指因某种共同原因由主办人组织在一起的人群，按每人相同的标准同时在餐厅中集体进餐的一种形式。常见的团体包餐有会议包餐、旅游包餐、学生包餐等。会议包餐如交易会、运动会、展览会、政府机关会议等；旅游包餐如观光团、考察团等；学生包餐如春游、夏令营等。团体包餐具有就餐人数多且固定、就餐时间集中、就餐标准和菜式统一的特点。

（二）团队包餐的接待流程与标准

1. 热情迎宾

迎宾人员识别团队客人，告知客人就餐区域；桌面接待人员为客人拉椅让座，递上香巾，斟倒第一杯茶水饮料。

2. 餐间服务

团餐客人到齐或基本到齐后，以较快的速度上齐菜品，席间巡台服务要热情、专注、敏捷。

3. 结账收款

团体包餐一般由领队或经办人统一结账。如遇分食制的团体包餐，则由客人凭就餐券用餐。

五、宴会服务接待

（一）中餐宴会服务接待

1. 中餐宴会的概念及特点

中餐宴会是按照中国的饮食习惯，使用中餐餐具、饮用中国饮料、食用中国菜肴、按照中式服务的方法和礼节进行的具有中国传统形式的宴会。

中餐宴会的特点表现为菜点以中式菜品和中国酒水为主，对生产加工人员的技艺要求较高；环境氛围、台面设计、餐具用品、就餐方式等反映中华民族传统饮食文化气息，如最具有代表性的餐具是筷子、餐桌为圆桌、就餐方式为共餐式、民族音乐伴奏等，凸显出浓郁的民族特色；服务程序和礼仪都较为复杂，具有中国特色；适用面广，既适用于礼仪规格高、接待隆重的高层次接待，又适用于一般的民间聚会。

2. 中餐宴会接待流程与标准

（1）宴会前的接待准备。

宴会前的准备工作包括客情了解和物资准备。客情了解包括了解主人身份或主办单位，宴会标准、开餐时间、菜式品种、宴客国籍、邀请对象、宾客风俗习惯、禁忌要求、结账方式等。物资准备包括布置场地、餐具、酒水饮料准备、餐具桌椅状态检查、凉菜等菜品准备等。

（2）宴会前的迎宾服务。

一般而言，服务人员需在客人到达前5~10分钟，在宴会厅门口迎候客人。客人到达后，服务人员应主动向客人问好，并在客人左前方引领至宴会会场，安排客人入座。接近宴会开始时间时，服务人员向主办方确认桌数及上菜时间，并及时通知厨师长。

（3）宴会中的就餐服务。

中餐宴会的席间服务包括酒水、上菜和巡台服务，尤其以上菜服务为重。一般而言，宴会开餐前5分钟斟好酒水和饮料。上菜的顺序为冷菜、热菜、汤、点心、水果。上菜时要注意几个细节：一是把握上菜节奏；二是上菜时，须由主台开始；三是每上一道新菜，都要介绍菜名和风味特点；四是分菜时要胆大心细，分菜要掌握分量、件数，汤的分量要均匀；五是分菜要先分主宾，继而按顺时针方向分给其他客人，然后才分给主人。若有女宾，应先为女宾分，后为男宾分；六是凡有鸡、鸭、鹅、鱼类等有型、象生或拌边有主花的菜，上菜时，有头或主花的一端均要朝向正主位；七是所有上的菜若配有调料，上菜的次序是先上调料，后上菜。在整个宴会过程中，接待人员要勤巡视，并提供及时服务。

（4）宴会结束的送客服务。

客人起身离开时，接待人员应提醒客人检查随身物品，向客人礼貌道别并致谢。

（二）西餐宴会服务接待

1. 西餐宴会的概念及特点

西餐宴会是使用刀叉等西式餐具，采用西式摆台，品尝西式菜肴，按西餐礼仪提供服务的宴会。

西餐宴会的特点表现为菜点以欧美菜式为主、饮品使用西洋酒水；环境布局、厅堂风格、台面设计、餐具用品、音乐伴奏均突出西洋格调，如使用刀、叉等西式餐具，餐桌为长方形，西式台面布局，采用分餐制等；采用西式服务，席间播放背景音乐，服务程序和礼仪均有严格要求。

2. 西餐宴会服务流程

（1）宴会接待准备。

首先了解清楚外宾的国籍、身份、宗教信仰、生活习惯等。然后根据宴会菜单备齐各种餐具及其他物品，并根据宴会的性质和要求、参加宴会的人数、餐厅面积及设备情况完成宴会摆台。

（2）宴会迎宾服务。

与中餐宴会一样，一般要求客人到达前5分钟，在宴会厅门口迎候客人。客人到达后，应主动向客人问好，并引领客人进宴会厅安排就座。为客人铺上餐巾，按客人要求送上餐前饮品。

（3）宴会就餐服务。

按西餐礼仪为客人提供上菜和酒水服务，包括头盘、汤、葡萄酒、主菜、甜食、水果、咖啡等服务。

（4）宴会结束送客服务。

客人离开时，礼貌地送别客人，并提醒客人勿遗忘物品。

六、自助餐服务接待

（一）自助餐的概念及特点

自助餐是指客人自选自取适合自己口味的菜点就餐的餐饮形式。其就餐方式有两种：一是客人就餐前先购票，到餐厅随意自取食品和饮料；二是先进餐厅随意自取食品和饮料，后到门口结算付款。

自助餐的特点表现为供应迅速；客人自由选择菜点及数量；就餐客人多，销量大；接待人员较少，客人以自我服务为主。

（二）自助餐服务流程

1. 开餐前的接待准备

开餐前的接待准备工作是自助餐接待服务的重点。首先，确保布菲台清洁卫生、装饰美观。确保客人取餐用的布菲夹、餐盘、餐具、保温用具、客人现场切配用具准备齐全、干净卫生，要按照规定摆放在布菲台指定位置。其次，确保冷盘、热菜、点心、水果、酒水按餐厅设计摆放至恰当的位置。

2. 餐中服务

接待人员要礼貌、热情地迎接客人，并简要地向客人介绍菜品的名称、口味。当客人取食后，要及时整理布菲台，撤下空菜盘，添加菜品，使布菲台上面的菜品始终保持丰盛、整洁、美观。细心观察布菲台菜肴食用情况，与厨房保持密切联系，菜肴情况要及时反馈给后厨。做好菜肴归类，将用过的餐盘送回洗碗间。关注客人用餐情况，随时做好餐位整理，保持桌面的卫生。

3. 送离服务

客人用餐完毕离开时，面带微笑地送别客人，并向其表示感谢。

《案例》

海底捞服务的精髓就是“在顾客要求之前”服务[①]

“海底捞”来自四川简阳，创建于1994年，以经营川味火锅为主。提到海底捞，最令人津津乐道的是这家火锅店的服务。服务已成为海底捞吸引消费者光顾的一大核心竞争力，也是海底捞获得持续发展的一大关键因素。

海底捞的服务不仅体现在某一个细小的环节，而且形成了从顾客进门到就餐结束离开的一套完整的服务体系。海底捞的服务之所以让消费者印象深刻，就在于它将同类火锅店存在的普遍问题，通过服务的形式予以很好的解决。

首先，在迎宾环节。比如说在就餐高峰的时候，很多火锅店都需要排队等位子，一般的火锅店都是让顾客在那“干等”，很少提供相关的服务，这样难免会让一些心急的顾客流失。而海底捞就不同，顾客在等待的时候就会提供一些让人感觉很温暖、很温馨的服务，如免费为顾客送上西瓜、炸虾片等各式小吃，还有豆浆、柠檬水等饮料，同时，顾客在等待的时候还可以免费上网，甚至女士可以在等待的时候免费美甲，做手部护理等。正因如此，很多顾客甚至很乐意在海底捞排队等位置，这也无形中形成了海底捞的服务招牌，从而有效地挽留了客源。

其次，在点餐环节。如客人在请朋友吃饭的时候往往会为了面子点很多的菜品，换成一般的餐饮店，客人点的菜越多越好，但海底捞的服务员会对客人进行善意的提醒，让客人感觉很温暖，面子上也过得去，让顾客感觉到店家为自己着想，从而更提升了对海底捞的好感度。同时，在就餐期间，海底捞也会提供比较细致周到的服务，如多次为顾客更换热毛巾，为女士提供发夹防止头发掉落，为顾客提供手机套防止手机进水，为顾客提供就餐围裙等，总之都是一些小细节，但这些细节组合起来就形成了一套服务体系。

再次，在就餐过程中。海底捞还在店内设立了专供儿童玩乐的场所，这样做是为了让带儿童前来就餐的父母们能够专心用餐，不用担心小孩破坏就餐氛围，甚至海底捞的服务员还可以带这些小孩玩，喂饭给这些小孩吃，充当了这些小孩子的临时“保姆”。此外，海底捞还在卫生间设有专人，在客人洗手后他会立刻递上纸巾，让顾客仿佛到了星级酒店一样，与其他火锅店一对比，顾客的感受自然会不同。

最后，在就餐结束后。海底捞会给客人主动打出菜单明细，告诉客人哪些菜品是赠送的，哪些菜品是半份，然后告诉客人总价是多少，折扣是多少，在哪儿付款，最后引导客人离开，并表示感谢……

从顾客进门等候到就餐完毕，海底捞的服务始终贯穿其中。虽然有些服务会增加一些运营成本，但这种付出是值得的，与稳定的顾客源、不断扩大的忠实消费群及品牌的美誉度相比较，这种投入产出是十分划算的，这也正是海底捞的聪明之处，其他餐饮接待企业在服务上所需要借鉴与学习的。

---

① 改编自蒋毅的《海底捞服务的精髓：在顾客要求之前服务》。

复习与思考：

1. 论述餐饮业的特征。
2. 简述餐饮接待的主要职能。
3. 简述菜单的作用。
4. 列举餐饮接待企业常见的菜单类型。
5. 简述菜单设计的主要依据。
6. 简述餐饮产品价格策略。
7. 结合实例，论述餐饮服务特点。
8. 论述餐饮接待的服务理念。
9. 以某一类餐饮服务接待为例，论述其服务特点和接待流程。

第四章 景区接待管理

■学习目标

掌握景区的类型
理解景区的发展趋势
掌握景区吸引物的开发原则
了解景区接待设施管理
掌握景区设施的安全管理
掌握景区交通设计原则
了解景区接待人员的服务管理规范

核心概念：景区、景区管理、旅游吸引物、可持续发展理论、景区接待设施、景区接待人员

第一节 景区的界定与类型

景区作为旅游接待业系统中重要的组成部分，是旅游活动的核心与空间载体，也是吸引游客出游的重要因素，关乎地方旅游经济发展与区域形象塑造。近年来，我国旅游经济迅猛发展，这大大推动了景区的建设与发展。正确认识旅游景区及其管理职能有助于提升景区的竞争力，推动景区管理进入新的发展阶段。

一、景区的界定、功能与特征

（一）景区的界定

景区是旅游景区的简称，根据中华人民共和国国家标准《旅游景区质量等级的划分与评定》（GBT-17775-2003）的界定，景区是以旅游及其相关活动为主要功能或主要功能之一的空间或地域，具有参观游览、休闲度假、康乐健身等功能，具备相应的

旅游服务设施并提供相应旅游服务的独立管理区。该管理区应有统一的经营管理机构和明确的地域范围，包括风景区、文博院馆、寺庙观堂、旅游度假区、自然保护区、主题公园、森林公园、地质公园、游乐园、动物园、植物园及工业、农业、经贸、科教、军事、体育、文化艺术等各类旅游景区。

这一界定的具体含义包括：①景区具有明确的地域范围，任何景区的开发都是在确定的地域范围内进行规划、设计、建设与经营的；②旅游景区有明确的功能，景区以吸引游客为目的，为游客提供一种愉悦体验，满足游客消磨闲暇时间或度假的需求，景区的主体功能取决于景区的旅游吸引物特征，可以是观光性的参观、游览，也可以是度假性的休闲、康乐，还可以是专项性的教育、求知等；③景区不仅拥有独特的旅游资源，并且在旅游资源的基础上进行开发建设，具有相应的基础设施与服务设施，能够提供综合性的旅游服务以满足游客的各种需求；④从经济的角度看，景区为了实现既定的目标和效益，有明确的管理主体对景区内的资源开发、经营服务进行统一管理，它是景区经营的主体，也是服务的提供方。

（二）景区的功能

1. 游憩功能

游憩功能是景区的首要功能，也是景区最基本的功能。景区一般都具有良好的生态环境、优美的自然风景与丰富的文化古迹，是游客向往的游览观赏之地。在闲暇时间，人们到旅游景区进行观光度假或娱乐时，能够尽情享受景观的美感，获得身心的放松与精神的愉悦，满足游客观赏、度假、休闲、审美、健身等多种心理需要，充实和提升自我。

2. 教育功能

景区具有很高的审美价值，大自然中各种物体的形、色、质、光、声、态等因素相互交织，呈现出险、秀、雄、幽、旷、奥、坦等自然之美；文物古迹、历史遗址、神话传说等相互渗透，展现了别具一格的文化之美。此外，景区是文学艺术的宝库，众多文化遗产、历史古迹留存于景区中，与我国文学史、艺术史、科技发展史、建筑史等文化密切相关。因此，景区是天然的教育课堂，能够向人们提供审美教育、自然教育、文化教育等多种教育。

3. 生态功能

人类生存需要良好的生态环境，随着人类社会发展，环境问题日益突出，成为人类共同面临的难题之一。景区为了吸引顾客、为顾客创造良好的旅游体验需要保护其山清水秀的生态环境，这在维持生态平衡方面具有重要的作用。

4. 科研功能

景区蕴含了丰富的自然和文化资源，尤其是以拥有特殊地形、地貌、稀有生物、历史遗址等闻名的景区往往具有典型性、代表性的特征，极具科研价值。因此，景区成为许多学科进行科学研究、科普教育的实验对象与实验场所。

5. 经济功能

景区本身不具有经济价值，它是通过其自然景观、人文景观为人们提供游览观赏来吸引游客，再通过为游客提供饮食、住宿、餐饮、娱乐等经济活动来产生经济效益。

因此，景区具有发展地方经济、增加地方就业机会等经济功能。随着人民经济水平的提高，旅游消费活动也会逐渐增加，景区的经济功能会越发突出。

（三）景区的特征

1. 综合性

首先，景区由多种要素构成，这些要素在政治、经济、文化的背景下相互结合构成不同类型的景区；其次，景区消费具有综合性，景区涉及吃、住、行、游、购等要素，能吸引和满足不同年龄、性别、信仰、民族、地域、收入、偏好的旅游者的消费需求；最后，景区旅游活动涉及多个管理主体与部门，包含交通、工商、安全等。

2. 可创性

景区的可创性是指景区的开发不是一蹴而就、一成不变的。景区可以根据市场的需求，在依托原有自然和人文资源的前提下，持续性地对景区建设和原有景区进行设计与改造，形成新的旅游吸引力，使旅游景区得以持续性发展。

3. 地域性

景区的地域性是指任何形式的景点、产品都会受到目的地的自然、文化、社会环境的影响，从而表现出不同地域的资源差异，具有不同的地域特色。地域性还表现在地域范围上，景区是一个独立的地域空间，无论规模大小都有清晰的边界。

4. 依附性

许多旅游景区（点）并非基于旅游而存在，旅游功能是它的原有功能的一种衍生物。比如明珠塔本来是一个电视塔，奥林匹克中心是一个体育运动设施，但这些也都是旅游景区。因此，旅游景区往往不会独立存在，许多地标式建筑就是一个旅游景区，这也为旅游业与其他行业共生建立了基础。

二、景区的构成要素与分类

（一）景区的构成要素

一个景区的存在是有条件的，一个景区产品由多个要素构成，这些要素有机地组合在一起，才形成景区。景区产品至少由下列要素构成：

1. 旅游吸引物

旅游吸引物是指能对游客产生吸引力，满足游客旅游体验需求的各种要素，是吸引游客前往的根本原因。旅游吸引物可以是物质的，也可以是非物质的。旅游资源包括自然资源和人文资源，需要注意的是，旅游吸引物是在旅游资源的基础上经过一定程度的开发建设后才成为景区产品，供游客进行消费的。如到上海世博会游玩，这个旅游活动中的旅游吸引物是世界博览会这一事件以及世博园内各种展馆设施和开展的各项活动，是物质和非物质的结合。旅游吸引物是吸引游客前往某一景区的最根本因素，是游客旅游活动的直接指向。

2. 景区设施设备

景区设施设备是游客能够在景区开展旅游活动的媒介，是实现旅游活动的基本条件之一，也是景区存在的基础，它通常包括基础设施和服务设施。景区设施设备的规模、质量、风格对景区的经营产生深远影响。任何一个景区，如果只有旅游吸引物而没有良好的设施设备，是无法开展安全有序的旅游经营活动的。同时，设施设备和旅游吸引物在实际经营中，并不能绝对分开，在某些情况下，旅游服务设施就是旅游吸引物，如欢乐谷，它既具有设施功能，又具有吸引物功能。

3. 管理和服务人员

景区和其他机构组织一样，必须配备一定的管理和服务人员，包括中高层管理人员、基层管理人员和一线服务人员。一线服务人员分为三类：技术人员，如维修人员、工程师；服务人员，如售票员、讲解员；其他人员，如保安、医务人员等。景区管理和服务人员凭借旅游吸引物和服务设施，为游客提供体验服务，树立良好的景区形象，使景区更富吸引力。另外，优质高效的管理服务本身也可以成为景区的旅游吸引物。

（二）景区的分类

景区具有多种形态，并且类型复杂多样。国内外不同专家学者根据各自研究的目的和各地的旅游景区实际情况，采用了不同的分类标准，形成了不同的景区分类体系，这些体系之间并不是相互排斥的，而是相互渗透、相互促进的。正确理解这些分类标准及意义，有助于做好景区管理工作。

1. 基于旅游资源属性的分类

旅游景区按照旅游资源属性可分为五类，即自然类旅游景区、人文类旅游景区、复合类旅游景区、主题公园类旅游景区以及社会类旅游景区。

自然类旅游景区又称自然风景区，它是由多个自然类旅游景点组成，并以一定人文景观为补充的相对独立的景区，以名山大川和江河湖海为代表。如黄山、西湖、九寨沟以及尼亚加拉大瀑布等。自然类旅游景区又可以分为山地型自然旅游景区、森林型自然旅游景区、水景型自然旅游景区、洞穴型自然旅游景区以及综合型自然旅游景区五个亚类。

人文类旅游景区又称名胜风景区，它是由多个人文旅游景点组成，并以一定的自然景观为背景的相对独立的景区。典型的代表如故宫、颐和园、八达岭、卢浮宫等。人文类旅游景区又可分为历史文化名城、古代工程建筑、古代宗教、古代园林以及综合型人文旅游景区五个亚类。

复合类旅游景区。是指由自然景点、人文景点相互衬映、相互依赖而形成的相对独立的景区，该区域中自然景观和人文景观的旅游价值均比较高。复合类旅游景区的典型代表如国内著名的宗教旅游胜地五台山、峨眉山、普陀山、九华山。

主题公园类旅游景区是根据一个特定的主题，采用现代科学技术和多层次空间活动设置方式，集诸多娱乐活动、休闲要素和服务接待设施于一体的现代旅游目的地，是介于自然资源和人文资源之间的边际资源，如上海迪士尼乐园、深圳华侨城、苏州乐园等。

社会类旅游景区是与上述传统旅游景区完全不同的旅游景区类型，它突破了人们对旅游景区界定的限制。只要是利用社会资源吸引旅游者，开展旅游经营业务，并形成相对独立的旅游景区都可以被称为社会类旅游景区。如利用工业企业或工业园区开展的工业旅游、利用生态农业资源开发的生态农业旅游以及借助高等院校和科研机构开展的研学旅游等都可以形成相应的社会旅游景区。

2. 基于景区主导功能和设施的分类

按照景区的主导功能和设施进行分类，可以将旅游景区分为观光型旅游景区、度假型旅游景区、生态型旅游景区、科考型旅游景区、游乐型旅游景区五类。

观光型旅游景区以观光为主导功能，旅游吸引物主要以观赏性较强的自然景观和人文景观为主，旅游活动以观光游览为主。这类旅游景区一般都具有较高的审美价值，能够满足游客观赏游览的需求。景区内的设施主要是为了方便游客观赏而建设。典型的观光型旅游景区如九寨沟、黄山等。

度假型旅游景区以度假为主要功能，旅游吸引物主要是宜人的气候、高等级的环境质量、优美的景观和舒适的度假设施。依据度假活动的内容可分为海滨度假区、山地度假区、温泉度假区、滑雪度假区、高尔夫旅游度假区等。典型的度假型旅游景区如三亚亚龙湾、昆明抚仙湖等。

生态型旅游景区以保护生态环境、珍稀物种，维护生态平衡为主要功能。这类旅游景区的生态环境较好，一般都拥有一些珍稀物种需要进行保护，对于维护景区生态平衡和保持生物多样性具有重要作用。典型的生态型旅游景区有森林公园和自然保护区，如卧龙自然保护区、张家界森林公园等。

科考型旅游景区以科学考察和普及科教知识为主要功能，旅游景区的旅游吸引物是以具有较高科学研究价值和科学教育价值的景观资源为主，其提供的设施主要是用于满足游客的求知目的。典型的科考型旅游景区有各种地质公园、天文馆等。

游乐型旅游景区以满足游客游乐为主要功能，旅游吸引物主要是现代化游乐设施。典型的游乐型旅游景区有成都欢乐谷，上海迪士尼乐园、北京环球影城等。

3. 基于景区质量等级的分类

中华人民共和国国家标准《旅游景区质量等级的划分与评定》（GBT-17775-2003)(简称《标准》）将景区质量等级划分为五级，从高到低依次为 AAAAA、AAAA、AAA、AA、A 级景区五种类型。凡在中华人民共和国境内正式开业一年以上的旅游景区，均可申请质量等级。3A 级、2A 级、1A 级旅游景区由全国旅游景区质量等级评定委员会委托各省级旅游景区质量等级评定委员会评定。省级旅游景区质量等级评定委员会可以向条件成熟的地市级旅游景区质量等级评定机构再行委托。4A 级旅游景区由省级旅游景区质量等级评定委员会推荐，全国旅游景区质量等级评定委员会组织评定。5A 级旅游景区从 4A 级旅游景区中产生。被公告为 4A 级旅游景区三年以上的旅游景区可申报 5A 级旅游景区。5A 级旅游景区由省级旅游景区质量等级评定委员会推荐，全国旅游景区质量等级评定委员会组织评定。《标准》规定，景区的质量等级评级由服务质量与环境质量、景观质量和游客意见三部分共同构成，其中，服务质量与环境质量将从旅游交通（130 分）、游览（235 分）、旅游安全（80 分）、卫生（140 分）、邮电服务（20 分）、旅游购物（50 分）、综合管理（200 分）、资源与环境保护（145 分）8 个方面进行评定，全部项目满分为 1 000 分。其中，5A 级景区需达到 950 分，4A 级景区需达到 850 分，3A 级景区需达到 750 分，2A 级景区需达到 600 分，1A 级景区需达到 500 分。

三、景区管理的趋势

随着我国旅游接待业的快速发展，景区之间的市场竞争不断加剧。旅游景区管理的重心从单纯地资源管理逐渐转移到对景区项目的创新设计与开发，这一转变对景区规划、市场营销、服务质量等方面也提出了新的发展要求。

（一）基建细节化

无论从市场竞争还是游客的需求来看，任何对景区基础设施建设的精细化要求都将成为未来景区开发与管理的发展趋势。在开发上，要求景区做到关注细节，每一个景观节点、游憩平台、服务设施的设置既要从游客心理出发，基于人本主义进行设计，又要与周边环境和当地文化相契合，杜绝千篇一律的现象，从而形成自身的特色和优势。

（二）管理智慧化

智慧旅游是国家大力提倡的一种依托于新技术的旅游支持系统，在这一背景下，智慧管理也逐步运用于景区管理中。通过对高新技术的利用，景区可以在市场营销、产品设计、游客管理、员工管理等方面实现智慧化。景区能够通过大数据、云计算、AI 技术等手段打造更符合市场需求的旅游吸引物，提高游客的体验感和增强游客的黏性。同时，景区也可以通过智能网络对景区的地理事物、自然资源、设施设备、游客及景区人员行迹等进行全面、透彻、及时的感知，实现可视化管理，优化再造景区业务管理流程和智慧化运营管理，提高景区服务质量，促进景区环境、社会和经济的全面、协调和可持续发展。

（三）产品体验化

传统的以观光为主导功能的景区经过长时间的发展，其弊端逐渐显露出来：营利模式较为单一，主要是门票经济；游客很难形成共鸣，重游意愿较低；产品开发较为低级，游客停留时间较短，花费较少等。传统的景区已经不能适应当今旅游行业新形势下的发展要求，越来越多的景区管理者正逐步探索免门票的经营方式，通过免门票来增加游客量，再通过开发旅游体验产品促进游客重复消费，从而实现景区增收。因此，未来景区更多依托自身优质资源、环境及市场条件，打造更多休闲体验的旅游产品，延长游客停留时间，满足游客需要，加深游客印象，进而实现景区多元化营利模式的构建，加快实现景区的投资回报。

（四）服务人性化

人性化理念是景区提升服务质量的重要手段。景区通过为游客提供人性化、精细化的服务，能够大大的提升游客对景区的美誉度和忠诚度。例如华山景区在不断提升景区基础设施的同时，提出了“关注普通人需求”的口号，即在关注游客需求的同时，华山景区把“情”作为服务理念的核心，以“真源华山、待客如亲”为景区文化，推出了 60 岁以上老人不排队、70 岁以上老人免购门票、向 80 岁以上老人赠送纪念品的人性化服务措施。另外，部分景区也关注到残障旅游者的需求，免费为其提供轮椅、助听器、解说器等，这些都是景区服务人性化的表现。

（五）经营品牌化

品牌是游客识别景区的有效途径，对于景区提升市场竞争力具有重要意义。品牌是景区最具价值的资产，可以为景区塑造良好的市场形象，推进其市场不断扩展。在景区的经营管理中，品牌化也是大势所趋，例如迪士尼乐园、融创文旅城、故宫等，通过打造特色项目及旅游产品，树立独特的个性信息，以达到游客识别景区产品、扩大景区影响力、增强景区吸引力的目的。

（六）投资多元化

我国旅游景区的投资正由以往的政府投入为主，转向在政府主导下的以民营资本和社会资本为主，以政府投资和外商投资为辅的多元化、多渠道投资格局。同时，旅游大行业的跨界整合也逐渐成为新兴发展动力，文创、体育、乡村改造等与旅游的跨界融合，这些复合增速较快的细分领域也吸引了更为多样化的资本进驻。

第二节　景区吸引物管理

景区吸引物是旅游业赖以生存之根本，游客正是为了观赏景区内的吸引物才不远万里、不辞辛苦地来景区旅游，一个景区若没有吸引物就不会有旅游的产生和存在。作为旅游系统中最重要组成部分之一，对旅游吸引物的管理在激烈的市场竞争中也面临着新的挑战，如何将景区最吸引人、最突出的特色展现出来值得进一步思考。

一、旅游吸引物的界定

旅游吸引物（tourist attraction）是旅游资源的代名词，特别强调旅游者的行为对象（旅游业的客体）对旅游者的吸引性。旅游吸引物是指赋存在景区空间范围内、对游客产生吸引力的自然和人文资源，这些资源经过开发和经营转变为旅游产品，供旅游者消费，能够产生经济效益、社会效益和生态效益。根据上述界定可以看出：①吸引力是认定旅游吸引物的基本条件，旅游吸引物首先要能吸引并激发游客的旅游动机；②旅游吸引物是客观存在的一种事物，由自然旅游资源和人文旅游资源组成。旅游吸引物的构成是不断变化的，一些旅游吸引物由于游客偏好变化等原因逐渐消失，一些则由于游客爱好的转变而变成新的旅游吸引物；③景区的资源必须是能够被开发和利用的，具备一定的旅游功能和旅游价值，并能够产生一定的经济效益、社会效益和生态效益。

二、旅游吸引物的类型

根据中华人民共和国国家标准《旅游资源分类、调查与评价》（GB/T 18972-2017），构成旅游吸引物的景区旅游资源可分为地文景观、水域风光、生物景观、自然景象、遗址遗物、建筑与设施、旅游商品、人文活动 8 个主类，23 个亚类和 110 个基本类型，见表 4-1。

表 4-1 旅游资源国家分类标准

主类	亚类	基本类型
A 地文景观	AA 自然景观综合体	AAA 山丘型景观；AAB 台地型景观；AAC 沟谷型景观；AAD 滩地型景观
	AB 地质与构造行迹	ABA 断裂景观；ABB 褶曲景观；ABC 地层剖面；ABD 生物化石点
	AC 地表形态	ACA 台丘状地景；ACB 峰柱状地景；ACC 垄岗状地景；ACD 沟壑与洞穴；ACE 奇特与象形山石；ACF 岩土圈灾变遗迹
	AD 自然标记与自然现象	ADA 奇异自然现象；ADB 自然标志地；ADC 垂直自然带
B 水域景观	BA 河系	BAA 游憩河段；BAB 瀑布；BAC 古河道段落
	BB 湖沼	BBA 游憩湖区；BBB 潭地；BBC 湿地
	BC 地下水	BCA 泉；BCB 埋藏水体
	BD 冰雪地	BDA 积雪地；BDB 现代冰川
	BE 海面	BEA 游憩海域；BEB 涌潮与击浪现象；BEC 小型岛礁
C 生物景观	CA 植被景观	CAA 林地；CAB 独树与丛树；CAC 草地；CAD 花卉地
	CB 野生动物栖息地	CBA 水生动物栖息地；CBB 陆地动物栖息地；CBC 鸟类栖息地；CBD 蝶类栖息地
D 天象与气候景观	DA 天象景观	DAA 太空景象观赏地；DAB 地表光现象
	DB 天气与气候现象	DBA 云雾多发区；DBB 极端与特殊气候显示地；DBC 物候景象
E 建筑与设施	EA 人文景观综合体	EAA 社会与商贸活动场所；EAB 军事遗址与古战场；EAC 教学科研实验场地；EAD 建设工程与生产地；EAE 文化活动场所 EAF 康体游乐休闲度假地；EAG 宗教与祭祀活动场所；EAH 交通运输场站；EAI 纪念地与纪念活动场所
	EB 实用建筑与核心设施	EBA 特色街区；EBB 特性屋舍；EBC 独立厅、室、馆；EBD 独立场、所；EBE 桥梁；EBF 渠道、运河段落；EBG 堤坝段落；EBH 港口、渡口与码头；EBI 洞窟；EBJ 陵墓；EBK 景观农田；EBL 景观牧场；EBM 景观林场；EBN 景观养殖场；EBO 特色店铺；EBP 特色市场
	EC 景观与小品建筑	ECA 形象标志物；ECB 观景点；ECC 亭、台、楼、阁；ECD 书画作；ECE 雕塑；ECF 碑碣、碑林、经幢；ECG 牌坊牌楼、影壁；ECH 门廓、廊道；ECI 塔形建筑；ECJ 景观步道、甬路；ECK 花草坪；ECL 水井；ECM 喷泉；ECN 堆石
F 历史遗迹	FA 物质类文化遗存	FAA 建筑遗迹；FAB 可移动文物
	FB 非物质类文化遗存	FBA 民间文学艺术；FBB 地方习俗；FBC 传统服饰装饰；FBD 传统演艺；FBE 传统医药 FBF 传统体育赛事

表4-1(续)

主类	亚类	基本类型
G 旅游购品	GA 农业产品	GAA 种植业产品及制品；GAB 林业产品与制品；GAC 畜牧业产品与制品；GAD 水产品及制品；GAE 养殖业产品与制品
	GB 工业产品	GBA 日用工业品；GBB 旅游装备产品
	GC 手工工艺品	GCA 文房用品；GCB 织品、染织；GCC 家具 GCD 陶瓷；GCE 金石雕刻、雕塑制品 GCF 金石器；GCG 纸艺与灯艺；GCH 画作
H 人文活动	HA 人事活动记录	HAA 地方人物；HAB 地方事件
	HB 岁时节令	HBA 宗教活动与庙会；HBB 农时节日；HBC 现代节庆

三、景区吸引物的开发原则

景区吸引物不仅要靠自身特质来吸引游客，而且要靠良好的形象塑造起到吸引作用。为了将景区最迷人的一面展现给游客，吸引游客到景区开展游览活动，取得最大的经济、社会和环境效益，景区必须遵循一定的原则对旅游吸引物进行开发利用。

（一）创新性原则

景区对核心吸引物的开发与利用一定要遵循“人无我有、人有我新、人新我转”的创新原则。通过结合当下最新的技术和游客的需求，最大化景区核心吸引物的吸引功能，打造独特的旅游产品。其中，“人无我有”是创新最基本的含义，即开发出别的旅游地或景区从来没有过的旅游产品，属于完全意义上的创新。“人有我新”是指对已经存在的产品，经过一定的改进后再引入，例如，对同一类型的产品进行本土化改造，使该旅游产品与同类型产品形成差异。“人新我转”是对创新性的再次强调，其含义是指当一个旅游产品在别的地方已经存在，并且在目前条件下，本地区已无法通过创新措施使本景区的旅游产品超越其他景区时，景区应主动放弃这种旅游产品，寻找新的市场空间，并开发出新的旅游产品。

（二）因地制宜原则

对景区产品的开发不是凭空进行的，即便是人造景点也要依托当地现有的旅游吸引物。因此，景区产品的开发要充分依托本地的资源，充分挖掘能为景区产品开发所用的资源优势。不同景区的地理环境、历史文化等构成条件也不同，必然会存在显著的地区差异，这就导致即使是同一资源，在不同旅游景区中也会呈现出不同的特征。所以必须因地制宜对景区的旅游吸引物进行产品转化，才能开发设计出具有鲜明地域特色的旅游产品。

（三）市场导向原则

旅游市场是发展旅游业的依据，是实现旅游发展的生产力，所以在景区的发展过程中，旅游吸引物与旅游市场密不可分。只有充分挖掘景区旅游吸引物的潜力，同时把握市场的需求，才能开发出有针对性的旅游产品，树立良好的景区形象，从而获得更大的收益。旅游吸引物是不能直接走向市场的，必须经过创意、策划、配置、开发等步骤，在形成独特旅游产品之后才能走向市场。因此，不能盲目地对景区的吸引物进行开发与利用，必须在市场的引导下进行开发，使旅游产品符合市场需求，使资源价值充分转化为经济效益。

（四）突出主题原则

同一种旅游吸引物可以开发、包装成不同类型的旅游产品，各项资源的不同配置、不同组合，都会对旅游产品的整体功能产生影响。但是对于某一特定旅游景区来说，不可能开发出所有种类的旅游产品。因此，在利用景区吸引物来设计旅游产品时，应对旅游市场和竞争态势进行分析，选定最具优势的主题特色，并围绕着这一主题展开。这种主题特色应当在产品的硬件和软件中体现出来，让游客一进入景区就能感受到这种设计的主题氛围。

（五）游客体验原则

游客在闲暇时会更加积极地寻求可以参与并获得沉浸体验的机会。因此，景区在对核心吸引物进行管理时应当更注重为游客提供独特的旅游体验，充分利用核心吸引物，增加参与性强的旅游体验项目。如果没有参与，就难以形成真正的体验，参与性体现在项目本身需要游客参与，并对游客参与的项目进行设计和组合。可以说，游客不仅是体验的主体，也是体验的要素，他们既是观众又是演员。可通过体验主题化、以正面线索强化主题印象、淘汰消极印象、提供纪念品和重视对游客的感官刺激五种方式提升游客体验。

（五）可持续发展原则

《可持续旅游发展宪章》指出："可持续旅游发展的实质，就是要求旅游与自然、文化和人类生存环境成为一体，自然、文化和人类生存环境之间的平衡关系使许多旅游目的地各具特色，旅游发展不能破坏这种脆弱的平衡关系。"因此，对资源和环境的保护就成为旅游可持续发展的基本出发点。这一出发点要求景区对吸引物的开发必须建立在生态环境的承载能力之上，避免对自然资源、生物多样化和生态环境造成负面影响；要求旅游业的发展能够有效地维护旅游地的特色，避免对当地文化遗产、传统风俗和社会生活方式造成负面影响。

第三节　景区接待设施管理

景区接待设施是为游客提供休闲和观赏的硬件，也是景区从事经营活动、进行旅游接待活动的基础。景区接待设施种类繁多，投资较大，其规模、质量及风格会对景区的经营产生重大影响，合理的景区接待设施管理对提高景区旅游产品的整体质量、促进景区及其所在地旅游业的全面、持续发展乃至环境保护都具有重大意义。作为景区构成的基本要素之一，景区必须重视对设施设备的管理，保证设施设备的良好运作。

一、景区接待设施管理的重要性

景区接待设施是指构成旅游景区固定资产的各种有形物体，是景区发展旅游事业，为游客提供旅游产品和服务的物质基础和重要依托。景区接待设施管理是指景区以最佳服务质量和经济效益为最终目标，以最为经济的设施寿命周期费用和最高设施设备综合效能为直接目标，应用现代科技和管理方法，通过计划、组织、指挥、协调、控制等环节，对设施系统进行综合管理的行为。景区接待设施管理的重要性主要表现在以下三个方面。

（一）影响景区的服务质量

景区是以提供旅游服务为主的经济单位，景区接待设施设备是否合理使用，是否科学布局，是否舒适、安全、美观，能否为游客提供舒适的游览体验，是评判游客对景区服务管理是否满意的一项重要指标。通过管理接待设施设备，能够使设施设备得到合理的配置，并通过及时的更新改造和维修保养，保障设施设备的正常运行，提高景区的服务质量，使游客获得高质量的旅游体验。

（二）影响景区的成本、价格等财务指标

在景区的经营成本构成中，设施设备占极大的比重，设施设备的投入、运行、维护都需要大量的资金。盲目投资将大量增加设施设备的维护费用、贷款利息等，这又将直接导致景区利润减少，影响景区的经济效益。因此，景区通过加强设施设备管理，根据设施的特点，采取科学的使用方法、制订设施设备的保养计划、维修制度，可以起到减轻设施设备磨损，促进资产保值，降低成本的作用，对景区获得长期、良好的经济效益具有十分重要的意义。

（三）影响景区的声誉

设施设备管理是保证游客旅游安全的必要手段，景区只有在保证游客安全的基础上，才能创造经济效益，提升知名度。安全有效的设施设备能够确保游客在景区内的生命安全，有利于稳定景区客源，有利于对景区形象进行宣传，否则，如果景区的设施设备经常运转不灵，存在安全隐患或发生安全事故，不仅不能令游客满意，还会产生负面效应，影响景区的形象。因此，设施设备时刻处于良好状态，对维护景区的信用、树立良好的企业形象具有重要意义。

二、景区服务设施管理

（一）游客接待中心管理

游客接待中心既能为游客提供信息咨询及门票服务，起到疏通和中转游客的作用，也能代表景区形象，树立景区品牌。游客接待中心应根据其功能进行设计与管理。

在布局与选址方面，首先，游客接待中心的布局要与景区的规划布局相一致，根据景区规模和资源分布情况，游客中心可以单独设置，也可以分级布置。其次，受景区游客容量布局的影响，游客中心一般设于景区前端或重要节点，这也便于游客购票、咨询和换乘车辆等活动。同时，游客中心的建立还应考虑水、电、抗灾等基础工程条件。最后，游客中心应设立在可进入性高的地区，这样才能充分保证游客进得来、散得开、出得去。在建筑设计方面，游客接待中心要注意以下四点：第一，重视空间布局，做到科学合理、方便游客；第二，要采用极具地方适应性的构筑方式，以减少对环境的影响；第三，建筑外观应在保存和延续当地历史文化、民俗风情、地脉环境的基础上，采用新材料和新技术进行设计；第四，内部造型与结构应符合现代需求，同

时也要展现当地的传统文化。

游客接待中心的管理要注意以下三点：一是信息管理，即通过宣传册、多媒体、人工等服务形式向游客提供旅游信息；二是游客接待，游客接待中心应设置舒适、合理、科学的休憩空间，降低游客疲劳度；三是社区服务，游客接待中心应协调游客服务和社区服务，充分调动资源创造社会效益。

（二）景区住宿接待设施管理

住宿接待设施主要是指景区内为游客提供住宿服务的设施，对于不同类型、不同规模的景区而言，住宿接待设施规划也有所差异。

1. 星级酒店型住宿接待设施

星级酒店型住宿接待设施是景区住宿接待系统中档次最高的，其管理应按照国家星级酒店标准进行建设和管理。一般而言，只有在较大规模的景区和度假旅游区，星级酒店才拥有市场。

2. 自助式或小型旅馆式接待设施

自助式或小型旅馆式接待设施是指景区中，在设施和环境上比星级酒店要求略低的住宿和餐饮设施。自助式或小型旅馆式接待设施应与其他接待设施一样，需要有良好的内外连通能力，便于游客进入。同时，自助式或小型旅馆式接待设施应在建筑形式上与景区风格保持一致。另外，由于提供的服务较为单一，对内部设施的要求也相对简单。

3. 特色小屋式住宿接待设施

特色小屋是根据景区的自然和人文环境设计的具有当地特色的住宿设施，如吊脚楼、小木屋甚至是小石屋等。特色小屋旨在为游客提供住宿服务的同时，让其感受到景区内特有的自然和文化氛围，为游客提供具有乡土气息或与大自然十分接近的静谧生活体验。与其他类型的住宿设施相比，特色小屋更注重游客的私密性，但设施往往较为简陋，服务也比较有限。

（三）景区购物设施管理

景区购物设施的布局和选址主要应考虑游客在景区内活动的生理和心理习惯。通常来说，旅游购物网点的空间布局和选址有两种模式：一是设置于旅游过程的结束阶段，如旅游景区出入口处；二是分散设置于旅游过程当中，如各分区的接待服务处。从游客的行为方式来看，购物行为并非只发生于旅游过程的最后阶段，在旅游过程当中，如果有具有吸引力的旅游商品，游客同样乐于选购。因此，将旅游购物网点设置于旅游过程当中就需要将购物网点和景区中的游憩、休闲设施紧密结合，把握游客在旅途过程中休闲游憩的需求，让其在游憩过程中选购旅游商品。

（四）景区娱乐设施管理

景区娱乐设施包括水上娱乐设施和陆上娱乐设施两大类。水上娱乐设施包括景区内的浴场、游泳池、游船、游艇、垂钓池、水上游乐园、漂流设施等；陆上娱乐设施包括动植物园、娱乐中心、游览车、索道、儿童乐园、博物馆、展览馆等。景区娱乐设施应根据景区发展目标有计划地进行增添和设备改造，在选购设备时应考虑设施设备的安全性、方便性、节能性、环保性与特色性。设施服务期间，应有专人负责管理、维护和修缮，实现规范化、标准化管理。

（五）景区解说服务设施管理

1. 多媒体解说设施

多媒体解说设施是依托现代信息和多媒体技术构造的景区解说导游系统，按多媒体的分类可以分为语音解说、触摸屏互动式解说以及影视动画解说等。对于多媒体解说设施而言，解说内容应准确、丰富、生动，系统设计要方便游客操作。4A 级及以上景区应提供中英文等多语种解说设施和租赁服务。解说设施的租赁地点以及归还地点应标志醒目、方便易行，并配有详细、明确的使用须知、租赁注意事项及损坏赔偿等规定。

2. 图文解说设施

图文解说设施是较为传统的景区解说系统，它是通过文字或图片来向游客传达有关景区的信息。景区中对图文解说服务设施的要求包括以下两方面：一是设置地点不能破坏景区的整体景观，二是注意内容信息表达的易读性、简洁性和语言多样性。

（六）景区游客引导设施管理

1. 安全标志设施

景区在游客集散地、主要通道、危险地带等区域设置符合国家规范的安全标志设施用以提醒游客注意安全。安全标志是用于表达特定安全信息的标志，由图形符号、安全色、集合形状（边框）或文字组成。景区在建立健全安全标志系统时应严格遵从中华人民共和国国家标准《图形符号安全色和安全标志第 5 部分：安全标志使用原则与要求》（GB/T 2893. 5-2020）（以下简称《使用原则与要求》）的相关规定。

《使用原则与要求》将安全标志分为四大类型：禁止标志、警告标志、指令标志、提示标志。①禁止标志是禁止人们不安全行为的图形标志，包括禁止吸烟、禁止烟火、禁止靠近等 40 种标志，其几何图形为带斜杠的圆环，其中圆环和斜杠相连，用红色；图形符号用黑色，背景用白色。②警告标志是用于提醒人们对周围环境引起注意，以避免可能发生危险的图形标志，包括注意安全、当心火灾、当心电缆等 39 种标志，其几何图形为黑色正三角形边框、黑色符号和黄色背景，边框内为不同内涵的象形图形。③指令标志是指用于强制人们必须做出某种动作或采取防范措施的图形标志，包括必须带防护眼镜、必须戴安全帽、必须穿救生衣等 16 种标志，其几何图形为圆形边框，蓝色背景，白色图形符号。④提示标志是指向人们提供某种信息（标明安全设施或场所等）的图形标志，包括紧急出口、避险处、救援电话等 8 种标志，其几何图形为方形，绿色背景，白色图形符号及文字。

2. 空间位置服务指示设施

空间位置服务指示设施主要为游客游览提供空间导向和位置服务，主要包括周边景点指示、旅游者所处位置指示等功能。一般来讲，空间位置服务指示设施应位于步道、车行、岔路口以及环境具有潜在危险处；指示信息必须正确无误，不能模棱两可，应选择黑体、正楷等可读性较高的字体；在色彩色调上应采用较高明视度的色彩搭配；指示牌在形式上可以灵活多样，以不破坏景观为宜。

3. 旅游设施和服务指示设施

景区旅游服务指示设施的图示标志应遵照《公共信息图形符号第 2 部分：旅游休闲符号》（GB/T 10001.2-2021）对图例、样式和颜色的相关规定。这些图式可用于公共场所、建筑物、服务设施、方向指示牌、平面布置图、信息板、时间表、地图、旅游手册等。

三、景区设施设备的安全管理

景区设施设备的安全管理对景区的发展有着重要的作用，忽视安全管理，不仅会给游客带来伤害，也会给景区、旅游目的地、旅游业带来损失。加强游客在景区的安全管理工作有助于维护景区声誉、增强景区吸引力。

（一）建立健全设施设备的使用管理制度

建立健全旅游景区设施设备使用管理规章制度，有助于实现科学管理，防止由员工使用不当而造成对设施设备的损坏，避免游客生命安全受到威胁。要达到这个目的，就必须抓好对设施设备操作技能和操作纪律的培训，做到“两介绍、三好、四会、五项纪律”。具体而言：第一，接待人员应向游客介绍设施设备的使用方法、操作规范，以及设施设备的安全注意事项；第二，设施设备使用部门要管好、用好和保养好设施设备；第三，操作人员要会使用、会维护、会检查设施设备以及会排查设施故障；第四，操作人员必须遵守安全技术操作规范，保持设施设备的清洁工作，认真执行交接班制度，管理好工作、附件，在设备运行时必须在岗，发现异常应立即停止并对其进行检查。

（二）定期检修与维护设施设备

景区在管理中应提高安全检查工作的频率和质量，做到勤检勤查，保证景区消防器材、避雷针等安全设施的数量和质量；定期检验高空索道、蹦极、山地车等特种设备，做好特种旅游项目的安全管理工作；及时更换老化的设施，保证各类设施处于完好状态，尽可能减少损失，有效防止安全事故的发生。

（三）完善安全防护标志和救援体系

景区应排查设施设备可能出现的安全隐患，借助合理、合规的安全防护标志给予游客安全警示。同时，应建立健全安全救援体系，针对景区可能发生的安全事故制定科学合理的预警体系、应急救援系统和疏散避难预案，以减少事故损失，保障人们的生命财产安全。

（四）加强旅游安全宣传教育工作

景区安全宣传教育工作既要面对游客又要面对旅游地社区和从业人员。对前者可通过旅途中的各种告示及解说系统和旅游从业人员的安全建议等进行宣传。对后者的安全教育应包括两部分：一是旅游安全问题的危害性及其与旅游业的关系，二是对旅游安全事故的处理。《中华人民共和国安全生产法》第二十八条规定：“未经安全生产教育和培训合格的从业人员，不得上岗作业。”要通过培训和安全教育，营造注重安全的良好氛围，牢固树立安全意识，确保景区员工掌握必要的安全生产知识。

第四节　景区交通管理

景区交通是景区的命脉与骨架，是指景区向游客提供的各种交通服务，以实现游客的空间位移。景区是否具有完善的交通体系，是评价景区吸引力大小的标准之一。因此，景区交通管理在景区接待中占有特别重要的地位。

一、景区交通工具

景区交通工具主要包含以下四种：

①空中交通工具：直升机、热气球、滑翔机等；

②水上交通工具：摩托艇、游艇、渡船、皮划艇、羊皮筏子、木船、竹排、气垫船、潜水艇等；

③陆地交通工具：电动车、电动火车、人力车、轿子、各类汽车等；

④其他交通工具：缆车、索道。

二、景区交通道路管理

景区交通道路除了具备基本的交通功能外，还具有集散和疏导游客、引导游客、划分景观层次等功能，主要包括停车场、车行道、步行道及特殊交通道路等。

（一）停车场

停车场一般位于景区出入口的外围，开设景区停车场一般有如下要求：①停车场的大小应依据游客的日流量、游客到景区所乘坐交通工具的方式、旅游旺季停车需求，遵循“比平季略高，旺季可调剂”的原则，综合考虑建设；②停车场的建筑需与景观相协调，一般应仿照景区的建筑风格及特点进行建设；③停车场需设立停车线、回车线，大型停车场应进行分区设计；④停车场一般应配备汽车维修及消防设施设备，避免安全隐患。

（二）车行道

车行道是指景区内供机动车辆及非机动车辆行使的道路，按等级分为主要车行道与次要车行道。景区车行道的基本要求包括：①主要车行道以车辆行驶为主，人车分流是管理的关键，次要车行道由于车辆较少且车速较慢，可以采用人车共用的规划方式；②车行道要注意路面平整、符合安全行车要求；③应设立供游客上下车的站牌及车站，根据道路情况设置交通标志；④注重环保，尽可能使用利于环保的交通工具。

（三）步行道

步行道是供游客游览的主要道路，对游客的体验具有重要影响。步行道按等级分为主要步行道、次要步行道和小径等，一般有如下要求：①步行道要便于观赏，将景区最美的景观、最特别的景点展现给游客；②为了保持游客的新奇感，步行道应根据景观的自然特点与地形特点进行设计，保证形式多样，有险、有平；③步行道面要根据景区的实际情况，就地取材，选用生态环保材料；④根据游览路线的长度和攀登的高度，适当设立休息点、食物供应点，便于游客休憩，同时，步行道要配备与景观协调的垃圾箱、指示牌；⑤步行道管理主要是日常保洁、路面维护、配套设施更新等，其设计还应当注意管理的便利性。

（四）特殊交通道路

特殊交通道是景区中特殊交通工具使用的交通道路类型。根据景区不同的地理位置和地形情况，景区内常见的特殊交通主要有索道、缆车、踏步电梯、水面交通、空中交通等。在设计景区内部交通道路时，如果适当配置具有特色的交通工具，能够增加旅游的趣味性，强化旅游体验。特殊交通道路的管理一般涉及环境管理、游客行为管理、设备维护、安全保障等多方面。

三、景区交通设计原则

（一）安全原则

安全问题是景区交通设计的第一要素。在交通工具选择和道路设计上，应按照景区实际地理情况，满足坚实、稳固等安全要求，不得穿越有潜在危险、地质不良的危险地段。同时，危险地段还应采取必要的安全保障措施，以保障游客的人身安全。

（二）功能性原则

功能性是景区交通设计的基本要求。景区应在充分考虑安全问题的前提下，考虑景点之间的串联与客流方便性，满足游客能够便利通达各景点和服务点的游览需求，为游客创造更好的旅游体验。

（三）故事性原则

景区交通具有引导游客行进方向、展现景区“故事”的功能。因此，景区交通设计应充分考虑景区旅游的“线索性”，遵循景区“故事”文化逻辑，合理布局行进线路，引导游客游览一个有完整故事情节的景区。

（四）人性化原则

景区交通规划应从游客的心理与行为角度出发，进行人性化设计，以满足游客身体需求和心理需求，保证游客游览的舒适性。

（五）生态化原则

景区交通设计应尊重自然，重视景区自然生态环境。应基于景区的地理位置、历史文化、地质条件等对景区交通进行规划设计，尽量减少对自然地形地貌、景观景物的破坏。尤其是对不可再生资源而言，一定要避免破坏，使其与周围环境融为一体并成为风景的一部分。

（六）景观化原则

景区交通设计不仅要解决可进入性的问题，其本身还应该是一道风景线。因此，景区交通应不拘泥于一种形式，与不同的环境相结合。同时，景区交通设计还应符合审美原则，给人以美的享受，使道路不仅具有交通联系、引导游览的实用功能，还兼具增加景区美感的功能。

第五节 景区接待服务规范

景区服务质量的水平关乎游客旅游体验的好坏，是景区塑造旅游形象的重要因素。景区的接待人员作为服务的提供者，直接面向游客展开相关工作，他们的服务规范代表了景区的服务质量和景区形象，在与游客建立良好关系等方面具有不可替代的作用。因此，景区接待服务规范也是景区接待管理的核心内容之一。

一、咨询服务规范

（一）电话咨询

电话接听前，接待人员应做好相应的准备工作，如清理好工作台面，准备好纸笔，调整工作状态等；接听电话时，接待人员应在铃声响起两声后、三声内接通电话，然后按照通话礼仪与规范礼貌地与客人交谈，使用“您好，这里是××景区咨询中心，工号××为您服务”的简短问候语；在服务过程中，接待人员要始终保持吐字清晰、语速适中，做到耐心、细心、热情与友好，通过语速、语音及内容向游客传达热情、积极、主动的工作态度；通话结束时，接待人员应根据通话内容做好结束准备，并按照标准服务用语礼貌地感谢客人的来电，待客人先挂断电话后才能放下听筒，并做好相关咨询记录。

（二）现场咨询

接受游客咨询时，接待人员应面带微笑，双目平视对方，全神贯注、集中精力，以示尊重与诚意；咨询服务人员应有较全面的旅游综合知识，对游客关于本地及周边区域景区情况的询问，要提供耐心、详细的答复和游览指导；接待游客时应谈吐得体，不得随意探询游客隐私，言谈不可偏激，避免有夸张论调；答复游客的问询时，应做到有问必答、用词得当、简洁明了，不能简单地说“也许”“大概”之类的含糊不清的话；如遇暂时无法解答的问题，应向游客说明并表示歉意，不能简单地用“我不知道”之类的用语，并且应主动向相关部门或员工咨询，然后再回复游客；如果多人同时问询，应先问先答、急问急答，注意客人情绪；对游客应该一视同仁、热情接待，不得以貌取人、区别对待，也不得与同一位游客交谈太久而忽视了其他需要服务的游客。

二、票务服务规范

（一）售票服务

票务服务人员积极开展优质服务，礼貌待客、热情周到，售票处应公示门票价格及优惠办法；主动解答游客的提问，能熟练运用普通话，并做到百忙不厌，杜绝与游客发生口角；主动向游客解释优惠票价的享受条件，售票时做到热情礼貌、唱收唱付；向闭园前一小时内购票的游客提醒景区的闭园时间及景区内仍有的主要活动；游客购错票或多购票，在售票处办理退票手续时，售票员应按照景区有关规定办理，如确不能办理的，应耐心向游客解释；热情待客，耐心回答游客的提问，游客出现冲动或失礼时，应保持克制态度，不能恶语相向；耐心听取游客批评，注意收集游客建议并及时向领导反映。

（二）验票服务

验票岗位工作人员，应保持良好的工作状态，精神饱满、面带微笑；游客入景区时，应使用标准普通话及礼貌用语；对漏票、持无效证件的游客，要耐心解释，说明无效原因，说服游客重新购票；残疾人或老人入景区时，应予以协助；如遇闹事、滋事者，应及时礼貌予以制止，如无法制止，则立即报告有关部门，切忌在众多游客面前争执，引起景区秩序混乱。

三、投诉服务规范

景区工作人员应把游客的投诉视为建立诚信的契机，受理人员要着装整洁，举止文明，热情、耐心地接待投诉游客；受理投诉事件，能够现场解决的，应及时给予解决。若受理者不能解决的应及时上报景区负责人，及时将处理结果通知投诉者，并注意收集反馈意见进行科学分析，以便及时改进，提高服务质量；要以“换位思考”的方式去理解投诉游客的心情和处境，满怀诚意地帮助客人解决问题，严禁拒绝受理或发生与游客争吵的现象；接待投诉者时，要注意礼仪礼貌，本着“实事求是”的原则，不能与客人争强好胜或进行争辩，既要尊重游客的意见，又要维护景区的利益；景区应设立专用投诉电话，并在景区明显位置（售票处、游客中心、门票等）标明投诉电话号码，且有专人值守。

四、导游服务规范

景区导游（讲解员）应符合有关规定和要求，取得导游（讲解员）资格，方可上岗；导游（讲解员）要时刻保持饱满的工作热情，时刻处于良好的工作状态；景区导游（讲解员）应尊重游客，礼貌待客、微笑服务，热情主动并耐心地倾听游客的意见，在合理且可能的情况下，尽量满足游客的要求；导游（讲解员）要严格按照讲解服务单位确定的游览线路和游览内容进行讲解服务，不得擅自减少服务项目或中止讲解服务；导游（讲解员）在讲解服务中，对涉嫌欺诈经营的行为和可能危及游客人身财产安全的情况，要及时向游客做出真实说明或明确警示；导游（讲解员）不得向游客兜售物品和索要小费，不得欺骗、胁迫游客消费。

五、配套商业服务规范

（一）景区娱乐服务规范

服务人员每天上岗前要认真仔细检查娱乐设备设施，加强对设备设施的定期维护与保养，使其处于良好的使用状态，保障游客安全；娱乐服务接待人员应具备良好的职业道德、文明素质，以及娴熟的技能技术和良好的心理素质；娱乐服务人员应提醒游客安全须知，并帮助游客做好安全措施，确认安全无误后再启动娱乐设施；对于不遵守安全规定的游客，服务人员要耐心说明违反规定的后果，若有解决不了的问题，应及时上报。

(二) 景区购物服务规范

景区购物服务人员除了要注重自己的着装和仪容仪表外，还要善于与游客沟通；应主动向客人介绍富有本景区特色的旅游商品，明码标价，无价格欺诈行为；购物市场管理有序，经营者应统一佩戴胸卡，亮照经营，无尾随兜售或强买强卖现象。

(三) 景区餐饮服务规范

餐饮服务人员要做到文明礼貌、热情待客，做到来有迎声、去有送声，耐心解答就餐者提出的问题；注重个人仪表仪容，保持个人卫生整洁，站立端正，面带微笑；按照《中华人民共和国食品卫生法》和国务院发布的《公共场所卫生管理条例》有关要求，切实做到景区餐饮设施格调统一、卫生三证齐全（卫生许可证、经营许可证、健康证)，餐饮服务周到、无假冒伪劣商品、无过期变质食物、无食品加工过程中的交叉污染；餐厅环境整洁、空气清新，有完善的防蝇、防尘、防鼠及污水处理设施；操作间应设专用冷藏、冷冻设施。餐具、饮具要做到一餐一消毒，有专用消毒设施，食品贮存应生熟分开。禁止使用一次性不可降解餐具；景区餐饮要做到质价相称、公平合理，在做到环境卫生、菜品可口的前提下，还应注意用餐氛围、环境，体现本地区（景区）饮食文化特色；严格执行服务规范和操作程序，根据菜肴种类按顺序上菜，要准确清楚地报上菜名，主动介绍饭菜特点；客人离开后应提醒客人带好随身物品。

(四) 景区客房服务规范

景区内住宿接待用客房应清洁整齐，客房内各种设施、用具应消毒，保持卫生，做到一客一换；客房环境应保持安静，服务人员做到“三轻”——走路轻、谈话轻、操作轻；客房安全设施要齐全可靠，做到防火防盗；服务人员未经客人允许不得擅自进入客人房间，如需进入客房房间，应先敲门，经客人允许后方可进入；客房服务人员要让客人看到真诚的微笑，听到真诚的话语，得到热情的服务，使客人体会到宾至如归的感觉。

《案例》

江苏泗洪洪泽湖湿地景区：旅游发展与生态保护携手并进①

江苏宿迁洪泽湖湿地景区位于中国第四大淡水湖洪泽湖西北部，占地面积 5.2 平方千米，景区集生态休闲、科普教育、度假养生等功能为一体，建有湿地博物馆、芦苇迷宫、鱼族馆等 30 余处景点。

咬定目标不放松

创建 5A 旅游景区，是整个泗洪县的奋斗目标。2016 年，洪泽湖湿地景区 5A 创建工作启动，泗洪县委、县政府成立了由泗洪县政府主要领导任总指挥的 5A 创建指挥部。2020 年，度假区印发了《洪泽湖湿地景区 5A 创建攻坚突破实施方案》《旅游度假区重大项目建设计划表》等文件，各部门也都签订“军令状”，切实做到人人头上有任务，个个肩上有责任。

景区还主动和县宣传、文化和旅游、交通、住建、园林等相关部门加强沟通联动，

① 改编自郜子君、许瑾的《江苏泗洪洪泽湖湿地景区：旅游发展与生态保护携手并进》。

形成了“党政领导牵头抓、分管领导直接抓、度假区具体抓”的联动工作机制，全力营造5A旅游景区创建的氛围。

在全县上下的通力合作下，景区对照5A级景区创建标准，对旅游交通、旅游安全、旅游购物、综合管理、资源和环境的保护等内容进行了全方位高标准提升。五年多来，洪泽湖湿地景区实现了质的飞跃。

精益求精树品牌

为了让生态旅游品牌更加深入人心，景区推出了生态湿地游、亲子欢乐游、研学科普游等多条特色主题游线路，并通过研学定制、研学课堂、虚拟研学、专门设计研学导游词等方式，让学生群体进入湿地、了解湿地、保护湿地。如今，景区正积极与专业机构合作，整合研学旅游资源，打磨优质研学产品，致力于形成特色研学品牌。

依托生态旅游的吸引力，景区还进一步加速资源整合，将本土特色文化融入景区当中，无论是泗州戏、洪泽湖渔鼓等非遗展演，还是穿行于芦苇荡中的红色体验，抑或是在景区买的诸如蒲草鞋、芦苇插花等文创产品，均为游客带来了难忘的体验。

旅游产品日益多样化的同时，旅游服务也得到了极大地提升。景区投资1 000余万元建设了智慧旅游系统，包括停车、售票、检票、车船调度、语音导览、客流高峰期调度、营销数据分析等功能，该项目被江苏省文化和旅游厅评为“江苏省智慧文旅示范项目”。同时，景区智慧旅游更注重人性化服务，由于老年人难以熟练使用分时预约功能，景区预留了一半的线下门票，并支持现金支付提供纸质票。景区采用“现代+传统”的方式，回归服务的本质，让游客的满意度大幅提升。

开发保护两手抓

作为华东地区面积最大、生态系统最为完整的内陆淡水湿地综合性旅游景区，洪泽湖湿地在旅游开发的同时如何兼顾生态保护一直是景区关注的重点。近年来，泗洪县委、县政府实施“退渔还湿”等一系列生态恢复建设工程，曾经的养殖网围区变身成湿地景区，曾经的养殖户和渔民也换了新身份。此外，景区所有建筑外立面与屋顶均进行了仿生态化处理；冬季尽量减少对芦苇、荷叶的收割和清理，为候鸟提供更多的栖息场所和充足的食物；启动5A创建以来，景区累计栽植乌桕、水杉、马褂木等树木近万株；2020年主干道两侧绿地修复20万平方米；景区还给游客发放垃圾袋并给予把垃圾带出来的游客一些小的奖励……这一系列的举措也让湿地保护的成果进一步凸显，据统计，2019年，景区共记录到鸟类206种，较2018年增加6种，与2012年相比，更是新增了59种。

2017年，泗洪县入选全国首批“绿水青山就是金山银山实践创新基地”之一，洪泽湖湿地景区5A创建也是落实“两山”理念的重要举措。下一步，度假区将站在5A景区的新起点，以新一轮国家级旅游度假区创建为目标，让旅游发展与生态保护携手并进。

复习思考题：

1. 简述景区的定义。
2. 简述景区的分类方式与基本类型。

3. 简述景区的发展趋势。

4. 论述景区吸引物的开发原则。

5. 简述景区设施设备的安全管理。

6. 简述景区交通设计原则。

7. 简述景区投诉服务规范。

第五章 休闲与游憩接待管理

■学习目标

了解全域旅游的特点

了解乡村游憩活动的发展趋势

掌握乡村游憩活动管理重点

了解体育休闲活动的特点

掌握体育休闲活动的接待步骤和服务安排内容

了解体育休闲活动的风险管理

了解文化休闲的特征

掌握文创休闲产品开发的途径

了解旅游购物的特点

掌握旅游购物场所的类型

了解导游购物服务规范

核心概念：全域旅游、休闲农业与乡村旅游、休闲体育活动、文化休闲、旅游购物

第一节 全域旅游

一、全域旅游的概念

全域旅游是休闲与游憩活动兴起的现实背景，指将一定区域作为完整旅游目的地，以旅游业为优势产业，进行统一规划布局、公共服务优化、综合统筹管理、整体营销推广，促进旅游业从单一景点景区建设管理向综合目的地建设管理转变，从门票经济向产业经济转变，从粗放低效方式向精细高效方式转变，从封闭的旅游自循环向开放

的“旅游+”转变，从企业单打独享向社会共建共享转变，从部门行为向党政统筹推进转变，努力实现旅游业现代化、集约化、品质化、国际化，最大限度满足大众旅游时代人民群众消费需求的发展新模式。

全域旅游是一种全新的区域协调发展的理念和模式，以旅游业为优势产业，对区域内经济社会资源，尤其是对旅游资源、相关产业、公共服务、生态环境、政策法规、体制机制、文明素质等进行系统化、全方位的优化提升。通过全域旅游模式可促进区域经济发展、激活消费、传承区域文化，实现区域基础设施与人文环境的改善，使区域成为宜居、宜游、宜业的全域旅游目的地。

二、全域旅游“八九十”

2016 年 9 月，第二届全国全域旅游推进会提出，发展全域旅游要瞄准“九大转变”，致力“十大突破”，避免“八个误区”。

“九大转变”是目标，具体指：①从单一景点建设和管理向综合目的地统筹发展转变；②从门票经济向产业经济转变；③从导游必须由旅行社委派的封闭式管理体制向导游依法自由有序流动的开放式管理转变；④从粗放低效旅游向精细高效旅游转变；⑤从封闭的旅游自循环向开放的“旅游+”融合发展方式转变；⑥从旅游企业单打独享向社会共建共享转变；⑦从景点景区围墙内的“民团式”治安管理、社会管理向全域旅游依法治理转变；⑧从部门行为向党政统筹推进转变；⑨从景点景区接待国际游客和狭隘的国际合作向全域接待国际游客、全方位、多层次国际交流合作转变。

“十大突破”是重点，也是路径，具体指：发展全域旅游要在综合管理体制改革、多规合一、以“厕所革命”为代表的公共服务供给侧改革、“旅游+”、旅游扶贫、旅游富民、文明旅游、市场监管、旅游数据、旅游外交十个方面有突破。

“八个误区”是指要避免对全域旅游的八种错误认识：①竭泽而渔，破坏环境；②简单模仿，千城一面、千村一面、千景一面；③粗暴克隆，低劣伪造；④短期行为，盲目涨价；⑤不择手段、不顾尊严、低俗媚客；⑥运动式、跟风式一哄而起和大拆大建；⑦重推介、轻基础，重形式、轻内容；⑧在全域旅游改革中换汤不换药，换牌子不换体制，换机构不换机制，换人不换理念。

三、全域旅游的特点

“全域旅游”这一概念从字面来看离不开“全”这个字，可以说全域旅游的最大特点之一就是全域旅游中的“全”。这里的“全”包括八个方面，分别指全要素、全行业、全过程、全方位、全时空、全社会、全部门、全游客，这八大方面也形成了全域旅游的八大特点。

（一）全要素

全要素就是将整个区域目的地作为旅游吸引物，整个区域内所有可以利用的资源要素（不仅局限于旅游资源）都可以通过开发成为旅游吸引物。对于全域旅游来说，旅游资源没有限制，整个区域内任何能够吸引游客、能够开发利用的资源都可以作为旅游吸引物。

（二）全行业

全域旅游对产业的要求是全覆盖的，即倡导模糊产业边界，实现产业大融合。

（三）全过程

对于全域旅游这一发展模式来说，从游客进入旅游目的地开始到最后离开，这一过程中所有发生的事情都会构成旅游体验，这一点不同于过去的景区发展模式，仅仅将游客在旅游景点内获得的感受作为旅游体验，全域旅游的旅游体验是贯穿于整个旅游过程的。

（四）全方位

除了在“食、住、行、游、购、娱”上面给游客提供旅游体验之外，全域旅游也应当在文化、教育等诸多方面给游客提供全方位的服务。在全民旅游时代，旅游已经不仅是一种观光、休闲活动，而且是一种全新的生活方式，需要全方位的服务予以支持。

（五）全时空

全域旅游不再局限于时间和空间，也就是说，跳出过去的景区发展淡旺季，无论什么时候都能给游客提供良好的旅游体验，在空间上也应该打造出全新的旅游格局和体系，创造出新的产业集群。

（六）全社会

全域旅游的消费群体是整个社会居民，吸引全体社会成员都参与到旅游活动中来。“全民旅游”时代，旅游活动已经成为全社会成员的一种消费选择。

（七）全部门

全域旅游的发展需要各个部门都积极地参与进来，并要求旅游目的地的相应部门提供全面的支持。全域旅游是将整体区域作为旅游目的地，区域内所有的资源都可能成为旅游资源，需要区域内全部门的参与合作。

（八）全游客

全域旅游不再单一定义游客，对于全域旅游来说，每个人都可以是游客，即使是当地的居民也可以作为游客来获得良好体验。

第二节　乡村游憩活动接待

一、休闲农业与乡村旅游的概念

休闲农业是指利用农业景观资源和农业生产条件，发展观光、休闲、旅游的一种新型农业生产经营形态。这是深度开发农业资源潜力、调整农业结构、改善农业环境、增加农民收入的新途径。在综合性的休闲农业区，游客不仅可观光、采果、体验农作、了解农民生活、享受乡土情趣，而且可以住宿、度假、游乐等。

乡村旅游则是以旅游度假为宗旨，以村庄、野外为空间，以人文无干扰、生态无破坏、游居和野行为特色的村野旅游形式。随着乡村旅游的迅速发展，近几年围绕乡村旅游提出的很多新概念和新理论，如游居、野行、居游、诗意栖居、第二居所、轻建设、场景时代等，使乡村旅游内容更丰富、形式更多元。

从以上概念可知，休闲农业本质上是一种新型的农业经营形态；而乡村旅游本质则是一种新型的旅游活动形态。两者的目标市场、消费心理和行为特征等都有一定的区别，但其依托的资源和现实的功能等都基本一致。从外延范围来看，乡村旅游包括休闲农业，休闲农业是乡村旅游的一个重要组成部分，其实质是在与惯常居住地存在差异的农村文化和环境的体验中，寻求审美和愉悦等精神享受的活动。它是旅游主体（以城市游客为主）与客体（以“三农”为主）角色互动的产物。

二、乡村游憩活动的发展趋势

当前，乡村游憩已超越传统农家乐形式，向观光、休闲、度假复合型转变。个性化休闲时代的到来，促使乡村休闲产品进入创意化、精致化发展新阶段。在未来，乡村游憩活动的发展具有以下趋势：

（一）个性化、特色化、精品化

城市的快节奏、高压力使得乡村旅游的需求快速增长，需求引导供给，乡村旅游也出现了全域化发展的特点，在国内外呈现出“遍地开花”的景象。为避免同质化竞争、取得差异化优势，未来的乡村游憩活动必然朝着个性化、特色化、精品化方向发展，立足当地资源、文化特色和生态环境优势，突出乡村生活生产生态的特点，深入挖掘乡村文化内涵，开发建设形式多样、特色鲜明、个性突出的乡村游憩精品，让游客看得见山水、记得住乡愁、留得住乡情。

（二）新产品、新业态、新模式层出不穷

乡村游憩在国内外都处于快速发展阶段，新的乡村游憩需求不断涌现，推动了一系列的乡村游憩新产品、新业态、新模式产生。除了传统大众乡村旅游产品，还涌现出新型高端乡村旅游产品，如依赖特殊生态环境的乡村，包括沙漠、雪山、大草原中的休闲度假乡村；又如以民间工艺、中草药养生、温泉理疗等为特色的主题休闲乡村。

（三）从乡村旅游到乡村游憩的新理念转变

一部分旅游者到乡村已不再是单纯的短时间旅游，而是被乡村环境和氛围所吸引，在当地进行较长时间的居住和生活，这种现象不仅出现在繁华的大都市，也出现在很多中小城市中。部分退休的年长人士，不愿意长期住在城市，一年中往往有数月栖居于乡间。上班族也倾向于利用周末、年假等机会到乡间小住。乡村旅游已经呈现出向乡村游憩转变的趋势。

三、乡村游憩活动的管理重点

（一）乡村游憩活动的业务管理

1. 乡村餐饮服务管理

餐饮服务管理是指在保证游客满意及乡村餐饮接待经营者营利的目标下，为乡村游憩旅游者提供餐饮服务的计划、执行和考核的过程。一般乡村游憩地都设有餐饮部，餐饮收入是乡村旅游获利的主要渠道之一。乡村游憩地客源波动性大，节假日、周末客人

多，其他时间客人少，因此乡村餐饮管理的重点是游客高峰期的用餐管理，即保证用餐服务要安全、快速、准确。乡村餐饮产品应以乡土口味的菜肴为主，要具有地方特色。餐饮服务质量的优劣直接影响游客满意度的高低，因此还要重视乡村餐饮服务的管理。

2. 乡村住宿服务管理

随着乡村游憩活动的常态化、生活化，游客在乡村游憩地的停留周期越来越频繁，停留时间越来越长，乡村游憩地需为游客提供多样化的住宿设施，如具有浓郁乡村风格的木屋、竹楼、四合院等，以丰富和满足游客的乡土体验。

3. 乡村解说服务管理

解说服务管理是乡村游憩活动最基本的管理事项。解说除了能为游客提供乡村游憩地信息和向导服务，还能让游客更了解当地的自然和生态资源，增强体验项目的教育功能，强化游客对活动项目的感受。完善的解说系统不仅能够为游客留下深刻的印象，提高游客满意度，而且是有效的宣传和促销手段、能提高游客的重游率。

乡村游憩地应根据游客活动规律和前期规划，在合适的地方设置解说牌；也可考虑为游客提供导游地图等资料。有条件的地方可考虑培养专业的讲解员队伍。

（二）乡村游憩地的生态环境管理

生态环境是乡村游憩地得以蓬勃发展的核心因素之一，也是部分乡村游憩活动得以开展的资源。乡村游憩活动带来了一定的经济效益，但也在一定程度上加剧了环境损耗，要把这些损耗降到最低，需要加强对乡村游憩地的生态环境管理。

1. 做好对生态环境保护的规划和管理

乡村游憩的资源基础在于乡村良好的生态资源和环境，为预防可能发生的环境退化、污染、破坏等，在开发乡村游憩活动时，必须弄清楚其潜在的环境影响，对拟开发的每一个乡村游憩活动项目都进行环境影响评价，对不符合环境标准的项目坚决予以取缔，将环境影响降到最低。

2. 采用乡土生产技术

乡村游憩的主要目的是回归自然、享受田园闲逸。越具有地方特色、乡土特色的生产技术越能使城市旅游者流连忘返。这些技术在当地长期演化发展而来，是对当地环境和资源的适应和利用，对环境几乎没有不利影响，因此，一些民间生产技术尽管技术含量不高，但也值得保存。保留完好的古老技术本身也是乡村游憩地极具魅力的吸引力要素。

3. 确定正确的经济导向和政策

为维护美丽景观和田园特色及“原汁原味”的生态系统，实现乡村游憩的可持续发展，一些对环境资源有破坏作用的产业，即使经济效益再高，也不宜引进，比如野生动物不应成为旅游者餐桌上的“美味”。而对于农业生态系统的初级生产部门，虽然短期经济效益不高，但其发展有利于提高景观生态多样性，增强地方田园特色，对游客具有持久的吸引力。

（三）乡村游憩活动的游客管理

乡村旅游游客是乡村游憩的主体，也是乡村旅游管理的主要对象之一。乡村游憩旅游者在进行游憩活动时必须考虑到乡村文化和生态环境的可持续发展，这需要对游客的游憩行为进行合理引导和适当干预。

可通过解说和宣传提高乡村旅游者的环境保护意识，使他们能够自觉维护生态环境、人文环境，积极参与环境保护，尊重乡村文化，具备良好的休闲理念。

利用各种解说媒介是干预游客行为的有效手段。通过解说，乡村旅游者可以了解关于乡村游憩地的自然、风俗、特色文化等知识，知道该地的生态环境特点、历史遗迹、宗教信仰、传统文化等，以明确旅游行为对当地环境和文化保护所负有的责任与义务。另外，倡导旅游者加强与当地村民的交流，这也是游客了解当地风俗的有效途径，还可以请旅游者分享当地乡村资源及民俗文化对他们的吸引力，使乡村居民树立起保护家乡自然生态和文化传统的良好意识。

第三节 体育休闲活动接待

一、体育休闲活动概述

（一）体育休闲活动的概念

体育休闲活动是指旅游者在闲暇时间借助体育活动来满足身心需求和精神愉悦的一种社会文化活动。从总体上看，体育休闲活动的概念包含以下四个方面的内容：

一是体育休闲活动是旅游者在闲暇时间进行的，这是休闲的核心要素，也是旅游者从事体育休闲活动的前提条件。

二是体育休闲活动是通过开展体育活动来实现的。体育休闲活动是从事体育活动的各种物质、精神、制度、规则以及呈现整个现象过程的总和，主要包括以身体练习与非身体练习为手段的体育健身活动、体育文化欣赏、体育活动欣赏、体育咨询等。

三是体育休闲活动的目的是满足身心需求和精神愉悦。通过多种多样的体育活动，旅游者可达到健身、娱乐、欣赏、交往等目的，满足个人的身心需求。同时，还能够帮助旅游者缓解紧张、烦躁不安等负面情绪，以轻松自然的心态，激发内心的爽快情感，从而体验精神上的愉悦。

四是体育休闲活动是一种社会文化活动。体育休闲活动是一种社会文化形态，反映的是旅游者对体育休闲文化的需求与追求；同时体育休闲活动也能够丰富旅游者的文化生活，有助于培养旅游者的协作精神、集体主义精神和爱国精神，是构建和谐社会不可或缺的重要组成部分。

（二）体育休闲活动的特点

1. 自由选择性

旅游者在参加体育休闲活动的时候完全可以按照自己的意愿自由地选择体育休闲活动方式、活动内容、活动地点、活动时间、活动参与者等，具有很强的自由性，不会受外界的干扰。

2. 主动参与性

体育休闲活动是一种实践性极强的社会活动，需要旅游者的亲身参与，并在活动的过程中体验和获得某种感受，或者通过自身活动的结果来表达自己的观念和想法。旅游者根据自己的爱好和条件，自主选择休闲运动项目，重在参与，不追求运动技术和形式，不追求运动成绩和水平，从而淡化了活动的功利性和竞技性，强化了娱乐性和参与性，在挑战对手、自然、自我的过程中寻找和获得快乐。

3. 方式多样性

随着社会科学技术的发展，许多带有先进性、创新性、趣味性的体育休闲活动也不断涌现出来，这为旅游者选择体育休闲项目、方式、内容等方面提供了更多可能。

二、体育休闲活动的接待管理

接待是整个体育休闲活动中的重要部分，体育休闲活动的管理者们要重视这一环节。如果是大型的体育休闲活动项目，管理者们除了要接待观众和参与人员，还要注重接待股东、外国贵宾、传媒单位、媒体界名人、赞助商等人，开展好接待工作可以提升此项活动的宣传力度，为体育休闲活动主办方树立良好的形象，从而带来更多收益。但如果是小型的体育休闲活动，接待对象通常只有参与者、观众和部分嘉宾，接待工作量相对较小。

（一）接待步骤

首先，发送邀请函。在活动开始前，主办方除了要安排整个活动的流程，还要制作邀请函。邀请函是客人对活动的第一印象，要在邀请函上表明活动主题和时间、地点，向客人传递活动信息，激发客人参与活动的欲望。

其次，布置场地。在哪里会见客人，以什么样的形式会见他们，什么样的环境适合，桌子、椅子怎么摆放，都应该明确管理。

再次，接待服务。客人抵达时做好相应的接待服务，了解客人的期许，若客人提出额外的要求，要提供相应的便利措施，还要注意客人的需求变化，随机应对。

最后，礼貌送别。客人离开时，不仅要礼貌送别，还应该和他们寻找商机，洽谈合作。

（二）服务安排

服务安排是体育休闲活动接待的基础构成和行动指南，主要包括日程安排、餐饮服务、水源服务、通信服务、电力服务、交通停车服务、安排餐饮、卫生设施服务等。其中，日程安排和餐饮服务是重中之重。

首先，体育休闲活动具有相对严格的计划性和规划性，科学合理的日程安排保证了活动的有效配置和顺利开展，也为旅游者参与休闲体育活动提供了清晰的资讯，方便他们安排个人行程。

其次，餐饮服务是开展体育休闲活动的基本配置服务，直接关系到参与者的身体健康和生理需求。如果是小型的体育休闲活动，场地周围可以允许部分社会餐饮参与准备各种食物和饮品，方便旅游者自行选择。如果是大型的体育休闲活动，主办方要提供专门的餐饮服务，确保食品安全和服务效率。

此外，餐饮服务尤其要注意餐饮服务质量控制和监督。首先，必须建立餐饮服务的标准规程，包括对意外事件、临时要求的应对程序和方式。管理人员要保证服务质量标准化、服务岗位规范化和服务工作程序化。其次，抓好餐饮服务接待的培训工作，管理者要让接待人员意识到餐饮服务对体育休闲活动的重要性，牢记服务标准和要求，为全体参与者提供安全、健康的餐饮产品和便捷高效的餐饮服务。

三、体育休闲活动的设施设备管理

开展体育休闲活动通常会使用各种场地设施设备。这些设施设备涉及的种类非常广泛，管理方式也多种多样。

（一）体育休闲设施设备的分类

1. 根据体育休闲活动设施设备使用的频率分类

①固定性设施设备。

这类设施设备通常安装在固定位置，供日常体育休闲活动使用，属于常设性设施设备。它包括各类公园、城市绿化区、休闲广场等社会性公共设施以及与之配套的供水、供电、消防等技术性公共设施设备。

②临时性设施设备。

这类设施设备通常为特定体育休闲活动提供服务，根据临时需要安装使用，临时性体育休闲活动结束后通常会将这些设施设备撤出活动现场。

2. 根据体育休闲活动设施设备的用途分类

①基础设施。包括道路交通设施、电力设施、给排水设施、绿化环卫设施、建筑设施、安全设施等。

②服务设施。分为接待服务设施和导游服务设施。其中接待服务设施包括餐饮设施、住宿设施、商业服务设施等；导游服务设施包括各种导引标志、解说设施等。

③游乐设施。分为散布于休闲活动区内的游乐设施和附属于接待服务设施的游乐设施。其中散布于休闲活动区内的游乐设施包括索道、过山车、漂流设施等；附属于接待服务设施的游乐设施包括健身房、保龄球馆、游泳池等。

（二）体育休闲活动设施设备管理的要求

①保证所有设备正常运转；

②制订科学的设备保养计划和维修制度；

③对设施设备进行更新改造；

④对设施设备进行安全管理。

（三）体育休闲活动设施设备管理的方法

①建立设备技术档案，做好分类编号；

②分类归口，制定维修保养规程，执行岗位责任制；

③随时考核设备使用效果，提高设备利用率。

四、体育休闲活动风险管理

（一）体育休闲活动风险的分类

体育休闲活动的风险是体育休闲活动领域内的风险，按照标准的不同，可以划分为以下几种常见的类型。

第一，按影响体育休闲发展的因素，体育休闲活动风险可以分为自然风险、社会风险、经济风险、政治风险、法律风险、伦理风险等。

第二，按体育休闲活动运行过程中可能造成的伤害或责任，体育休闲活动风险可以分为人身意外伤害风险，责任损失风险、财产风险、知识产权风险、环境风险、管理责任风险等。

第三，按体育休闲活动的风险主体，体育休闲活动风险可分为体育休闲活动相关者人身安全风险、体育休闲活动项目风险。

（二）体育休闲活动风险管理的内容

1. 风险评估

风险评估是确保体育休闲活动能够正常开展的前提和基础。体育休闲活动风险评估的内容包括：①对气候、环境的评估，如自然灾害、近期的天气状况等；②对活动本身的评估，包括活动的内容、方式、设施设备、可容纳的人数等；③安保评估，如活动场所的安保设施、服务人员的工作态度、专业服务能力、应变能力等；④组织管理评估，如工作人员的岗位分配及其工作职责、活动方案与应急预案等。

2. 风险防范与控制

①风险防范要注意以下几点：一是管理者要增强体育休闲活动的服务员和教练员的风险意识，要求其在活动开展前分析各种事故和风险发生的可能性，并制定好预防措施。二是通过购买商业保险进行风险转移。对一些冒险性的项目如攀岩、蹦极等，应当通过广告宣传等方式，让旅游者知道购买保险的重要性，但应遵循自愿购买的原则。另外，活动经营公司也应购买商业保险，由保险公司承担事故发生后的赔偿。

②风险控制主要包括制定完善的风险评估机制和应急预案，定期对员工进行安全教育、事故处理方法的培训以及突发事故的应急演练，加强对运动场地、设施设备进行全面检修，及时发现安全隐患，管理人员还要加强对活动现场的监督与指导。

（三）体育休闲活动风险管理体系

1. 目标职责体系

组织者应根据组织的实际情况制定总体、年度和项目风险管理目标，并纳入组织总体经营目标。明确目标的制定、分解、实施、检查、考核等环节要求，并按各部门所承担的职能，将目标分解为指标，确保落实。

组织者应成立风险管理委员会，按照有关规定设置风险管理机构或配备相应的专职或兼职风险管理人员和工程技术人员，并落实主要负责人及领导层的职责，建立健全从管理机构到基层各部门的管理网络。

2. 制度体系

（1）标准规范。

组织者应建立安全经营和风险管理标准规范，及时将法律法规、标准规范的精神和要求转化为组织的规章制度、操作流程，并确保落实到位。

（2）规章制度。

组织者应建立健全安全经营和风险管理规章制度，并确保员工及时获取制度文本。

（3）操作规程。

组织者应编制齐全适用的安全经营和风险管理规程并严格执行。

（4）文档管理。

组织者应建立文件和记录管理制度，定期对文件的适宜性、有效性和执行情况进行评估并及时修订。

3. 教育培训

组织者应建立健全安全教育培训制度、培训档案，对培训效果进行评估并结合培训结果进行改进。通过教育培训宣传组织的安全文化，提高员工的安全意识，充实员工的安全知识，培养员工良好的安全习惯和职业道德。

4. 现场管理

（1）设施设备管理。

组织者应按照有关规定对设施设备的建设、验收、运行、维修、检验、拆除和报废进行管理。

（2）作业安全管理。

组织者应按照有关规定对作业环境、作业条件、作业行为、岗位达标进行管理，对利益相关者，如将承包商、供应商的安全和风险管理制度以及利益相关者的安全生产经营和风险管理纳入组织的内部管理。

（3）职业健康管理。

组织者应按照有关规定对工作环境、工作条件和职业危害告知进行管理。

（4）人流控制。

组织者应按照有关规定对活动现场的人流进行控制、疏导。

（5）警示标志。

组织者应按有关规定在重要危险源、危险因素处设置明显的安全警示标志，并确保其在活动期间完好有效。

5. 风险排查和安全隐患治理

（1）风险排查。

组织者应确立风险识别、评估、控制以及变更管理制度。

（2）制定重大危险源管理制度。

（3）安全隐患排查治理。

组织者应建立安全隐患排查、治理、验收与评估，完善信息记录、通道与报送制度。

（4）建立风险预测预警管理制度。

第四节　文化休闲活动管理

一、文化休闲概念

文化休闲，是把休闲与文学艺术欣赏、人文知识获取、科普教育等结合起来而形成的主体性休闲活动，是以各种文化性消遣为内容的休闲活动。如阅读、听音乐会、集邮、书法、绘画、弹琴、吟诗作赋、歌唱、参观博物馆、参加主题晚会、文艺演出与观赏等，以喜闻乐见的形式向人们潜移默化地施加科学精神和人文精神的影响，使人们在休闲中得到身体的放松和精神的升华，在轻松愉悦的知识氛围中得到心灵的净化和升华。

从文化心理学的角度看，文化休闲是人格平衡发展、心态合理调整、智力健康发展、能力全面提高的重要途径。它与人们自由支配时间的价值认识和知识范围相关，并反映在个人、家庭和社会群体的社会价值认同，文化素质培养、文化品位追求、文化消费倾向等方面。

从功能上看，文化休闲具有传播作用，随着现代传媒技术的发展，这种传播作用还会不断加强；文化休闲具有塑造作用，这其实是一种对人的社会化的整合过程，在我国，这一作用强调以社会这一精神文明为向导；文化休闲具有凝聚作用，这种对社会群体的凝聚作用不是抽象的，而是以观念、行为、活动方式为表现方式；文化休闲还具有陶冶情操的作用。

综上所述，文化休闲是指人们在可自由支配的时间内，按照个人兴趣爱好自主选择参与或进行的以文化消遣为内容，以增长知识、陶冶情操、提升文化修养为目的的活动。

二、文化休闲特征

（一）明显的价值取向

文化休闲虽然是一种消遣活动，却带有明显的价值取向。休闲有积极休闲，也有消极休闲；文化也分高雅文化和低俗文化。以增长知识、陶冶情操、提升文化修养的方式度过一段可自由支配的时间，这种选择明显是价值取向的结果。

（二）休闲者有相应的知识技能基础

文化休闲活动是在休闲中增长知识、增长见识、陶冶情操、培养兴趣。但是人们选择何种文化休闲活动受其兴趣爱好影响，同时也受到知识技能基础的制约。

（三）审美性

文化休闲活动并不一定追求强刺激，但一定是追求美的感受的活动，在轻松愉悦的环境和心境中欣赏和体验各种文化艺术之美是文化休闲的魅力所在。

（四）传承性

大多数文化都是传承的结果，因此大多数文化休闲也就具有了传承性，例如戏剧、茶道、书法、秧歌舞、民歌对唱等。

（五）流行性

虽然文化休闲具有传承性，但并不排除其在不同时代或时期有不同文化的兴起和流行，因而带动了不同的文化休闲方式在一定区域内流行。例如清末戏曲休闲的流行和现代影视休闲的流行等。正因为文化休闲与人们自由支配休闲时间的价值认识和知识范围相关，这种价值取向不仅反映在个人，也会反映在家庭和社会群体中，成为社会价值认同。

三、文创产品开发

（一）文创产品开发的意义

文创产品具有文化产品的所有特征，其开发与创新直接影响着文化活动的开展与推进。文创产品开发的核心是如何把丰富多彩的文化现象转变为一定的业态，使之成为可被消费的商品。其实在人类漫长历史进程中已经形成了许多传统文化休闲业态，如戏园子、音乐会、博物馆、评书曲艺、茶室、农家乐等。不过这些只是文化的冰山一角，大多数文化并没有形成相应的业态，因而没能进入消费市场，需要通过一定途径才能被开发成可供消费的商品。

（二）文创产品开发的基本途径

1. 舞台艺术加工

许多民俗文学和历史文化，如果只靠文字记载或图画影像传播，无法成为较好的休闲产品。但如果经过舞台艺术加工就会达到惊人的直接观赏效果和体验效果，成为极佳的业态，形成知名品牌，从而吸引大批休闲者前来消费，如《印象·刘三姐》《丽水·金沙》《云南印象》以及藏羌歌舞等。

2. 建设文化主题公园

有的文化现象具有强烈的情景依赖性和即时性，有的分布区域分散，有的错综复杂，主题公园的建立可以把复杂、分散的文化现象业态化，使之成为很好的文化休闲产品，如锦绣中华、世界之窗、傣族园等。

3. 建立文化创意园区

许多历史事件和历史活动都会有相应的历史遗迹，承载和叙述着历史的故事。把这些古遗址经过艺术创意打造成创意园区，如废弃多年的破旧工厂、仓库甚至军事基地，因为有了艺术家的进驻，便迅速华丽转身，成为创意艺术区，成为既有艺术文化价值又有历史纪念意义的休闲产品。如上海莫干山路 50 号，原是一家纺织工厂所在地，现今却摇身一变，以 M50 招牌号召全球各地的艺术工作者聚集于此，包括瑞士香格纳画廊、法国东廊艺术、英国领事馆文化艺术处艺术家工作室、加拿大艺术景画廊等。

4. 建立文化休闲俱乐部

许多文化休闲活动具有较强的知识性和技能性，需要通过学习和训练才能进行，或者说参加休闲活动本身就带有学习、训练和交流的目的，需要休闲者先接受指导培训才能进行成果展示。搭建这样的平台就是提供休闲的服务产品，使休闲者增长知识、陶冶情操、提升文化修养的需求得以满足。

5. 组织节庆文化活动

东西方节日包含了一定风俗活动和纪念意义，具有很强的内聚力和广泛的包容性，一到过节，便举国同庆。每一个节日都有它的历史渊源、美妙传说、独特情趣和广泛的群众基础，反映了世界各民族的传统习惯、道德风尚和宗教观念，寄托着整个民族的憧憬，是千百年来岁月长途中欢乐的盛会。

第五节　旅游购物接待管理

一、旅游购物概述

（一）旅游购物的概念

购物是很多旅游者在旅游过程中必不可少的活动，高品质的旅游购物活动不仅能够提升旅游者对旅游活动的满意度，还能够增加旅游目的地创收，提高旅游目的地的知名度与美誉度。由于旅游购物的重要性，有关旅游购物的研究成果比较丰富，不同的组织、学者从不同的角度对旅游购物进行概念界定，代表性的观点如下：

世界旅游组织提出了旅游购物的技术性定义，即旅游者准备或者在旅游活动中实际购买的物品（除了服务和餐饮），其中包括纪念品、衣服、工具、珠宝、美容及个人物品、报刊书籍、音像资料、药品等。但是不包括任何一类游客为商业目的所做的购买及为了转卖而做的购买，也不包括游客代表他们的雇主在商务旅游时的购买。国内学者石美玉认为旅游购物除了单纯的购物旅游行为外，还包括旅游中与购物相关的其他行为之和，是旅游者为了旅游或在旅游过程中购买商品的行为，但以营利为目的购买，如购买转售，不包括其中。

综合上述观点，本教材认为旅游购物不仅是购买旅游商品，还包括购买旅游商品的过程中产生的观光、游览等一系列行为。

（二）旅游购物的特点

1. 旅游购物是感性消费过程

旅游购物是一种追求较高层次的满足的过程，旅游商品在其有用性的基础上包含了精神内涵。旅游者更注重抽象、无形的精神需要或情感需要，很少认真分析，也难以辨别不同产品之间的实质性差异。如多年以来，入境游客最感兴趣的中国旅游商品一直是丝绸、茶叶和旅游纪念品的现象就是感性消费的表现。

2. 旅游购物目的的多样性

旅游者的购物目的具有多样性，对旅游商品提出了更高的要求。旅游者购物时可能在同一种旅游商品上有自用、馈赠亲友、收藏等多种目的，这就要求旅游商品同时具有实用性、文化特色、独特性等特点。

3. 旅游购物具有波动性

旅游购物属于非基本旅游消费，它的消费弹性较大。旅游购物的多少取决于旅游商品市场供应是否与旅游者的购物需求相一致。若旅游商品市场供应不能满足旅游者的购物需求，旅游者也许会减少或放弃购物；若旅游商品市场供应品种丰富且很有特色，旅游者则可能会增加购物量。因此，旅游商品市场的发达程度和购物环境，对旅游购物消费的增长具有决定性作用。

4. 旅游购物具有一定的风险性

旅游购物的风险大于一般购物活动，其主要原因有两个方面：一是旅游者难以掌握旅游商品质量、价格等方面全面真实的信息，冲动购买和从众购买行为较多，购买决策未必理智；二是如果旅游商品出现问题，也难以像一般商品那样进行退换。

二、旅游购物场所管理

（一）旅游购物场所的类型

从总体上来看，旅游购物场所主要包括免税店、依附于旅游景区的购物商店、传统旅游商品购物点、特色商业街以及大型购物中心五种类型。免税店一般包括口岸店、市内店、机场免税店。依附于旅游景区的购物商店，有的是景区自营的购物商店，有的是在景区周围的小规模的购物零售店。传统旅游商品购物点没有旅游景区可以依靠，一般由个体自营，多为经营当地土特产品。特色商业街往往集时代气息、艺术、创意、文化于一体，能够满足旅游者对部分特色商品的需求。大型购物中心的环境好、档次高，能够满足旅游者的多样化需求。

（二）旅游购物场所服务质量管理

1. 旅游购物场所服务质量的重要性

旅游购物场所是旅游者购买旅游商品的主要地点，其服务质量直接影响旅游者的购买行为，对整个旅游目的地的形象也产生重要的影响。服务质量高，不仅能够促成旅游者的购买交易，而且还能够给旅游者留下深刻印象，从而促成旅游者的重游并对旅游目的地形象进行有益传播。因此，要不断提高旅游购物服务水平，规范旅游购物市场秩序，合理引导旅游消费，这样才能不断提高旅游购物收入。

2. 旅游购物场所服务质量标准

国家质检总局和国家标准委于2011年1月14日发布了国家标准《旅游购物场所服务质量要求》（GB/T 26356—2010）（以下简称《标准》）。该《标准》规定了旅游购物场所服务质量要求以及旅游购物场所等级划分评定的依据和条件，适用于各类从事旅游商品购物经营的场所。各类旅游商品购物场所应该自觉按照质量标准，做好日常的经营与服务。

《标准》将旅游购物场所的基本要求概括为设施齐备、服务规范、安全有序、卫生良好、特色鲜明。同时，《标准》还对旅游商品做出规定：旅游商品应明码标价；种类应以当地特色商品为主；商品标识应符合有关国家标准规定等。《标准》把旅游购物场所划分为两个等级，从低到高依次为旅游购物推荐点和旅游购物示范点，不同等级的旅游购物场所在总体布局、服务设施、服务质量、安全管理、商品要求等方面有着不同的要求。例如，针对旅游购物示范点的服务质量，该《标准》做出了全面、详细的要求：服务人员经过岗前培训，具有相应的业务知识和技能并能熟练运用；具备常设性的接待人员、导游导购，提供问询、团队接待和登记统计等服务；应有专人负责游客投诉，在经营场所醒目位置设立投诉电话的中外文标志；应建立健全投诉制度，能妥善处理游客投诉，并且建有旅游质量投诉档案、完整的投诉处理记录、投诉反馈和分析报告；应进行游客满意度调查，且维持满意度在95%以上等。

（三）旅游购物场所制度管理

为了给广大旅游者提供良好的购物环境，提高旅游购物满意度，国家或相关管理部门以及旅游购物场所自身应该制定相应的规章制度。具体来说，这些制度应涉及购物场所的经营管理、卫生管理、安全管理以及商品的采购、验收和配送等内容。例如，景区商店必须遵守以下规定：不准设置音响进行广告宣传和发放经营广告；不准经销无厂名、无厂址、无生产日期和保质期的“三无”食品、商品，过期商品和食品；不准销售不利于游客身心健康的书刊、音像制品和纪念品；不准销售伪劣商品；不准营业员向游客托售商品。

三、导游购物服务规范

（一）导游购物服务的流程

1. 旅游商品介绍

导游应将旅游商品相关知识融入景区景点的讲解当中，通过幽默有趣的讲解、细致周到的分析，让客人对自己产生信任，对旅游商品产生兴趣。

对旅游商品的介绍，需要转换思路，多强调游客需要什么，旅游商品能给游客带来什么价值，如何满足他们的需求，而不是鼓吹目的地拥有多好的商品，具有怎样的品牌影响力等，这样才有针对性，才能让游客感兴趣。

2. 购物点推介

导游在进行购物点推介时，同样需要将其与旅行路线上的景点结合起来，便于游客自然接受，避免觉得导游在强行推销。同时，对购物点的选择与介绍，需要对旅游商品的质量严格把关，对旅游商品的价格和特色进行实事求是的推介，这样易于赢得游客的信任，游客便会放心购买。

3. 现场导购

现场导购时，一方面，要显示出导游的专业水平，为计划购买的游客当好参谋献计献策。当游客对待购商品不了解时，导游若能就商品的产地、历史、种类、市场价格、分辨真伪的标准等进行针对性的介绍，只要介绍内容实事求是，必然会促成游客的购买决策。有时导游的现场购物以及现身说法也能起到促成游客购物的良好效果。另一方面，导游作为整个团队的组织者，需要统筹安排，照顾到所有的游客。

4. 购后服务

如果游客需要退货，导游首先要问清原因，可能的原因包括发现所买商品有假或有问题，觉得商品价格与价值不符，购物前考虑欠妥，随大流的冲动性购买等。然后要给予积极的协助，比如，提醒游客退货时要带好发票，帮助游客安排好出租车，写一张便条，上面标明商店名称、地址以及请求商店给予协助和解决等。导游不应以任何借口作为拒绝退货的理由，必要时可陪同游客一起前往。

另外，若游客想夜间出去购物，导游一般要予以满足和协助，必要时可陪同游客一起前往，并且当好游客的参谋，热情介绍商品和指导游客购物。若导游有事一时走不开，则要做好以下几项工作：

①提醒游客妥善保管好自己的钱包；②带好酒店、宾馆店徽，以防迷路；③建议游客去定点商店或大型商场，并为其写好商店名称与地址；④为游客安排好出租车；⑤关照游客尽早回酒店、宾馆；⑥告诉游客返回酒店、宾馆后要和导游取得联系。

当游客买到假冒伪劣商品时，情绪会变得很激动，急性子的游客会火冒三丈，出口骂人甚至扬言投诉等。面对这种情景，导游首先要尽力稳定游客的情绪，以免出现不必要的麻烦。然后详细了解相关情况，比如游客在哪个商店购买的、购物票据是否保存完好、判定假冒伪劣商品的依据等。之后，导游可与购物商店和有关工商行政管理部门取得联系，陪同游客到购物商店进行交涉。在与有关部门的交涉过程中，导游要始终维护游客的利益，依据保护消费者合法权益的条例来处理问题。在处理完事件后，导游要向旅行社详细汇报事件经过。

（二）导游购物服务的注意事项

1. 精心讲解第一，购物服务第二

导游应该将景点讲解放在第一位，因为讲解和服务是导游的根本职责，也是获得游客认同和信任的主要手段。如果导游的功利性太强，一味地介绍商品和购物场所，甚至除了购物之外什么都不讲，必然会导致游客反感，甚至引发投诉。导游只有讲解到位，游客才会支持导游相应的购物介绍和推荐，这对初为导游的人来说尤为重要。

2. 遵守旅行社制度与相关法规

导游在进行购物服务时，一定要遵守旅行社的相关制度，完成好自己的本职工作和角色义务，在导购中不能随便增加购物点。同时，要及时地了解相关的法规政策，如游客购物消费的知情权等，以便更好地服务于各类游客。

3. 延伸服务

若导游能够以内行或者朋友的身份告知相关商品的使用、维护或者注意事项，拓展与延伸购物服务的内容，会起到良好的效果。比如游客购买茶叶时，导游能够提醒游客不同茶叶的特性和功效，提醒游客根据自身体质谨慎购买，或者告知游客更加科学的饮茶方式，将有助于游客合理购物，获得游客的信任和赞赏。

复习与思考：

1. 简述全域旅游的内容和特点。
2. 分析休闲农业和乡村旅游关系。
3. 论述乡村游憩活动接待管理的内容。
4. 简述体育休闲活动的特点。
5. 论述体育休闲活动的管理内容。
6. 简述文化休闲的特征。
7. 论述文创产品开发的途径。
8. 论述文化休闲活动运营管理的内容。
9. 论述旅游购物场所管理的内容。

第六章 会展与节事接待管理

■学习目标

了解会展与节事接待的范畴

掌握展览现场服务管理的内容和流程

了解会议的概念、类型

理解会议接待的含义、程序

掌握会议工作执行的内容

了解奖励旅游的定义

掌握奖励旅游的安全管理

了解节事活动的概念

掌握节事活动的策划内容和现场管理要求

核心概念：会展与节事、展览、会展旅游、会议、会议接待、奖励旅游、节事活动

第一节 会展与节事接待的范畴

一、会展与节事的概念

在经济全球化趋势日益加深的今天，会展与节事活动对社会经济、文化发展的作用越来越明显，受到了世界各国的重视。我国的会展业正处于高速增长的阶段，已成为国民经济发展中的新亮点。

会展与节事是对会议、展览和节事活动的统称。其主要包括三个部分：一是会展展销活动，诸如各种展会、博览会、交易会等；二是各种类型的国内外会议；三是体育竞技活动、文化活动、大型节事活动、民俗风情活动等节事活动。

（一）会议

会议是人们为了解决某个共同的问题或出于不同的目的聚集在一起进行讨论、交流的活动，它往往伴随着一定规模的人员流动和消费。作为会展节事产业的重要组成部分，会议有多种作用，它除了可以传递、交流并创造信息外，还能给会议目的地的相关产业带来收益，提升会议目的地的知名度，并促进会议目的地经济、社会和文化发展。

会议的参与主体有主办者、承办者和参会者。会议的主办者制订举办会议的计划并委托给承办者；承办者围绕既定的主题进行策划和设计，并在市场上联系参加会议的参会者、出席嘉宾以及举办场所，最后为会议提供接待服务。在部分情况下，会议的主办者和承办者可以是同一机构。

（二）展览

展览是指具有一定规模并固定举办日期，以展示产品、服务和形象为主要方式，以促成供需双方达成共识或协议的活动。展览会给主办者带来巨大的直接经济效益：可以拉动相关产业发展，促进经贸合作，优化产业结构；增加就业机会；提高举办地的知名度；促进信息交流和先进科技知识的传播；丰富民众的文化生活。

展览的参与主体包括主办者、承办者、服务商、参展商和专业观众，它的主要内容是进行实物或形象展示，以及参展商与专业观众之间的信息交流和商贸洽谈。主办者和承办者策划组织展览，吸引参展商和专业观众参加展览，通过展位、门票和展览广告销售收入获利；服务商通过与主办者和承办者合作，为展览项目提供必要的服务；参展商和专业观众通过参加展览完成采购和销售目标，建立并维持与利益相关者的关系，获取行业和产品信息，建立企业整体形象。

（三）节事

节事活动是对节庆活动和特殊事件活动的统称，通常是指有主题的节日以及庆典活动。节事所创造出的经济价值和社会价值非常可观，目前已被许多城市列为发展经济和提高城市形象的突破口。

节事活动除了具有提升举办国和城市知名度和美誉度、扩大信息交流、增强对外合作、推动旅游发展、加快城市建设、促进地方经济发展等作用以外，还具有丰富人民精神生活、弘扬民族文化和扩大旅游市场、提升目的地旅游形象、降低目的地旅游季节性差异、调整旅游资源、提高管理水平等特殊作用。

二、会展旅游的概念

会展旅游，是近年来国际上兴起的一种新型的旅游行业，它是一个新名词、新概念。国际上把会展旅游定义为 MICE（meetings、incentives、conventions、exhibitions），是指包括各类专业会议、展览会与博览会、奖励旅游、大型文化体育盛事等活动在内的综合性旅游活动，概括起来就是展览旅游、会议旅游、奖励旅游、节事活动。

（一）展览旅游

展览旅游是指为参与产品展示、信息交流和经贸洽谈等商务活动的专业人士和参观者而组织的一项专门的旅游和游览活动，包括面向特定群体、规模严格限制的专业展览和面向社会公众、力求最大社会影响的公众展览。相对于会议来说，展览要求的是聚人气、讲规模、重品牌，举办地要有强大的经济实力、良好的基础设施、优越的商业环境、浓郁的文化氛围、便利的通信和交通。

（二）会议旅游

会议旅游所指的会议，是人们有组织的聚集在一起进行交流信息、联络感情和制定决策的活动，这里不包括带有展示、交易或竞技性质的展览会、博览会、交易会和运动会。通俗地说，会议旅游就是指由各种类型会议派生而来的旅游。

（三）奖励旅游

奖励旅游的旅游形式由企业根据自身需求设定，没有统一标准，一般包括商务会议旅游、海外培训、休闲度假旅游等。奖励旅游和传统员工旅游有所不同，奖励旅游是由企业为参与对象提供一定的经费，委托专业旅游公司精心设计的定制旅游活动，以此来奖励员工、提升员工能力、调动员工的积极性、增强企业的凝聚力。因此，奖励旅游具备独立成团、参与人数较多、出游时机在淡季、消费支出高等特点。

（四）节事活动

节事活动是指具有特定主题、规模不一、在特定时间和特定区域内定期或不定期举办的、能吸引区域内大量游客参与的集会活动。节事活动可使举办活动的城市或旅游地区旅游资源的综合利用率提高，具有强大的产业联动效应。节事活动能汇聚更大的客源流、信息流、技术流、商品流和人才流，对一个城市或地区的国民经济和社会进步产生难以估量的影响和催化作用。因此，节事活动作为旅游的一种特殊形态，近年来受到了高度重视。

从上述阐述中可以看出，会展旅游并不是会展和旅游的简单加总，会展旅游与旅游也不是独立的两类旅游形式，会展旅游包含在旅游之中，它是以会展业和旅游业的有效互动为基础，以会议和展览为主要吸引物，以城市为支撑，以旅游资源为依托，吸引参展商、专业观众及与会人员前往会展举办地，通过“吃、住、行、游、购、娱”六大要素带动相关产业发展，并获取一定收益，同时满足旅游者需求的一种综合性旅游产业。

三、会展旅游的意义

（一）经济意义

会展旅游不仅是一门系统工程、综合经济，还是一门特殊的服务行业，与相关的行业（展览营销、广告宣传、城市建设等）关系密切，且涉及面广，所以被称为“城市的面包”。经济学家认为会展旅游是国民经济的“助推器”，其产业带动系数为1∶9。会展旅游不仅能给自身带来可观的经济收入，还能刺激区域餐饮、住宿、交通、通信等多个行业的发展，使区域产业结构得到调整，使城市产业结构得到优化，最终加速城市区域经济的发展。

（二）社会意义

1. 促进就业

举办会展不仅可以增加大量暂时的就业机会，而且当会展旅游形成产业，形成一定的规模经济之后，更能以新增的企业与组织来增加长期就业机会。

2. 改善城市环境

会展旅游的发展不但会促进会展举办地场馆的建设，促使当地政府和企业加强对公共交通体系、星级酒店、娱乐场所、基础设施等方面的建设，同时还会完善周边的旅游景点，并对这些项目进行有效整合，从而改善城市居民生活环境。

3. 提升城市形象

开展会展旅游需要有良好的城市形象、完善的城市功能、优越的交通条件，大型的会展设施及公共服务设施，以及丰富多彩的城市景观及旅游接待设施等等。这必将促进政府增加城市建设的投入，重视城市形象的塑造，从而形成会展旅游品牌，提高城市在国内外的地位，提高举办地城市的知名度，提升都市旅游的形象。

（三）文化意义

会展旅游是一种跨文化交流活动，一方面，它可以让不同国家、不同地区的人汇集在一起进行思想、学术和文化的交流与探索，客观上起到传播和交流科学技术与文化知识的作用；另一方面，会展旅游者在旅游过程中可以与当地居民增进了解，建立和加深不同国家和地区人民之间的友谊，促进旅游业大发展。

第二节　展览的现场接待管理

一、会展布展管理

前期的布展准备工作是展览会成功举办的基础，所以，布展工作必须引起主办方的高度重视。

（一）布展前准备工作

1. 各种手续报备

根据国家对会展的管理规定，办展机构在组织会展布展前需要到工商、消防、安保和海关等部门办理相关手续，经过几个部门的报批和备案之后，才可以开始布展。如果展馆位于市中心，在有些城市还需要办理外地车辆进出证，方便外地企业车辆运送展品到会展现场。

2. 办展机构与搭建商充分沟通

布展前，办展机构需要和会展指定的搭建商和展品运输代理进行充分、细致的协调和沟通，共同商讨对会展现场环境布置和展位搭建的指导思想、意见和建议，及时解决展品运输过程中可能出现的各种问题，以保证整个布展过程秩序井然、有条不紊。

3. 公布布展时间期限

展览会的布展时间一般为两天。对大型会展，为保证特装展台搭建装修和大型机械进场安装、调试等可适当延长。布展时间应张贴在展馆入口的显要位置，以方便布展期间的管理。如果参展商需要加班布展，应提前向会展办公室提出申请，经会展办公室审批通过后方可加班布置。

4. 明确布展顺序

大型设备先入场，并且需要说明大型设备入场的准确时间，这样可以减少在布展过程中可能出现的安全问题。大型设备全部进入展馆后，可以开始特装展台的搭建。特装展台的搭建比较复杂，对水、电、气等方面的要求较高，因此，组展方一定要督促搭建商规范施工，以免发生意外。同时，在搭建之前，要认真核对是否符合展台施工图上的搭建高度、用电额度等。对于标准展台，组展方要督促主场搭建商在规定时间内完成搭建，并对展台尺寸是否正确、楣板上的参展单位中英文名称、展台号是否正确等进行仔细验收。在完成展台搭建之后，参展商就可以进场布置展品和装饰展台。

5. 展厅分设人、车、货入口

会展布展期间，工作人员、车辆和货物进出展厅比较频繁，为了不影响工作进度和确保安全，组展方需要设置人、车、货的专门出入口，以达到互不干扰的目的。

6. 设置现场临时服务处

布展前需要搭建好现场服务的办公场所，同时提前安排好各单位人员、各种资料和器材，随时准备进入现场办公。

（二）布展期间的工作

1. 展位画线

展位画线是按照各参展单位租用的场地面积和位置画好每个展位的区域范围，确定每个展位的具体位置，方便参展商在租用场地搭建展位和陈列展品。

2. 展馆地毯铺设

展馆地毯铺设是指主场搭建商在指定区域按计划铺设地毯，地毯铺设一定要紧贴地面、要美观，且不能妨碍行人通行。

3. 参展商报到和进场

参展商到达展馆后，凭合同书及其他相关证明材料到参展商报到处报到，领取参展或布展出入证件，会展服务人员应协助其了解与会展有关的各类服务信息和规定，并提供相关展会资料。

4. 现场施工管理和验收

办展方要派出专门的人员管理各承建商的现场施工，如现场用电、用火、噪声、展位高度控制、电线电缆的安装和走向、灯光的设计和使用、标准展位的标准配置等，要及时查验，避免施工现场秩序混乱、出现安全隐患。

5. 海关现场办公

对海外参展的展品，要及时办理海关通关手续，如果海外参展比例较大，可以邀请海关工作人员现场办公。对所有海外参展展品，办展方要陪同海关人员进行现场抽样查验。

6. 展位楣板的制作、安装和核对

展位楣板上标有各参展商单位的中英文名称和展位号，有的还有参展商的企业标志或展品商标。这些都是参展商形象的体现，因此，展位楣板的制作和安装一定不能有丝毫的差错，组展方要派出专门人员认真核对。

7. 现场安全检查

所有的展位布置完毕之后，组展方要派出专门人员陪同消防和安保部门对所有的展位进行一次全面、系统的检查，保证会展设施符合消防和安全要求，彻底消除现场可能存在的安全隐患。

8. 现场清洁和垃圾处理

会展场地内公共区域的清洁工作由场馆方负责，如人行通道、厕所、餐厅等。标准展台内的清洁工作由主场搭建商负责，特装展台内的清洁工作由特装搭建商负责。另外，组展方在进馆前应划定一个专门堆放空箱的区域，由主场物流服务承包商统一管理，在布展结束后对其集中清理。

二、会展现场服务管理

（一）会展现场服务职能

会展现场服务管理从主体上来看，主要有组展商与场馆商。通常场馆商主要提供布展服务、场地管理、会议和活动服务以及展场商务等；组展商要做的工作主要有布展接待与管理、开幕式的设计与组织、展场服务与控制、观众服务与控制、信息采集与管理以及闭幕与撤展等。

组展商与场馆商在服务与管理上虽然分别承担着不同的职能，但由于会展现场的管理是一项关联紧密的系统工程。所以，在场地管理及展场商务等方面，组展商与场馆商需要紧密配合，共同做好会展的服务与管理工作。

（二）会展服务及现场管理的内容

会展服务及现场管理是会展的重要和关键阶段，会展前期的所有准备工作都是为了使这一时期的工作能够顺利进行。这一阶段的工作直接决定了会展举办效果。

1. 参展商现场联络和服务

会展期间，所有参展商都会亲临会展，办展机构一般都会抓住这机遇，亲自到各个参展商的展位上拜访参展商，或者邀请参展商进行座谈，与他们联络感情，充分了解他们的实际需求，征求他们对会展的意见和建议，以诚相待，及时为他们提供热情和周到的服务。

2. 观众登记和服务

观众登记工作是会展活动的门户，所有到会观众必须先进行观众登记才能进馆参观。根据登记时间的先后顺序，可将观众分为预登记观众和现场登记观众。预登记观众多为专业观众，是指开展前已经收到邀请函并决定参观的观众。他们在现场只需凭借邀请函或个人信息即可换取参观证进入展馆参观。现场登记观众可以在展馆大厅的观众登记处进行登记，经展会接待人员审核无误后就可以换取参观证件有序进入展馆。

3. 公关和重要接待活动

会展期间，办展方还会安排一些重要的公关活动，如邀请重要领导视察和参观会展、接待外国参展和参观代表团、接受行业协会和商会的考察等。这些公关和接待活动有利于扩大会展的影响力，对树立会展良好形象具有重要的作用。因此，会展组展方要高度重视、精心策划、合理安排，有必要对相关人员进行专门的礼仪培训，避免出现任何差错。

4. 媒体接待与采访

会展期间，办展方会安排一些媒体对会展进行参观和采访，甚至有些媒体会主动申请采访。接待媒体与安排媒体采访对扩大会展宣传推广有重要作用，办展方要认真对待。会展组展方应提前配备专门人员负责接待媒体，为各媒体记者提供必要的会展资料，并且在展览期间和展览之后及时收集和整理新闻媒体关于此次会展的各种采访报道，分析这些报道的内容是否符合会展发展的需要，分析需要改进的地方，以便采取相应的整改措施。

三、撤展管理

撤展时间一般从会展最后一天的下午 3~4 点开始。

（一）参展商展品处理和运回

展览结束后，参展商的展品有 4 种处理办法，即出售、赠送、销毁和运回。不管采取哪一种处理办法，参展商都要提前做好计划和准备。对一些价值较大又无法现场售出的展品，参展商一般要运回。国内展品的回运按照参展商的要求运输即可。国外展品回运分为两种情况：一是如果继续参加展会，则由报关运输公司运到其他举办同类展会的地方；二是如果不再参加展会，则由海关运输公司将国外展品运回所在国家。

（二）展品出馆控制

展品出馆实行“出门条”控制。对需要出馆的展品，参展商需要先去组展方办公室申请领取“出门条”，待组展方工作人员查验展品与“出门条”一致后才准许其出馆。比较大型的展品由会展物流承包商将其打包并运出展厅，参展商负责把轻便的小展品带出展馆。所有物品应按照租馆合同在规定时间内运出展厅。

（三）展位的拆除

展位的拆除工作一般是在展品取下展架之后进行。如果参展商使用的是标准展位或者委托施工的展位，展位的拆除工作一般由承建商负责。

（四）参展商租用展具的归还

会展完毕，各参展商临时租用的展具要及时退还给展馆服务部门或者各承建商。如果参展商在退还展具时和展馆服务部门或承建商之间出现问题，组展商工作人员应该从中协调。

（五）展场的清洁

办展机构或者指定承建商要及时处理展场的垃圾，恢复展馆原貌。办展机构不要在会展结束之后在展馆留下大量的垃圾，也不要弄脏展场地面和其他有关设施。在清理垃圾时，要做到全面、细致，尽量将展馆中的地面打扫干净。

（六）撤展安全保卫工作

撤展时往往比较杂乱，办展机构不能放松撤展现场的安全和消防保卫工作。撤展工作在会展闭幕之后进行，但撤展准备工作要在撤展前就做好，这样才能保证撤展工作有条不紊地进行。

第三节　会议的现场接待管理

一、会议的概念

会议指三人以上的群体在特定的时间、地点聚集在一起，就共同关心的问题进行交流和讨论，以达成彼此接受的解决办法或基本共识，开会的主要目的是信息的共享与协议的达成。会议与三言两语交换意见不同，也不是随意漫谈，更不是街头巷尾的议论。到了近代社会，会议已成为一种重要、普遍的交流方式。

二、会议的类型

根据会议的参与者、目的以及内容的不同，可将其分为普通会议和研讨会两大类。

（一）普通会议

1. 大会

大会指某一协会、俱乐部、组织或公司的正式全体会议。参加者以其成员为主，目的是制定政策、明确发展方向、讨论内部决策、制订财务计划等。所以，大会的时间和地点较为固定，也会依照相应的程序进行。

2. 年会

年会是会议中最常见的一种，它通常是就某一特定的议题展开讨论的聚会。议题可涉及政治、贸易、科学或技术等领域。大多数年会周期性强，通常一年一次。年会常见的内容是市场分析报告、介绍新产品和筹划公司策划等。

3. 专门会议

专门会议与年会类似，通常有许多与会者参加讨论或活动。年会通常被商贸界视为一般性会议，而专门会议常是科技界使用的术语。专门会议的议题通常涉及具体问题并就其展开讨论，可以召开分组会，也可以只开大会。

4. 代表会议

代表会议最常用于国际性会议。在性质上，代表会议是与专门会议类似的活动。代表会议的人数通常不固定。

（二）研讨会

1. 讲座

讲座是一种比较正式或组织较严密的活动，通常由一位专家单独做示范。会后通常安排提问环节，讲座规模大小不定。

2. 论坛

论坛一般由小组组长或者演讲者来主持。与会者的身份均要求先被认可，过程一般由小组组长主持，不少听众参与其中，然后由主持人和听众分别提出各种各样的问题进行讨论。两个或更多的发言人可以就各自不同的意见进行阐述，反复讨论，最后由主持人做总结。

3. 专题学术讨论会

专题学术讨论会是由某一领域内的专家构成的集会，就某一特定主题请专家分享学术观点，共同就问题加以讨论并提出建议。专题学术讨论会与论坛类似，参与人数较多，会期通常为2~3天，但是比论坛更为正式。

4. 研讨会

研讨会指一群（10~15人）具有不同技术但有共同兴趣的专家，借由一次或系列的聚会，达到训练或学习的目的。

（三）其他分类

按地理范围划分，可将国际会议分为世界性会议、区域或地区会议、区域内会议。

按照会议层次划分，可分为国家元首会议、政府首脑会议、部长会议、高级官员会议。

按照参加会议者所属国籍数量，可分为双边会议和多边会议。

按照会议周期，可分为特别会议、例行会议和定期会议。

三、会议接待概念

（一）会议接待的含义与内容

会议接待就是指在会议正式召开前和召开后的一系列接待工作，主要包含以下内容：与会者到达后的接站工作、到达会场后的报到和引导工作、会议正式开始前的签到工作、会议结束后安排和与会者返程、送别工作等。

（二）会议接待的程序

会议接待的程序主要包括接待准备、接待与会者、与会者返程和善后工作四步，具体可参见表6-1。

表6-1 会议接待流程

工作程序	内容	负责部分
第一步：接待准备	了解与会者基本情况	会务组
	拟定接待方案	
第二步：接待与会者	接机、接站	接待组
	报到、引导	
	安排食宿	
	预定返程机票、车票	
第三步：与会者返程	赠送纪念品	会务组
	送往机场、车站	接待组
第四步：善后工作	报账	会务组
	保存与会者有关资料	
	保存会议接待安排有关资料	
	年终统一整理，存档备查	

四、会议接待与管理

（一）会议前期筹备管理

1. 会议策划阶段

第一步是成立策划工作小组。通常由会议的主办机构或主办与承办机构的人员共同组成。应尽量选择具有会议组织经验及专业知识的人员组建策划小组。

第二步是策划会议工作方案。策划的主要内容有：会议名称、宗旨、主题、会议参加人员的范围、会议规模与层次、会议时间、地点、日程、会议宣传推广计划、会议经费预算、工作进程。

2. 会前准备阶段

会议筹备时间根据不同会议的要求有所差异，但准备工作的流程大致包括以下十二个步骤：

①进行机构设置与分工，合理调配工作人员，在大会秘书处的统筹下做好各项会议的筹备工作；

②确定会议准确日期与场所，考察场所，策划与布置会场；

③编制会议预算，筹措会议经费，并负责会议财务的日常管理；

④认真准备好相关材料。会议材料质量的高低关乎会议预期效果的好坏，因此，会议材料要安排专人认真准备，要多渠道反复征求意见再定稿印刷；

⑤收集与会者名单，寄发会议宣传资料、报名表等；

⑥预订饭店，考察饭店房间及设备，洽谈并签约；

⑦定期召开筹备会议，了解与督促各项工作的进展情况；

⑧邀请出席开幕式和闭幕式嘉宾、主持人和特约报告人；

⑨安排重要与会者接待事宜，包括车辆、接待人员、签证与入关手续等；

⑩统计报名人数、购置礼品及落实礼仪人员；

⑪委托专业公司或专业人士设计大会门户网站，以便更多的人上网浏览，及时了解会议信息或者在线咨询与报名等；

⑫检查会场各项准备工作，对不符合要求的及时调整与改进，并进行现场验收，与会议中心、酒店人员确认有关事宜。

（二）会议期间的工作执行

1. 会议现场布置

会场布置的根本目的在于创设与会议主题、性质、进程相适应的条件和气氛来推动会议的发展。

（1）会议室的规格和布局。

设计和安排会议室的规格和布局是会场布置的重要任务，具体需要考虑到会议室大小与人数的多少、会议室座位布局的政治因素、气氛和效果。

（2）会议主题布置。

会议主题是会议的灵魂，会前的一系列准备工作只有围绕会议主题展开，才能做到目的明确，达到预期效果。在会议主题的布置中，要结合会议的性质、特征以及会议所要达到的效果来斟酌会议的主题，为会议的顺利召开奠定基础。

（3）会场的装饰布置。

会场装饰指运用文字、图案、色彩和实物等烘托会场气氛，具有昭示会议主题、渲染会议气氛和调节心理状态的作用。在装饰布置过程中要有反映会议主题的会标、体现和象征会议精神的会徽、彰显会议主题的标语、衬托会议主题和气氛的花饰、灯光。

（4）会场视听环境的布置。

会场视听环境的布置对会议的质量和成功召开发挥重要作用。一般来说，会场的视听环境包括灯光、音响和媒体设备等。

（5）其他细节布置。

会场的其他细节的布置也应当周全，如在会场设立一定数量的指示牌来指引会议场所、餐厅、卫生间等位置，又如遇到电梯不足的情况应如何应对和解决等。

2. 会议注册管理

会议注册管理是会议接待的第一步，它关系到与会者对会议工作人员素质和专业水平的认知，更是涉及与会人员的信息资料，可以为以后邀请参会人员提供参考。

（1）精心布置会议注册登记处。

会议注册登记处是与会人员参加会议的第一个印象场所，会议注册登记处布置得大气、稳重，会给人庄重、典雅的感觉，因此，在布置时应精心，达到方便、快捷、自然的效果。

（2）提前准备好注册表。

提前准备好注册表可以节省注册时间，提高注册的工作效率，也会使与会人员感受到会议服务人员的素质。

（3）分类登记。

根据与会人员身份不同予以分类登记，这对后期会议效果及会议影响力评估都有借鉴意义。

（4）发放资料袋。

发放资料袋也是会议注册工作中的一个重要环节。资料袋里有与会者需要的会议主题文件以及一切参会信息，对与会人员顺利参会至关重要。

3. 会议入场管理

（1）限制入场管理。

一般会议都会根据会议邀请函来限制入场，限制会议入场对会议的安全召开、会议机密的保护等都有重要作用，因此要严格控制。

（2）票券受理。

目前大多数会议都是免票入场，但有些会议为保证会议入场秩序，体现重要性，会事先发放相应的入场票券。与会人员只有持有效入场券才能入场，此时会议组织者要做好入场时的票券受理工作。

4. 会议录像

大部分会议的内容要进行上传下达，只有形成文件资料或录像资料，才能更好地实现会议内容和精神的传达。比如会议中某段精彩发言经过会议录像可以再现其风貌，以便不在场的人员学习和研究，并且会议录像也便于携带和保存。

5. 会务服务

会议活动的规模越大，组织、管理、服务工作就越多、越复杂。会务工作系统内容多而复杂，因此要求相关人员做到以下 12 点：

①提供信息和建议，为会议的目标和议题起参谋作用；

②提供会议议题、时间和形式，提出会议的议程、日程以及程序的草案并呈领导审批；

③拟写会议的报告、讲话、文件草案，审查与会单位或与会者提交的会议发言材料；

④安排会议的场地并布置会场；

⑤做好会议活动的接待工作；

⑥做好会议的各项记录；

⑦做好会议的对内和对外宣传工作；

⑧做好会议工作精神的传达和反馈工作；

⑨处理好代表的提案、议案和各项书面建议；

⑩总结会务工作的经验和教训；

⑪收集会议文件，做好立卷归档工作；

⑫注意搞好会议活动的综合协调，及时处理各种突发事件，保证会议顺利进行和圆满结束。

6. 会议餐饮服务

（1）制作团体菜单。

制作会议餐饮菜单时应根据接待的规格、预算和宴请的形式安排。做好有关菜品和酒水的预订工作。

（2）了解特殊要求。

订菜前要了解客人的喜好与禁忌。对客人的饮食禁忌要慎重对待，不可马虎。无论宴请哪一类客人，都应事先开出菜单，经领导批准后再具体安排。

（3）做好茶歇服务。

在会议活动开始后 1 个或 2 个小时内，必须安排一定的会间休息时间，这个休息时间即茶歇。会议中间安排茶歇可以给与会者提神，更重要的是给与会者提供相互交流的机会。布置茶歇应该根据与会人数准备充足的食品物资、招待用具和休息厅等。

（4）其他注意事项。

在餐饮服务中，还要考虑诸如宴会是否需要特殊的装饰；宴会上是否需要安排音乐演出，安排何种音乐能更好地切合会议主题，融洽会议气氛等问题。

7. 会议安全服务

（1）防盗管理。

会议的主办方和承办方要确保与会者的人身及财务安全，做好会议期间的防盗工作。除配备保安人员外，还应该采取一系列安保措施，包括配备电子锁以及在会场安装高科技警报和监控系统等。

（2）突发事故的处理。

举办会议时，主办方还应该考虑到会议的突发事件，如火灾、爆炸、恐怖袭击等。在会议召开前应对这些突发事件制定严密的预防和处理方案，并将责任落实到部门和个人，要对涉及会议的有关单位和人员进行全面培训，如若发生突发事件能及时、有效控制。

（3）会议保密管理。

做好会议的保密工作，是保障涉密性会议顺利进行的重要条件。保密部门应根据会议性质和与会人员情况，采取必要的安全保密措施。要着重抓好会议驻地、会场的安全检查和防特、防盗、防暴工作，严格遵守保密纪律，杜绝泄密。

（三）会后总结与评估

1. 总结

总结是管理工作的重要组成部分，通过对资料的统计和整理，分析已经做过的工作，进行经验总结，提出建设性建议，为未来的工作提供参考。一般情况下，会议的总结分为三部分：一是从筹备到开展中的各项工作总结；二是效益分析和成本核算；三是项目市场调查，包括本次活动在市场同类项目中所占的市场份额、优劣势、竞争情况等。

2. 评估

评估的范围主要包括四个部分：一是对内容的评估，包括主题、内容、演讲人；二是评估其他相关活动，包括娱乐节目、社交活动，要关注与会者和受邀嘉宾的反应；三是评估场地、设备和当地相关服务；四是与会者的出席资料。现实中由于条件限制，不必对所有的因素都进行评估，通常会根据评估目的确定评估内容。如有些会议的主办单位想从评估资料中了解与会者从会议中得到了什么收获，有些可能更关注会议进展是否顺利。总体来说，对于会议任何部分进行评估时都要关注哪些进展顺利，哪些进展不顺利，哪些应该在将来的会议中进一步改善以及会议带来了哪些新的想法。

第四节　奖励旅游的策划与服务

一、奖励旅游的概念

奖励旅游（incentive travel）在 20 世纪初起源于美国，现在全球范围尤其是北美和欧洲广泛流行，并成为会奖旅游（MICE Travel）的重要支柱之一。作为会奖旅游的重要组成部分，奖励旅游在国际上已成为十分成熟的商务旅游产品。但由于各国历史、文化背景、产业发展成熟度，以及行业管理分类等不同，奖励旅游的内涵及外延界定存在一定差异，具有代表性的定义有以下几种：

《中国旅游百科全书》将奖励旅游概括为：一些组织单位为调动员工的积极性、增强凝聚力，举办的免费旅游。

世界奖励旅游协会将奖励旅游定义为：一种现代化的管理工具，目的在于协助企业达到特定的企业目标，并对于达到该目标的参与人员给予一个非同寻常的旅游假期作为奖励；也包括各大公司以旅游为形式，以市场开发为目的的客户答谢活动。

前一个定义强调了“免费旅游”，后一个定义强调了“管理工具”，将奖励旅游的“免费旅游”形式上升为管理工具，同时拓宽了奖励旅游所包括的内容，即它不仅仅是企业对员工的奖励，还有客户邀请团等奖励形式。

二、奖励旅游策划的一般程序

（一）奖励旅游策划前的准备

1. 奖励旅游的客源市场选择

（1）国际奖励旅游客源市场的选择。

有能力、有规律、较大规模地实施国际奖励旅游的部门和企业，一般都是实力较雄厚的大中型企业，特别是跨国公司，主要集中于高利润行业如保险业、汽车业、计算机业等。这些行业的企业是我国国际奖励旅游市场开拓的主要目标。

（2）国内奖励旅游客源市场的选择。

我国的奖励旅游是从外资企业及跨国公司发展而来的，其理念和作用在国内还没有得到充分认知，这为我国开发国内奖励旅游市场留下空间。这种情况下，选择相对成熟的奖励旅游目标市场比较合理。

2. 奖励旅游目的地选择

根据奖励旅游的需求和目的，在选择奖励旅游目的地时要考虑旅游吸引物、旅游服务、旅游设施、旅游可进入性等基本要素。最终的旅游目的地必须迎合参与者的偏好，因此在决策之前，有必要在参与者中间进行调研。

（二）奖励旅游的策划过程

1. 策划者提出奖励旅游企划案

（1）组建奖励旅游策划小组。

小组成员必须清楚组织者内部各个部门的职能分工，并能依此统筹策划各个部门在本次奖励旅游活动中的分工与协作。很多情况下，一次奖励旅游活动的策划小组是由活动组织者高层领导直接监督，由各个部门派出1~2个员工组成。

（2）确立目标和主题。

目标就是策划所希望达到的预期效果，这既是策划的起点，也是策划所要达到的终点。主题是对活动内容的高度概括，是目标的概念化。它是围绕本次奖励旅游活动目标，对整个奖励旅游策划与操作起指导和规范作用的中心思想。

（3）信息分析。

一般而言，奖励旅游策划者需要分析的信息包括以下三个方面：一是实施策划的主体自身信息，如自身的性质、规模实力、组织形象等，明确优势和机会，找出劣势和威胁，从而扬长避短；二是奖励旅游者的需要；三是奖励旅游市场环境。

（4）资金预算安排。

奖励旅游是一种很特殊的旅游活动，要求策划者根据企业所能承担并愿意承担的费用和企业的特殊需求，设计出令其满意的奖励旅游产品。

（5）行程设计与规划。

奖励旅游产品的打造应该遵循以下基本原则：第一，独一无二、非比寻常的原则，尽量提升奖励旅游产品的吸引力；第二，注意文化差异、配合奖励旅游理念的原则，针对不同文化、不同奖励旅游理念打造更具有针对性的奖励旅游产品；第三，消费层次性原则，满足不同消费层次的奖励旅游者的需求；第四，参与性原则，充分调动奖励旅游者的兴趣；第五，成本控制原则，满足企业对奖励旅游成本控制的要求。

（6）检查食宿、交通、设备安排。

根据行程设计与规划的要求，检查饮食、住宿、交通以及其他相关设备的质量及准备情况，确保其符合本次奖励旅游的要求，这将直接关系到本次任务的顺利完成以及完成的质量水平。

（7）专案执行方式与条件。

专案是活动全部行程中除去行程设计与规划之外的部分，是根据企业的特殊需求定制的。专案主要由两方面组成：一是企业要求的特殊行程，二是特殊的活动安排。

2. 委托企业预算审核

虽然策划者的行程活动规划是在对企业进行了评估与分析，了解了企业奖励旅游的基本方案，并就相关行程与企业反复沟通的基础上形成的，但当策划者拟好行程活动规划后，仍应充分与企业相关人员协商，按企业要求做适当修改，并在双方满意的基础上定稿确认。

3. 奖励旅游结束后的效果评估

（1）征询企业意见。

奖励旅游对企业而言，是一种有目的的旅游，效果评估结果直接影响到策划者与企业的持续合作。

（2）策划者自身总结。

在充分征询企业意见的基础上，结合自身表现和体会，对本次任务进行总结，找出成功经验、失败教训，提出改进的方案。

三、奖励旅游的管理重点

（一）奖励旅游企业的人力资源保障

奖励旅游是高级旅游市场的重要组成部分，奖励旅游从业人员的素质要求要高于常规旅游的从业人员，他们必须具有很高的团队合作能力及统筹运作能力，能真正、深入地考虑到客户的需求。但我国这方面的专业人才非常缺乏，这成为制约我国奖励旅游发展的一大瓶颈。因此，奖励旅游企业对奖励旅游人才的培训和发展尤为迫切。

（二）奖励旅游的安全管理

安全是奖励旅游顺利运行的重要保障，也是保证奖励旅游活动效果的必然要求。为了有效保障奖励旅游安全顺利进行，应在旅游活动过程中，对所有隐患进行排查，建立奖励旅游安全应急事件的对策机制。

1. 奖励旅游安全应急事件

（1）一般突发事件。

一般突发事件是指在奖励旅游过程中出现的普通突发事件，如拒签、护照遗失、物品丢失或被盗、人员走失等。

（2）重大突发事件。

重大突发事件是指在海外旅游过程中出现的严重突发事件，如重大伤亡事故、出入境受阻或被边防海关扣留、有组织的群体对立事件、恐怖袭击、严重的自然灾害、政治动乱或者传染疫情等突发情况，或者引发媒体极大关注并产生负面影响的事件。

2. 一般突发事件的应急处理

（1）护照丢失。

若发现护照丢失，应第一时间向活动总负责人汇报并与组团社取得联系。组团社与地接社及时与中国驻旅游目的地使馆联系，做好处理报备、补办资料及证明等工作。如果无法在返回时间内办完相关手续，企业及旅行社应安排当事人滞留期间的食宿及返程交通。如有必要，可安排旅行社工作人员陪同当事人直至问题解决完毕。问题处理完毕后，组团社应与当事人划分责任并协商承担相应的费用。

（2）人员走失。

若发生人员走失的情况，应报告旅游活动总负责人。联系走失人员，告知其待在原地等待。派一名工作人员及地陪前往接其返回团队。如果联系不上，应召集工作人员开会，回顾当日行程，找出最有可能走失的地点，分头去找。如 24 小时内没有结果，应选择报警并联系当地中国领事馆，并与走失人员家属沟通、处理后续事宜。

3. 重大突发事件的应急处理

（1）伤亡事故。

若发生重大伤亡事故，应坚持救援第一的原则，组织抢救工作，保护事故现场，将团员的生命财产损失降到最低。报告旅游活动负责人，做好后续各项配合工作，协助事故处理。

（2）出入境受阻。

冷静并配合边防、海关人员的正常例行检查，主动出示护照及其他身份证明材料，不与边防、海关人员发生言语或肢体冲突。如有紧急情况发生，组团社应跟进事件发展及处理，并请教地接社处理意见及方法，以避免影响团队行程。如需罚款则先由公司垫付；如被扣留则应配合海关，并安抚出团人员，视具体情况灵活处理；如遇到不公平待遇，应与旅行社配合向中国驻目的地使馆寻求帮助，采取合理措施维护相关权益。

第五节　节事活动的策划与服务

一、节事活动的概念

节事活动是指在特定时间和地点举办的重要活动。节事活动一般包含两部分，即节日庆典和大型事件。节事活动涵盖的内容很广泛，包括商务旅游或公司活动、展览和交易、娱乐休闲活动、节日庆典、政府活动、体育活动、市场推广活动、集会或会议等。

二、节事活动的策划

（一）节事活动形象定位策划

1. 节事活动形象定位

节事活动形象定位指使节事活动在利益相关者的心中占据一个独特的有价值的位置，它是制定各种营销策略的前提和依据，其本质是针对受众心理实行差异化传播。节事活动形象定位是一项繁杂的系统性工程。

2. 节事活动形象定位策略

（1）特色定位。

节事活动的特色最能吸引观众和赞助商，能够直接被受众感知，并给他们带来某些利益。尤其是在没有资源和产业优势的情况下，选择创造性的主题，才能吸引游客。

（2）功能定位。

根据节事活动的主要功能来定位，把节事活动功能中符合大众需求的一项或几项特别突出，经过策划进行定位。

（3）优势定位。

这种定位方法以活动的人才、技术、质量、管理、成就、资源或产业等优势因素作为定位的基础，展现其在规模、品味、质量、技术等方面的实力。

（4）理念定位。

这种定位方式以活动的理念为基础，在定位中阐明活动的宗旨和价值观念。理念定位有利于使全体项目成员树立共同的价值观念，从而培养和增强项目成员的凝聚力和向心力。

（5）逆向定位。

逆向定位即在定位时，有反其道而行的逆向思维。逆向定位策略可基于大型活动的功用、价位、服务和情感等方面展开。

（6）利益定位。

利益定位是指直接将节事活动能带给观众、赞助商、承包商等的主要利益作为节事活动定位的主要内容。这种利益包括生理利益和心理利益，物质利益和精神利益。

（二）节事活动主题策划

1. 主题物品

旅游节庆活动特别是文化节日、社会节日庆祝活动，一般应有与活动主题相吻合的具体实物，如潍坊风筝节的风筝，大连国际服装文化节的服装，青岛国际啤酒节的啤酒等，这些物品就是主题物品，它们是整个活动的灵魂与载体，承载着旅游节庆活动的主题和内容。缺乏实实在在的主题物品的旅游节庆活动，公众无法感知、无法“拥有”，产生不了参与欲望，活动的影响就比较有限。

2. 主题标志

吉祥物或象征图案的主要效用是标示活动、展示活动主题、烘托活动气氛和诱导公众情趣，让公众或心潮澎湃，或庄重肃穆，或兴奋激动。为了形象直观地展示旅游节庆活动的主题，诱发公众的参与心理，组办方应在认真审视活动主题的前提下，根据公众的审美情趣创作具有文化韵味和形象特色的图案或实物，作为旅游节庆活动吉祥物或象征图像。

3. 主题典故与趣闻

根据旅游节庆活动的主题，挖掘出相关的典故与趣闻，有利于烘托整个旅游节庆活动的主题，提升活动的文化品位，增强活动的吸引力。如情人节的典故就妙趣横生，充满了人文色彩和美好情趣。在旅游节庆活动中，将这些典故整理成一个个完整的故事，并形象地展示出来，不仅可以烘托活动主题的文化品位，而且可以满足公众的求知心理，从而更好地实现旅游节庆活动的目标。

4. 主题氛围

活动氛围，即基于某种文化理念而营造出来的场面特色，主要包括活动场地的基调、音乐音响和装饰色调等。旅游节庆活动的基调应以欢快喜庆为主旋律，同时突出文化性，以节日文化的魅力与欢庆为突破口，开展旅游节庆活动；音乐、音响和装饰色调对于烘托节庆活动的现场气氛、影响公众的欢快心态具有重要的作用。

（三）节事活动标志策划

1. 名称策划

在节事活动的名称策划上，首先要注意语言艺术，听起来易于理解、记忆，并且有一定的震撼力，让人产生愉悦的心理，说起来朗朗上口，在用词上考虑到与时代接轨，富有时代感；其次要具有法律效力，不侵犯他人的知识产权，也让自己的品牌免受侵犯；最后要具有促销、广告和引导作用。

2. 会徽策划

会徽应具有强烈的视觉冲击力，一般由文字、彩色和图案构成。会徽上的标准字可使用中文或外文，要求字符之间宽窄适中、线条合理、造型优美，产生强烈的表现力。色彩上鲜明、丰富、奥妙无穷，考虑色彩反映的文化习俗，把握色彩传统心理与时代意义的平衡与融合。图案设计应富有个性化，能丰富和补充前两者的形象意义，使视觉效果更强烈。

3. 口号策划

口号贯穿整个活动的始终。口号策划的基本要求通俗易懂、简洁明了，有号召力和感染力；与名称、会徽一起创意和使用；反映活动最本质的特性。

4. 吉祥物策划

节事活动的吉祥物应符合一定的基本要求。首先，应具有鲜明的地方特色和时代特征，创意及构图新颖独特、色彩明快、清新亮丽。其次，从名字到形象都应具有广泛的内涵和代表性。再次，体现活动理念和热情好客的精神风貌，体现举办活动的精神，传达获得举办理念和主办城市的历史文化及人文精神，营造节日氛围，显现活泼可爱、热情亲切、吉祥欢乐的独特形象和艺术魅力。最后，吉祥物必须有利于英文表达。

三、节事活动的现场管理

（一）功能分区

场地布置需要综合考量活动从开始到结束期间观众、演员、工作人员进出与使用的各种设施的搭建。它涉及舞美设计与场地功能分区等工作。一般节事活动的场地包括以下几个功能分区。

1. 舞台区

舞台区几乎是所有节事活动的视线集中点，它位于活动场地的中心或最前方，目的是能够让所有观众在无视线干扰的情况下欣赏节事活动的表演、娱乐等活动。此外，舞台区是舞美设计着重考虑的区域，需要考虑背景板、灯光、音响、投影、装饰、鲜花等各方面的因素。

2. 观众区

观众区的搭建需要根据参加者的不同类型进行分区，通常可以分为贵宾席、观众席和媒体席三种。贵宾席通常为视野最好的区域，有时还会提供更好的桌椅和茶水。观众席通常要考虑实际参加的人数，结合场地的面积进行布局。媒体席的选择与设置通常要考虑媒体拍摄新闻照片或图像的角度，通常会安排在会场最后或二楼前排区域，同时提供足够的电源供其使用。

3. 餐饮区

为更好地服务活动现场，需要考虑增设相应的配套设施：餐饮区可以供应饮料、小吃、酒水、主食等。

4. 卫生间

活动场地的厕所可分为固定厕所与流动厕所，应根据人数比例考虑厕所的数量。为避免活动现场的人流拥挤，通常每 150 名观众需要提供一个厕位。女性厕位应多于男性厕位，一般超出二分之一左右。此外，厕所分布的位置也应有合适的考虑，通常距离整个活动场地的节点性位置（如出入口或人流集中的区域）有一段距离。

（二）布置形式

在安排座位时，应根据座位的类型（可以移动座位还是固定座位）、观众数量、观众（尤其是残疾人）入座方式、安全因素等设置座位形式。应特别注意过道位置和大小设置，对舞台或视听设施的视线等影响。

1. 剧院式

这种布置形式就像剧场，最前面是主席台，主席台有若干个座位。观众座位围绕主席台，有正面向座位、左面向座位和右面向座位之分，也可以有楼上座位。小的剧场式可以只有正面向座位。大的剧场式可容纳数千个座位，而且场地设施系统完备，往往有先进的视听设备，甚至配有同声翻译设备。

2. 教室式

这种布置与学校教室一样，最前面是投影屏幕或白板（或两者皆有），接着是主席台，主席台后面是桌子和椅子，中间留有 1~3 个过道，方便演员走进观众中间与大家交流，烘托场面气氛。每一排的长度取决于场地的大小及出席的人数。

3. 宴会式

这种布置方式有利于调动与会者的积极性，多用于与酒会、饮食结合在一起的活动。

4. 体育馆式

大多数赛事都采取体育馆式布置形式，座位设置在赛场四周，这样布置座席能提高观众对比赛的参与度。

5. T形台式

T形台式能将主席台延伸向观众区，三面为观众席所环绕，能拉近表演者和观众的距离，便于欣赏。如模特服装表演、部分体育赛事采取这种场馆布置模式。

6. U形与马蹄铁形

这两种布置形式可以把观众和表演者连在一起，观众和表演者的位置距离很近，相比较而言，马蹄形的布置形式把表演者和观众的距离拉得更近一些，感觉更随意些。

（三）装饰要求

1. 舞美设计

舞美设计不仅要美化演出环境，更体现活动意境。这里所说的意境，是基于活动主题，把时间、地点、气候、活动气氛、人物情绪、时代特色和地方色彩等，在服从演出总体构思的前提下，运用色彩、线条、光线等要素创造出契合活动的演出环境氛围。设计者要拥有独特的审美能力、丰富的史学知识和设计技巧，才能驾驭千变万化的舞台。

2. 布景和道具

布景和道具像演员一样重要，它们不仅配合参与演出，而且是演出的重要组成部分。活动布景设计的好坏与表演主题是否协调统一非常重要，随着时代的发展，布景越来越富有动感和时代性。背景板和横幅是活动的标志物，大多数活动在主席台上都设有背景板或挂有横幅。背景板应清晰展示活动的徽章、活动的名称（中英文）、举办时间和地点及活动的主办单位。

3. 灯光

舞台灯光应具备以下几种功能：一是视觉照明，这是灯光的基本功能，使观众得以清楚地观看到舞台；二是突出人物，这项功能主要通过舞台追光来实现；三是加强美感，在灯光、舞台布景、服装、化妆等多要素的联合作用下，将观众带入特定氛围。

4. 特技效果

随着科技的发展，活动组织者可根据活动主题或舞台展示需要，适当引入特技效果，增强活动的氛围感和科技感。

《案例》

青岛：“啤酒文化+节庆旅游”融出时尚与活力①

2019年7月26日，以“活力啤酒节”为主题的第29届青岛国际啤酒节在山东青岛举办。本届青岛国际啤酒节人气更加火爆，崂山会场开幕3天迎客10万人次，西海岸新区金沙滩啤酒城开幕仅1周便迎来游客203.6万人次，生动地诠释着节庆旅游的强大活力。针对啤酒节的显著带动作用，近年来，青岛市更加注重对这一品牌旅游节会的打造，通过提高办节品质、创新节会内容、建立联盟合作机制等，不断为啤酒节注入活力，推动这一节会成为城市特色形象的重要符号。节庆活动能够在短时间里汇聚大量游客，但也会带来拥挤踩踏风险、食品安全隐患、会场环境脏乱差等问题。走过了29年的青岛国际啤酒节也曾存在一些问题，但随着办节理念提高、技术手段更新以及节前谋划部署日益周密，近年来游客在啤酒节中的体验越来越好。

在本届青岛国际啤酒节期间，崂山会场树立起“花园型、开放式、高品质、休闲化”的办节理念。发展到今天，青岛国际啤酒节已经成为一个以啤酒之名，汇集旅游、美食、音乐、购物、论坛等的综合性节会。在这里，由俄罗斯、墨西哥、波兰、美国等国家的团队组成的高跷、风笛、酒娘、彩色鼓手等巡游队伍营造出浓厚的节日氛围；啤酒大棚里，来自全球的1 400余款品牌啤酒和各地美食让四海宾朋尽享激情与欢乐。

青岛国际啤酒节在节会内容上的设置也是亮点频出。西海岸新区会场金沙滩啤酒城推出了大型花车巡游活动，19辆造型别致的大型花车在城内轮番巡游，先进的声、光、电技术及动感装置，在夜幕下显得格外流光溢彩，给观众带来视觉盛宴。同时，这里还推出了沙滩篮球嘉年华、支付宝生活市集、VR竞技、机器人大赛、凤凰之声国际音乐季等400余场活动。

作为第29届青岛国际啤酒节重要活动之一，本次活动新增设的国际啤酒节联盟节会展示活动也非常亮眼。在活动展厅内，设置了多国啤酒文化展区，展现出了中国青岛、德国慕尼黑、美国丹佛和加拿大多伦多四大国际啤酒节独具特色的节庆文化，如德国慕尼黑十月节展厅展示了阿尔卑斯山北麓风光、巴伐利亚风格服饰、独有的马靴啤酒杯等，让广大市民、游客大开眼界。

“啤酒连着友谊与合作，旅游通达了五洲四海”，在文旅融合的背景下，国际啤酒节联盟合作机制的建立，为跨国互动、携手共赢创造了新契机，也为各国的城市旅游繁荣发展开辟新途径。世界三大啤酒节与青岛国际啤酒节共同发起建立国际啤酒联盟的合作机制，实现了世界知名啤酒节的历史性握手，为青岛国际啤酒节注入了全新的活力，搭建了啤酒文化的交流和合作平台，对世界啤酒文化长远发展具有深远意义。

① 改编自肖相波的《青岛：“啤酒文化+节庆旅游”融出时尚与活力》。

复习与思考：

1. 简述会展旅游的特征。
2. 论述会展服务及现场管理的内容。
3. 简述会议的主要类型。
4. 论述会议期间的工作执行内容与流程。
6. 简述会后评估与总结要求。
7. 论述奖励旅游策划流程和重点。
8. 简述节事活动的策划内容。
9. 分析节事活动的现场管理内容。

第七章 旅行服务接待管理

■学习目标

了解旅行中介的类型、产业链体系
了解在线旅游的概念、主要类型和特征
掌握在线旅行社（OTA）及其业务
掌握线下旅行社接待业务的特点和流程
了解出、入境旅游的概念
掌握出、入境旅游的主要服务内容及流程
核心概念：旅行中介、在线旅游、OTA、旅行社接待业务、出境旅游、入境旅游

第一节 旅行中介的类型

一、旅行社及其职能

旅游者在旅行过程中需要旅游接待企业提供食、住、行、游、购、娱等相关服务，这些服务的设计、采购、组合等通常由旅行社这类专业的中介组织完成。旅行社是服务性企业，主要业务是招徕和接待旅游者，并向旅游者提供相关服务。

国务院发布的《旅行社条例》（2009）指出，旅行社是从事招徕、组织、接待旅游者等活动，为旅游者提供相关旅游服务，开展国内旅游业务、入境旅游业务或者出境旅游业务的企业法人。旅行社的管理活动主要表现为三个方面，即招徕旅游者，完成旅行业务的营销；对已经实现交易的旅游者进行组织和管理；当旅游者到达目的地时，旅行社还需要对旅游者进行业务接待。

（一）旅行社的性质

《旅行社条例》对旅游业务做了明确规定："旅游业务是指为旅游者代办出境、入

境和签证手续，招徕、接待旅游者，为旅游者安排食宿等有偿服务的经营活动。”由此可以看出，旅行社具有以下性质：第一，旅行社是以营利为目的的企业；第二，旅行社的业务是为旅游活动提供服务；第三，旅行社是中介服务机构。

（二）旅行社的职能

旅行社是为旅游者提供相关服务的专门机构，所以旅行社最基本的职能是设法满足旅游者在旅行过程中的各种需要。不同类型的旅行社业务范围不同，在职能方面存在一定的差异，但一般来说，旅行社都具有以下五种职能。

1. 生产职能

旅行社的生产职能是指旅行社设计和组装各种包价旅游产品。旅行社以低于市场的价格，向旅游服务部门和企业批量购买旅游者所需要的各种服务项目，再将各种服务项目进行组合加工，并融入旅行社自身的服务内容，从而形成全新的、具有旅行社独有印记的旅游产品。

2. 销售职能

旅行社的销售职能表现在两个方面：第一，旅行社要在旅游市场销售本旅行社设计和组装的旅游产品，获得经济收益，维持自身的生存和发展；第二，旅行社在旅游服务供应部门与旅游者之间充当媒介，代旅游服务供应部门向旅游者销售各种单项服务项目，从而使旅游产品通过旅行社这一销售渠道顺利进入旅游消费领域。

3. 组织协调职能

旅行社生产的旅游产品所涉及的部门和行业很多，不仅涉及旅游住宿、旅游餐饮、旅游交通、旅游景点等旅游服务供应部门和企业，还涉及海关、保险公司、边防检查、公安部门等。旅行社为了确保旅游者的旅游活动能够顺利进行，就必须在旅游业各部门和企业之间及旅游业与其他相关部门之间进行大量的组织和协调工作，保障旅游者在旅游活动过程中各个环节的衔接和落实。

4. 分配职能

旅行社的分配职能主要体现在两个方面：一是合理分配旅游者的支出。旅游者在旅游活动过程中的消费是多种多样的，尤其是购买包价旅游产品，旅游者将一次性预付全部或部分费用。这就意味着旅行社应根据旅游者的要求在各种旅游服务项目之间合理分配旅游支出，最大限度地满足旅游者的需要。二是对提供服务的部门进行旅游收入分配。旅游活动结束之后，旅行社还应根据各服务供应部门和企业在接待过程中所提供服务的数量和质量，合理分配旅游收入。

5. 提供信息职能

旅行社一方面应及时、准确、全面地将旅游目的地各相关部门的最新发展和变化传递到旅游市场，以促使旅游者选择和购买旅游产品。另一方面，旅行社通过销售和接待，对旅游市场发展趋势以及旅游者的需求变化、爱好和意见等情况了解得较为全面，旅行社将这些信息及时提供给有关部门和企业，有利于他们调整产品结构、改善服务质量、提高经营管理水平，更好地满足旅游市场的需求。

二、旅行社的分类

随着旅游业的不断发展，旅行社的行业规模日益扩大，经营范围日趋广泛。由于不同国家和地区的历史、文化以及传统习惯、社会制度不同，旅游业发展的状况也不同，使得世界各国、各地区的旅行社在规模、经营范围、产品品种等方面存在较大的差异。因此，世界各国对旅行社的划分也各不相同。

（一）西方国家旅行社的分类

西方国家的旅游业，将旅行社按业务范围划分为三类。

1. 旅游批发商

旅游批发商是指从事批发业务的旅行社或旅游公司。旅游批发商根据市场需求，设计各种旅游产品，大批量地订购有关旅游企业的产品和服务，然后将这些单项产品或服务经过加工组合形成包价旅游产品进行经销。作为经销商，其利润来自包价旅游产品的成本加价。批发商不直接向旅游者出售产品，而是通过从事零售业务的中间商将产品出售给旅游者。

2. 旅游经营商

在西方许多国家中，旅行社业内人士通常将旅游批发商和旅游经营商视为同一类型的旅行社或旅游公司。旅游经营商与旅游批发商的不同之处仅仅在于旅游经营商除了通过从事零售业务的中间商销售自己的产品之外，还有自己设立的零售网络，换言之，旅游经营商也直接向旅游者销售各种包价旅游产品。

3. 旅游零售商

旅游零售商是指向旅游批发商或旅游经营商购买旅游产品，出售给旅游者的旅行社，即从事零售业务的旅行社。旅游零售商扮演着双重角色，它一方面代表旅游者向旅游批发商或有关旅游企业购买旅游产品；另一方面又代表旅游批发商向旅游者销售产品。它的具体业务是：①向潜在的旅游消费者提供旅游咨询服务；②预订交通、食宿、游览和娱乐门票等；③销售旅行票据和证件；④发放旅游宣传品。

（二）我国旅行社分类

根据国务院发布的《旅行社条例》，我国旅行社按照经营业务范围划分为国际旅行社和国内旅行社两类。

1. 国际旅行社

国际旅行社是指经营入境旅游业务、出境旅游业务、国内旅游业务的旅行社。其经营范围包括：

①招徕外国旅游者来中国，华侨及香港、澳门、台湾同胞归国及入境旅游，为其代理交通游览、住宿、购物、娱乐事务及提供导游、行李等相关服务，并接受旅游者委托，为旅游者代办入境手续。

②招徕我国旅游者在国内旅游，为其代理交通、游览、住宿、饮食、购物、娱乐事务及提供导游、行李等相关服务。

③经文化和旅游部批准，组织中华人民共和国境内居民到外国和我国香港、澳门、台湾地区旅游，为其安排领队、委托接待及行李等相关服务，并接受旅游者委托，为旅游者代办出境及签证手续。

④经文化和旅游部批准，组织中华人民共和国境内居民到规定的与我国接壤国家的边境地区旅游，为其安排领队、委托接待及行李等相关服务，并接受旅游者委托，

为旅游者代办出境及签证手续。

⑤其他经文化和旅游部规定的旅游业务。

2. 国内旅行社

国内旅行社是指专门经营国内旅游业务的旅行社，其经营范围包括：

①招徕我国旅游者在国内旅游，为其代理交通游览、住宿、饮食、购物、娱乐事务及提供导游等相关服务。

②为我国旅游者代购、代订国内交通客票，提供行李服务。

③其他经文化和旅游部规定的与国内旅游有关的业务。

三、旅行中介业务的产业链体系

旅行社的业务已从传统意义上的旅游产业六要素“食、住、行、游、购、娱”，拓展至体育、会议、养生、媒体广告、组织、配套等。而这些要素构建了整个旅游产业的产业链体系。旅游产业链结构分为“纵向产业链体系”和“横向产业链体系”两种。

（一）纵向产业链体系

这个体系主要由上游核心企业和下游节点企业组成。

如图7-1所示，上游核心企业主要为旅游供应商、大型旅游运营商和旅游代理商，组成了纵向产业链中的产业供应链部分。上游各个核心企业是旅游者和旅游目的地的中介，由旅游供应商作为“旅游资源整合者”提供旅游产品资源，由旅游运营商对资源进行整合并且帮助旅游产业制定产品和渠道策略。旅游代理商是旅游产品的“分销商”，将旅游产品销售给消费者，并作为消费者与旅游目的地的中介组织将游客直接与旅游目的地关联起来。

下游的节点企业为旅游服务供应商，供应商直接对旅游者负责。因此这类节点企业大多以横向关联方式直接面对旅游者，为其提供旅游产品或其他服务。下游节点企业的作用在于完成旅游者对旅游目的地的期望，通过其服务满足消费者对旅游产品的消费价值，并收获良好的旅游体验。

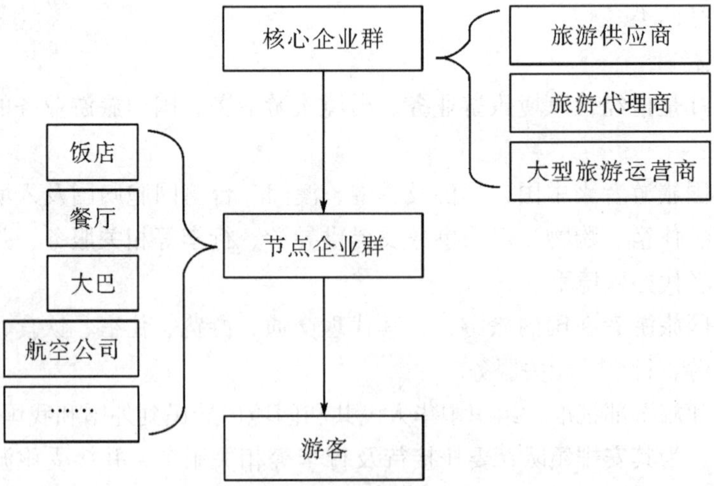

图7-1 纵向产业链体系

纵向产业链的缺点也很明显：节点企业在旅游产业链结构中各自为政，盲目追求利益容易做出损害同业者共同利益的决策，并且在市场竞争激烈的情况下往往会引起市场混乱，如恶性价格竞争、三角债。

（二）横向产业链体系

如图 7-2 所示，横向产业链主要是旅游产品市场的宏观产业链。在分为上游核心企业群和下游节点企业群后，上下游企业会进行通过延伸或一体化的方式兼并、重组等扩大产业范围。为了保持旅游产品市场的稳定性，上游企业群和下游企业群纷纷组成联盟，整合并提高市场势力，增加垄断利润，减少横向分散的风险。

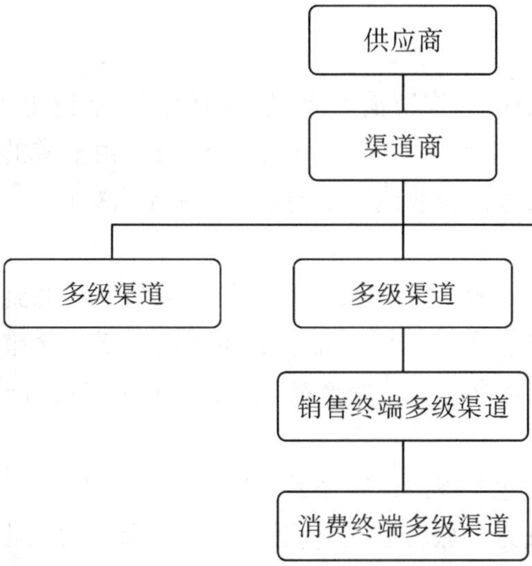

图 7-2　横向产业链体系

旅行业务的渠道商存在多样选择，因而出现了横向延伸，这种横向产业链在我国比较普遍，并与纵向产业组织结合，形成综合产业链。

第二节　在线旅行服务

一、在线旅游的概念和主要类型

（一）在线旅游的概念

在线旅游（online tourism）是指旅游者通过在线旅游平台进行信息查询、产品预订、网络分享等活动。在线旅游平台是依托互联网技术，为旅游者提供各项线上服务并从中获取效益的网络平台，在线旅游行业涉及面广泛，包括航空、铁路、租车、酒店、景区、海内外旅游局、旅游签证等服务供应商以及 OTA、通信运营商、旅游咨询和社区网站等搜索引擎。在线旅游是互联网与旅游业跨界融合的新业态，在理解在线旅游内涵时要注意：①正确理解在线旅游的旅游者行为范畴和在线旅游平台概念。在线旅游并不是旅游者通过网络的方式进行旅游，它与旅游者足不出户进行虚拟现实旅游活动存在本质差别。②在线旅游归根到底仍然是旅游服务型行业，不是旅游活动的提供主体。在线旅游是将传统门店旅游服务和旅游咨询进行线上整合，给旅游者提供了获取信息的新途径和新的支付方式。③在线旅游行业是以互联网技术为基础的电子商务行业，不能离开互联网平台而独立存在。

（二）在线旅游服务的主要类型

我国在线旅游行业兴起至今，各大在线旅游企业都在不断开发新产品，成为我国传统旅行服务的现代化延伸。根据我国在线旅游企业现有服务产品情况，大致可以将其分为六大类型，分别是提供专项旅游产品、旅游碎片产品、定制咨询、陪游平台、旅游社群、行程助手。

1. 专项旅游产品

专项旅游产品是指在线旅游企业为旅游消费者提供的旅游产业链上的专项服务，如机票预订、酒店预订、旅游度假产品等。上述专项服务既可以由上游的旅游供应商直接提供，也可以由中游的旅游渠道商企业或下游的媒介营销平台提供。

2. 旅游碎片产品

旅游碎片产品又称目的地旅游产品或小包装行程，是指贩售一小时到一天的短暂行程相关产品，包括景点交通接送、景区门票、短期成团活动，不包含旅游客源地到目的地交通、行程住宿等个人化选项服务，这类产品更适合年轻的自由行游客。

3. 定制咨询

定制咨询服务又称达人定制或达人咨询，它是运用当下流行的“明星效应”，将传统旅游行业的服务咨询人员塑造成为“旅游达人”，让旅游达人参与大量旅游活动，通过在线旅游平台宣传营销，成为旅游消费者心中的“旅游百事通”，然后由他们为旅游者提供咨询服务或者根据旅游者详细具体的要求为他们设计相应的旅游活动。这类产品收费较高，以高端旅游消费群体为主要目标市场。

4. 陪游服务平台

陪游服务平台又称为私人导游服务，根据旅游者具体需求选择导游提供陪游服务，导游只需要为小规模甚至一两名旅游者提供导游服务，活动中以游客意愿为主导。陪游平台目前在康养旅游市场、研学旅游市场应用前景较广，例如，当地康养师为老年人提供私人导游服务和康养生活服务等。

5. 旅游社群

旅游社群是基于游客行程分享、游客心得分享与评论，并依照旅游目的地进行分类的游客社交分享平台。这类平台提供的服务以信息服务为主，用户可以根据自身需要在平台上寻找感兴趣的或者自身需要的信息，信息资料大多来自旅游者一手分享，这对用户而言更具说服力和可信度。此外，此类平台还提供用户之间相互沟通和咨询的渠道，游客可以在平台上交友、结伴出行，因此成为自由行用户较依赖的在线旅游信息平台。

6. 行程助手

行程助手是为旅游者推荐旅游行程的智能平台，旅游者先在这类产品上选择想要去的地点后，系统可以迅速为用户提供旅游目的地旅游景点建议、酒店预订建议，也可以为用户规划出旅游线路。用户可以根据平台所提供的信息进行进一步的属性设定和调整，平台进一步智能推荐更加适合用户需求的产品，用户可以在平台上完成预订、支付等行为，为旅游者带来极大的便利。

（三）在线旅游服务的特征

1. 市场开放度高

市场开放度高即进出门槛低。在线旅游涵盖了涉及旅行服务的所有层面，因此每个环节都可以成为进入或退出市场的突破口。这一特点使在线旅游行业同质性平台和产品较多，竞争激烈程度日益增强。

2. 服务不受时空限制

在线旅游平台依靠 PC 端和移动端进行运营和售卖，和传统门市规定的工作作息时间相比，在业务处理的时间和空间上不受限制。移动端技术越来越普及和发达，用户可以随时随地访问在线旅游平台，进行信息获取、产品预订和支付处理。

3. 业务集中性强

在线旅游平台高度整合了旅游市场供需链的所有产品，尤其是大型在线旅游供应商，一个平台即可提供旅游者所需要的所有服务。与传统服务单一、功能有限的旅游门市相比，在线旅游平台中的产品可选择性广，受理效率大幅度提升。

4. 客户受众面广

在线旅游依靠互联网平台，操作简单、服务便捷。对于无法前往旅游门市咨询的国际游客而言，在线旅游平台是其了解其他国家旅游资讯的主要平台。因此，在线旅游客户受众面除了国内旅游市场外，还有国际游客市场。

二、在线旅游产业链上的专项服务

（一）在线旅游产业链

在分工不断深化的趋势下，我国在线旅游产业也形成了多种主体组成的产业链（见图 7-3）。旅游产品从设计生产到最终消费的一系列传递过程，由上游旅游产品供应商、中游渠道商企业、下游媒介营销平台和最终旅游消费者四个部分组成。

（二）在线机票预订服务

在线机票预订，是指消费者通过在线旅游服务提供商的网站提交预订订单，提交成功后，消费者通过网上支付得到电子机票。结合中国在线旅游的现状，从在线旅游服务提供商的网站查询，并通过呼叫中心（Call Center）预订成功的交易，也算网上订票交易。

（三）在线酒店预订服务

在线酒店预订，是指消费者通过在线旅游服务提供商的网站提交预订订单，提交成功后，消费者通过网上支付或者凭预订单号直接到预订的酒店前台付费。结合中国在线旅游市场的现状，从在线旅游服务提供商的网站查询，并通过 Call Center 预订成功的交易，也算网上订房交易。

中国在线酒店产业链由上游产品供应商、渠道商、新预订新营销渠道和最终用户这四个部分构成。上游产品供应商包括国内酒店、国际酒店、特色酒店等，如锦江之星、洲际、布丁酒店等，它们构成了上游庞大的酒店供应群。渠道商主要有批发商、代理商，如携程、去哪儿等，此外，还包括全球分销系统。大型的批发商与代理商通过信息或半信息手段对全国主要城市和地区的核心酒店进行覆盖，订单量相对较大，区域型、小规模的批发商掌握部分有价格优势的酒店资源或渠道；中小规模的代理商通过接入前两者代理商或者全球分销系统进入酒店的分销部分。新预订、新营销渠道主要包括电商平台，如QQ网购、京东、淘宝等。电商企业通过接入大型批发商或代理商等酒店库存，完成向综合型平台的扩展。

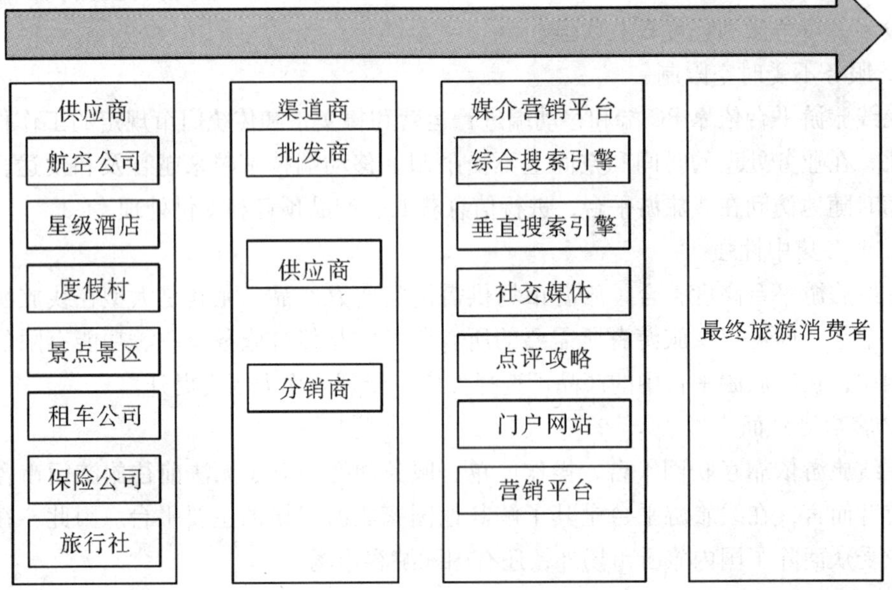

图 7-3　中国在线旅游产业链

随着行业竞争的加剧，在线酒店预订企业分工越来越细，存在多种经营模式。企业开始向产业链上下游延伸。携程向下游延伸，与垂直搜索引擎去哪儿网合作拓展渠道，入驻淘宝平台。去哪儿网向上游延伸，与酒店合作，开展直营业务。

（四）在线旅游度假预订服务

近年来，在线旅游度假市场稳步发展，成为在线旅游热度最高的版块。在线旅游度假产品主要有主题旅游、海岛旅游、邮轮旅游三种。随着生活水平的提升，消费者对度假的要求也逐渐提升，这使度假产品不仅要满足大众市场的休闲娱乐需求，还要满足细分人群的差异化需求，主题度假旅游产品由此得到发展。针对不同细分人群，主题度假旅游产品分为亲子游、蜜月游、购物游、游学游等。

三、OTA及其业务

（一）OTA的概念

OTA，即“在线旅行社”（online travel agency），是以线上旅行业务为基础形成的旅行机构。OTA作为电子商务时代下的产物，其旅游产业链与传统旅行社存在一定差异。

（二）OTA 的特点

1. OTA 市场集中度不断提升

据艾瑞咨询数据显示，2013—2017 年 OTA 市场规模以平均每年约 23%的增长率持续增长，企业间为争抢市场份额，避免两败俱伤而进行并购。2015 年 5 月携程以 4 亿美元出资收购艺龙，同年 10 月携程与去哪儿合并。2016 年 6 月同程合并重组万达旅业，同年 10 月携程与旅游百事通联合。2017 年，同程和艺龙宣布合并。发展至今，国内 OTA 市场大体呈现携程、阿里飞猪和美团三足鼎立的局势。迅速扩大的市场规模以及不断集中的企业品牌，都标志着不断成熟的 OTA 通过行业整合走向规模效益。

2. OTA 突破传统旅行社的供应链模式

OTA 突破传统旅行社供应商、经营批发商、分销商、代理商和零售商的供应链模式，供应商-OTA-顾客的模式既减少了中间环节，降低了运营成本，又向其他互联网应用领域无限延伸，实现供应链企业双赢。互联网旅游金融、租租车平台、直播平台等纷纷与 OTA 进行合作，使得 OTA 的结构向多元化和创新方向发展。

3. 单项产品加一站式服务机制

OTA 与传统旅行社的不同之处在于 OTA 将旅游产品拆开，放在 OTA 平台上供游客自行选择。在信息高度透明的前提下，顾客可以货比三家后再做决定。游客从过去走马观花式的旅游转向追求旅游的体验感与新鲜度，个性化成为旅游的核心要素。而 OTA 基于用户原创内容（user generated content，UGC）模式，为游客提供他人消费体验后的旅游产品推荐，并提供包括景点门票、车票、酒店在内的出行前、中、后的一站式服务，满足了不同游客的消费需求。

（三）OTA 的业务运行

OTA 的业务运行方式主要有三种：一是分销旅游供应商，或者传统旅行社和渠道商的旅游产品，按单收取佣金；二是整合供应商等上游资源形成平台产品销售；三是通过 UGC 和网络平台获得宣传和媒体优势，实现用户与产品之间的网状链接。

现在，OTA 已经主导了旅游供应链，并成为产业链上下游的关键点，其主要原因是 OTA 行业通过平台建设满足了消费者对于一站式购物的需求，这种一站式购物与传统的纵向延伸相似，即将产品不断健全，使消费者更加方便、快捷地完成消费。

（四）OTA 对传统旅行社的冲击

1. 传统旅行社的代理功能被弱化

在传统的旅游价值链中，游客主要通过旅行社获取目的地信息。OTA 的出现打破了信息的不对称，加之在线旅游评价体系的建立健全使得旅行中的一些不当行为通通显现。传统旅行社丧失了信息与价格上的绝对优势，信息公开与价格筛选高度自由化的 OTA 甚至完全可以取代传统旅行社的代理功能。

2. 旅游供应商与传统旅行社逐渐脱离

过去旅游供应商与消费者之间的信息传递全部通过传统旅行社进行。由于传统旅行社在信息传递过程中的不可替代性，供应商不得不以更低的价格与旅行社进行交易。然而 OTA 的出现使供应商能够跳过传统旅行社直接在 OTA 上发布旅游产品，从而提高其竞价能力，拥有更大的营利空间，这促成旅游供应商积极主动地与传统旅行社脱钩。

第三节　线下旅行社接待

一、旅行社接待业务的特点

1. 综合性和时效性

旅行社接待一个旅游团（者）是一项相当复杂的工作，需要从人力、物力、财力和时间上综合考量，才可能在接待过程中少出差错。

2. 规范化和个性化

文化和旅游部颁布的《旅游行业对客人服务的基本标准》规定了旅游接待必须达到住宿定点、餐饮定点、购物定点，接待服务一定要按照规定的程序完成。但是旅游者因为国家或地区、价值观念、宗教信仰、生活习惯等差异，旅游需求各有不同，为保证接待质量，需提高服务的规范化和个性化。

3. 文化性和趣味性

现代旅游不仅是观光、休闲、度假活动，还包含了解异国他乡的异质文化和增长阅历的动机。从文化角度来看，旅游的本质就是体验异质文化，因此要通过健康的导游内容与具有趣味性的导游方式来帮助旅游者实现旅游目的。

二、旅行社门市接待管理

旅行社门市接待是旅行社服务接待工作的第一线，旅行社做好门市接待工作对整个旅行社的经营管理活动意义重大。门市接待员应以最佳工作状态接待来访客人以及电话咨询的客人，耐心向他们推荐、介绍旅游产品，为他们提供合理的建议，协助他们签订旅游合同，并积极收集游客的意见反馈，解答游客的疑问。

（一）旅行社门市接待服务流程

1. 咨询服务接待

咨询服务的步骤为：谈话（电话）倾听需求—预测游客动机—提出方案—展示线路—预订产品—编制旅行日程表—核定产品价格—商议购买事宜。

2. 销售手续办理

确认购买后，旅行社门市接待员应把所发的路线准备好，给客人报价；签订旅游合同时要提醒客人仔细查看行程内所有包含项目、不包含项目、自费项目等，以确认行程，并根据顾客年龄填写相应的协议；及时给客人上保险（自愿），给客人安排交接。手续办理完成后要给客人开具收据或发票，提供一式三份的旅游合同、确定的行程单、旅游告知书、保险单证、旅游包等。

3. 售后服务

售后服务包括将客人的资料归档，将团号、日期、人数记在动态板，将客人资料写入名单表，报名资料录入电脑，并通知相关业务人员；接受游客投诉，将所掌握的投诉迅速而有效地转告专门的投诉处理部门和管理者，并及时把处理结果反馈给游客；

收集、整理游客的反馈信息，对游客的旅游偏好、个性化要求、旅游接待的意见和建议等进行综合整理，形成文字备案，为后续客户关系管理奠定基础。

（二）旅行社门市接待员素质和能力要求

1. 良好的职业道德和思想政治素质

强化门市接待员的职业道德和思想政治素质是旅行社门市接待管理的立身之本，也是培养高素质员工的着眼点。尤其是旅行社接待工作具有很强的涉外性，经常会接待外国友人，因此接待员必须具有高度的政治素养，时刻维护我国的国家利益和民族尊严，树立中国形象，宣传中国传统文化。门市接待员应真诚对待每一位客人，严格遵守规章制度，给顾客留下良好的印象。

2. 过硬的职业技能和业务素质

接待员要能准确理解游客的需求，为游客提供咨询服务；能熟练使用各种办公设备，完成游客资料的登记；能管理游客的基本信息；能熟练介绍相关旅游产品信息并运用多种销售方法推介产品；能按操作规程熟练完成旅游产品预订；熟悉国内游的目的地和主要的旅游线路、景点、航班、酒店等细节，熟悉旅游产品的供应商、地接社，熟悉操作报价和出团安排，熟悉合同法的相关内容，按照规程执行顾客的委托，准确地进行款项结算；能妥善处理顾客的一般投诉。除此之外，接待员还必须具备良好的语言表达、沟通协调和处理人际关系的能力，善于控制情绪和处理突发事件等。

3. 较强的专业知识和学习能力

旅行社门店接待员每天面对来自五湖四海的客人，游客很可能提出各种各样的问题，接待员必须懂得回答，或者懂得如何去寻找答案。对客人来说，旅行社门店接待员不仅精通各种旅游专业问题，也能够回答一些风土人情、历史地理、新闻时事等问题。因此，旅行社门店接待员需要有很强的自学能力并乐于学习，不断通过阅读、上网学习或培训等方式提升自己，为游客提供更优质的服务。

三、旅行社团队旅游接待

团队旅游接待是旅行社接待业务的一个方面，它是一个系统工程。团队旅游接待的业务范围包括导游人员的选择和安排，活动日程的落实，交通工具、住宿、餐饮标准的保证以及和沿线各游览点接待社的联络等。

（一）旅行社接团程序

1. 准备阶段

首先，当接团社接到组团社发来的预报计划后，或者接待部门从外联部门拿到要接待的旅行团材料后，要研究团队的基本情况和旅游者的要求，有针对性地制订接待计划。接待计划中应包括该团的基本情况和要求、日程安排、成员名单三部分。基本情况和要求必须写明团名、组团社名称、旅行团名称、人数（标明男、女、儿童的人数）、代号和电脑序号、领队姓名、国别和语种、收费标准和团队类别等级、各住宿地饭店名称、团队成员特殊要求和结算方式等。日程安排必须写明出入境日期、航班或车次、抵离各城市所乘交通工具，以及在各地的主要参观项目、特殊要求等。成员名单要有姓名、性别、年龄、职业、宗教信仰等，夫妻、家庭出游的也应注明，如果是重点团还应注明客人身份等。

其次，要根据团队的具体情况精心配备导游接待人员。重点团的陪同人员要求经验丰富、反应灵活，具有一定的写作能力。专业团的导游要求外语水平高，具备专业知识，游览团的导游要求性格活泼开朗。

再次，接待人员还应做好具体准备工作，包括领取参观券、行李单、全程签单、费用报销单、情况汇报表、借款及团队离返交通票等。接团当天还要进一步确认团队抵达的交通情况、时间有无变化，以免误接和不必要的长时间等候。

最后，对于新兴的中外游客同车游览团队陪同，还要提供省市全程服务，这要求导游除了具备扎实的专业知识、过硬的外语水平，还特别强调出色的协调能力。

2. 接待阶段

在这个阶段，导游将作为旅行社的代言人出现在游客面前，直至整个行程结束。导游工作对游客评价本次旅游活动和该旅行社至关重要。旅行社除了要对本社的导游加强培训外，还要经常提醒导游保持与本社的联系，一旦发现导游与旅行社联系中断（通常指一天以上），应尽快查明情况，做好应急准备。

通常情况下，导游要提前半小时抵达接团地点。导游在接团时要佩戴胸牌、挂导游旗、携带导游证等。如按规定时间车未到，应立即通知旅行社设法予以补救。接到团队后，导游应先作自我介绍，然后确认团号、核对人数、集中清点行李并核查有无破损。带团过程中，导游必须严格按照接待计划执行，不得随意增减计划内容，不得私自带团购物。导游讲解要求做到车不停讲解不停。整个游程结束送团时，旅行社应通过导游员向游客发放“意见表”，对整个接待工作进行考核。同时请全陪或领队签单，与司机结算车费。

3. 总结阶段

导游接待工作结束后，要填写接团汇报单、团费报销单（包括现金、物品和签单转账），并做好账单的审核、报销，团队接待中如发生重大事件要写专题报告，有关团队材料要及时整理编号归档。另外，旅游者委托的相关事宜导游要高效完成。

（二）旅行社发团流程

无论是境外成团还是境内组团，作为组团社在往外发团时均需按如下流程进行操作。

1. 预报计划

组团社一旦组团成功（指收到团队费用或得到书面确认），就可以着手进行发团作业。先向该团涉及的各接待社以邮件形式预报计划。通常这种预报至少要提前一个月，目的是使接团社将此团纳入该社的接待计划，以便及早订票、订房。如果情况紧急也可以先电话预报，后发邮件。预报的内容有团号、国别或语种、人数（按性别标明）、抵离日期、食宿要求等，特别应标明使用何种交通工具（如车次、航班），并要求接团社迅速予以回复。

2. 书面确认

团队预报发出后，接团社应在最短时间内给予书面回答。对预报内容逐一确认，最主要是机票、车票以及住宿落实情况。若团队情况发生变化，双方应不断以电子邮件的方式互通情况。

3. 发出正式计划

发团社应在团队到达第一站前的10～15天内将正式计划邮寄给接团社。此时团队情况已基本稳定，发团社可以发出正式计划。正式计划是将来双方结算的凭证，所以必须以正式文件打印、盖公章，每地寄出两份以上，并附上计划回执，以便对方寄回，确认收到无误。同时也抄送本社有关各部门，但不用附回执。

4. 再确认

在团队出发前24小时内，作业人员还应发邮件进行再确认，以防接团社出现疏忽或遗漏，若发现问题要及时补救。有时团队在出发前还会发生特殊情况，如游客家中发生重大事情而不能外出旅游等，为此要发紧急通知。团队出发后，发团社的工作就是全陪工作和计划完成后的核账工作。

四、旅行社散客旅游接待

散客旅游，又称自助或半自助旅游，在国外称为自主旅游。它是由游客自行安排旅游行程，零星现付各项旅游费用的旅游形式。

（一）散客旅游接待类型

1. 单项委托服务

单项委托服务是指旅行社为散客提供的各种按单项计价的可供选择的服务。这类服务的内容主要包括抵离接送，行李提取、保管和托运，代订机票、车票和饭店，代租汽车，代办出入境、旅游签证，代向海关办理申报检验手续，导游服务等。单项委托服务分为散客来本地旅游的委托、散客赴外地旅游的委托和散客在本地的各种单项服务委托。

2. 旅游咨询服务

旅游咨询服务是旅行社散客部人员向旅游者提供各种与旅游有关的信息和建议的服务。它是扩大旅行社产品销售渠道和提高经营收入的重要途径。旅游咨询服务分为电话咨询服务、邮件或即时通信咨询服务和门市人员咨询服务。

3. 选择性旅游业务

选择性旅游业务是指由旅行社为散客旅游者所组织的短期旅游活动，如包价旅游的可选择部分、散客的市内游览、晚间文娱活动、风味品尝等项目。

（二）散客旅游接待流程

1. 接站服务

（1）服务准备。

①熟悉接待计划。接到接团任务后导游应认真阅读并熟悉接待计划，了解散客情况。如散客抵达日期、时间、人数、下榻饭店以及有无变更等。

②做好出发前的准备工作。导游要在接站前做好充分的准备工作，携带齐全的工具、票证，如导游证、旅游团标记、团旗、各类票证等。

③联系、确定交通工具。导游员接站前一天应和旅游车司机取得联系，通知其具体出发的时间、地点，同时也要了解车况，提醒司机做好检查准备工作。

（2）接站服务。

①提前到达迎候。导游员应提前到达交通集散地迎候游客，一般应提前20分钟到达机场；提前30分钟进入车站站台等候。

②迎接游客。客人到达后，导游员和司机要站在不同的出口，在容易让客人发现的位置举接站牌迎候，以便游客认找；导游员也可以根据已掌握的游客特征询问辨认游客。确认游客以后，应主动问候，并介绍旅行社和自己的情况，对游客表示欢迎。协助游客办理有关事宜，清点行李并帮助游客提拿行李和引导上车。小包价旅游团，可将行李交付行李车（员）运送。如未接到应接的游客，导游员应及时询问机场（车站、码头）工作人员并与司机配合寻找游客。若确实找不到，要及时与计调部门联系，报告相关情况，核实游客到达的时间有无变化。在计调部门同意后方可离开。

2. 沿途导游服务

除与团体包价旅游团相同的导游服务外，导游应适时地推销旅行社旅游产品，询问逗留期间是否有需要旅行社代办的事宜。

3. 入住饭店服务

（1）帮助办理入住手续。

抵达饭店后，导游员应及时帮助游客办理入住手续。向游客介绍饭店的服务项目和注意事项。核对行李后督促行李员将行李送到游客房间。

（2）确认行程安排。

对散客的日程安排，导游人员应遵循“主随客便”和“合理而可能”的原则，但要当好顾问。散客的自由活动时间较多，导游人员要做好协助工作，特别要提醒游客注意安全，必要时陪同前往。

（3）确认机票。

若游客将乘飞机赴下一站，但不需要旅行社为其提供机票时，导游人员应提醒游客提前预订和确认机座；如游客需要协助确认机座时，导游可告知其确认机票的电话号码；如游客愿将机票交予导游帮助确认，而接待计划上又未注明需协助确认机票，导游员可向游客收取确认费，并开具证明。导游员在帮助游客确认机票后，应向计调部门报告核实确认的航班号和离站时间。

4. 导游服务

由于游客来自不同国家、地区，彼此不相识，在习惯、语言等方面各有不同，因此在旅游过程中可能存在互无约束、集合困难的问题。这就要求导游有较强的责任心和组织协调能力，能尽心尽力，多听游客意见、多提醒游客，保证游览工作安全、顺利开展。导游人员对个体散客的讲解可采用对话形式。游览前，导游人员应向其提供游览路线的合理建议，由旅游者自由选择。提醒旅游者上车时间、地点及车型、车号。

5. 送站服务

（1）服务准备。

①熟悉送站计划。导游员接收到送站计划后，应详细阅读并熟悉计划，明确游客情况（人数、姓名、下榻饭店、离站时间、航班号、车次等）；确定有无变更情况；是否与其他游客或散客小包价旅游团合乘一辆车去机场（车站、码头）。

②做好送站准备。导游员应于离站前一天与游客（散客小包价旅游团）确认送站时间、地点。此项工作需反复联系确认，以便落实到每一位游客。另外应准备好各类票据（机、车、船票）。确认与司机汇合的时间、地点、车型、车号、车况等。如游客乘飞机离站，导游员应掌握好到达机场的时间，国内航班提前1小时到达，国际航班提前2小时到达；如乘火车应提前40分钟到达车站。

（2）到饭店接运游客。

导游应在约定时间前20分钟到达游客下榻的饭店，协助游客办理离店手续，交还房间钥匙，结清账款，清点行李，提醒游客带齐随身物品，引导游客上车，清点人数后离店。

若到达游客下榻的饭店后，未找到游客，导游应到饭店前台了解游客是否已经离店，并与司机共同寻找，若超出约定时间20分钟仍未找到游客，要及时向旅行社有关部门报告，要求协助找寻，并保持联系。当确认确实无法找到游客时，经旅行社负责人同意后，方可离开。

若需送站的游客与住在其他饭店的游客合乘一辆车去机场（车站、码头），要严格按约定时间顺序到达各饭店。

送站途中，若遇到严重交通堵塞或其他特殊突发事件，需调整原约定时间顺序和行车路线时，导游员应及时向旅行社有关部门报告，请计调人员将时间上的变化通知到各饭店的游客。

（3）到站送客。

在送游客到机场（车站、码头）的途中，导游员应向游客致欢送词，询问游客在本次游览过程中的意见、建议，对服务不周的地方请游客予以谅解，并代表旅行社向游客表示感谢。

到达机场（车站、码头）后导游应提醒游客携带好自己的行李物品下车，并协助游客办理相关登机（车、船）手续，但要注意在办理手续时应严格按照旅游计划进行。

导游员在与游客告别前，应确认航班、车次时间，并交接好票据，若有延误应向游客提供力所能及的帮助。

6. 善后工作

导游人员在完成散客接待工作后，应及时将有关情况反馈到旅行社有关部门，并到旅行社结清账目，处理一些遗留问题和委托事项后，应填写“散客接待登记表”。

第四节　出入境旅游服务

一、出境旅游的概念

旅游活动中，通常将一个国家的居民跨越国境到另一个国家的旅游活动称为出境旅游。广义的出境旅游包括公务旅游、商务旅行和观光旅游等。

二、出境组团社的主要服务

（一）采购出境旅游服务

出境组团社把旅游线路销售出去后，需要各相关部门购买各种旅游服务。出境组团社计调采购业务主要包括国际大交通、境外地接社、领队服务的采购。

1. 国际机票采购流程

（1）确定采购对象。

出境计调应该通过各种渠道和方法收集国际航空公司、机票销售单位信息资料及负责人的联系方式，然后根据旅行社的线路需求，了解航空公司的规定及经济实力等。需要确定的信息主要包括：国际航空公司的机票折扣、机位数量、服务态度、航班密度、退改签手续及费用，机票销售单位信誉度、便利度、付款方式、工作配合度、竞争优势等信息。最后，应确定多家航空公司作为本旅行社的采购对象。

（2）签订合作协议。

出境计调与国际航空公司或机票销售单位经过多次协商后，确定相关事项，然后双方签订正式的《经济合同书》，明确双方的合作关系及相互约定并备案。

（3）整理相关资料。

出境计调部要印制国际航空公司的航班、票价信息及相关规定、机票销售单位信息，然后分发给社内相关部门并备案，还要根据航空交通部门的相关要求，设计并印刷订购票所需的表单，如“订票身份证信息确认单”“机票变更/取消单”等。

（4）实施订购票业务。

出境计调根据接待计划和《经济合同书》的相关要求选择机票销售单位，向机票销售单位提出订票、购票需求，航空公司在约定时间内出票，计调人员在约定的时间内接票，也可以在网上预订机票。

（5）报账结算。

出境计调根据旅行社的规定及《经济合同书》的要求，将订、购票的明细账及返利情况上报财务部门，财务部门审核无误后，根据约定付款时间及方式为航空公司办理结算事宜，并支付相应的票款。

2. 境外地接社采购

（1）确定采购对象。

出境组团计调根据本社经营计划，调查、收集境外地接社的相关信息。经过初步筛选后，对基本符合本社要求的境外地接社进行考察，重点考察其接待质量和信誉等。通过考察后，进行综合比较和评价，与符合旅行社要求的境外地接社联系，初步协商合作事宜。

（2）签订合作协议。

出境组团计调根据协商的结果，利用旅行社的标准采购合同文本，拟定《合作协议书》。通过与境外地接社负责人谈判，协商具体的合作事宜，并签订双方认可的《合作协议书》。合作协议书一般都是外语版本。

（3）整理相关资料。

出境组团计调将签署的《合作协议书》进行编号、存档，并报送相关部门备案，将相关资料及规定列表分发给旅行社相关部门。

（4）落实游览工作。

出境组团计调根据游客游览要求，制订境外异地接待服务采购计划，并落实具体的游览工作，将发团的人数、时间等具体要求用邮件发给境外地接社索要报价，根据境外地接社的回复邮件确认情况，按照接待计划中的发团日期顺序排列存档，并将境外地接社联系人姓名、联系方式转告给接待部门。

（5）报账结算。

根据本社的财务规定和《合作协议书》的相关规定，及时将该团费用明细报财务部门，财务部门根据《合作协议书》审核无误后与地接社办理结算。

3. 领队服务采购

（1）确定采购对象。

出境组团计调应根据旅行社经营计划，调查、收集海外领队的相关信息资料。经过初步筛选后，对基本符合旅行社要求的海外领队进行考察，重点对声誉好、经验丰富的海外领队进行考察，通过考察后，进行综合比较和评价，与符合旅行社要求的海外领队联系。

（2）签订协议书。

出境组团计调通过与海外领队谈判，协商具体的合作事宜，根据协商的结果，利用旅行社的标准采购合同文本，拟订《海外领队聘用协议书》，签订双方认可的《海外领队聘用协议书》。

（3）整理相关资料。

出境组团计调将签署的《海外领队聘用协议书》进行整理、编号、存档，并报送相关部门备案，将《海外领队聘用协议书》分发给旅行社相关部门。

（4）落实带团工作。

出境组团计调根据游客的要求，通过对已签协议海外领队的筛选，选择合适的海外领队，将发团的旅游行程、人数、时间、注意事项等具体要求，以出团计划单的形式发给海外领队并提醒海外领队携带各项证件资料，协助海外领队处理带团过程中的各项事宜。

（5）报账结算。

根据旅行社的财务规定和《海外领队聘用协议书》的相关规定，及时将该团领队服务费用明细报财务部门，财务部门根据财务规定和《海外领队聘用协议书》审核无误后，与海外领队人员办理结算。

（二）办理出境旅游证件

中国公民出境旅游需要向户口所在地的市、县公安出入境管理部门提出申请办理护照和签证；中国公民进行边境旅游需要向户口所在地的市、县公安出入境管理部门提出申请办理边防通行证；内地居民因私往来香港或澳门特别行政区旅游需要向户口所在地的市、县公安出入境管理部门提出申请办理中华人民共和国往来港澳通行证；

大陆居民赴台旅游需要向其户口所在地公安机关出入境管理部门申请办理大陆居民往来台湾通行证，并根据其采取的旅游形式，办理团队旅游签证（L签）或个人旅游签证（G签）；参加团队旅游的，应事先在指定的组团社登记报名。此外，还需要入台证，入台证由台湾方面办理。

（三）管理出境发团业务

具有出境组团资质的组团社通过各种方式招徕游客组成旅游团队，并将其发给境外相关旅行社接待。根据旅游团目的地分别发给沿途地接社接待。也可以直接发给境外某旅行社总负责，由该旅行社将团队再转发给境外其他相关旅行社接待。

1. 建立团队档案

（1）建立团号。

出境游客签订了前期出境旅游服务合同后，就开始编制团号。

（2）编制团队动态表。

出境组团计调编制公司各类团体明细出团表，将团号、人数、陪同数、抵/离航班（车次）、时间、境外地接社、接团时间及地点、其他特殊要求等逐一登记在《团队动态表》中，形成公司年度发团的基本资料。

2. 预报计划

向旅游团涉及的各境外地接社以邮件或电话的形式预报计划，通常要提前至少一个月，目的是让境外地接社将此团纳入该社的接待计划，让地接社及早订票、订房。如遇紧急情况，也要先以电话预报，后发邮件。

3. 地接社书面确认

团队预报发出后，境外地接社应在最短的时间内给予书面回复，并对预报内容进行逐一确认，最重要的是机票、车票、住宿的落实情况。若团队情况发生变化，双方应不断以邮件互通情况；发生紧急变化时，可先用电话通知，之后一定要补邮件确认。

4. 发出正式计划

出境组团社应该在团队到达第一站前10~15天内将正式计划发给地接社。此时团队情况已经基本稳定，出境组团社可以发出正式计划。正式计划是将来双方结算的凭证，所以必须以正式文件的形式打印、盖章。每地发出两份以上，并附计划回执，以便对方发回。确认收到无误后，也要抄送给旅行社有关部门。正式计划包括发团确认书、团队行程和各项服务的标准及特殊要求、团队游客资料、国际游方式、各地接社名称、联系人及联系方式、旅行团委托协议书等。

5. 委派领队

出境组团社若派遣海外领队，需要提前10天安排，并第一时间通知领队，以便领队做好相应的准备工作。将发团的旅游行程、人数、时间、注意事项等具体要求，以出团计划单的形式发给海外领队并提醒领队携带各项证件资料，协助海外领队处理带团过程中的各项事宜。

6. 召开行前说明会

办理好出国护照、签证和机票后，旅行社为了通报出国旅游的有关情况并了解游客的特殊要求，会适时召开出国说明会，时间通常安排在出国前1~2天，需要2~4小时。行前说明会主要做好下列工作：经理介绍整体安排、领队致欢迎词、行程说明、强调出境文明旅游、落实有关事项、说明有关注意事项。

7. 最终确认付款

出境组团社应在出发前 24 小时与地接社核对计划，要求地接社最终确认，向地接社催要《结算单》。确认团队质量无异议，经财务部核算，总经理批准（允许预付），将团款汇入地接社账户。

8. 派发出团通知书

出境组团社根据最终落实的团队情况向海外领队派发出团通知书。给游客的出团通知书上包含团队的行程、出发时间、地点、紧急联系人姓名、电话、注意事项等信息。

9. 发团及监督

略。

10. 后续工作

后续工作包括报账登账、归档总结、调整产品等。

三、入境旅游业务概念

旅行社入境旅游业务，主要是指我国国际旅行社到境外旅游客源地招徕游客或委托境外旅行社组织境外签约游客前来我国进行的旅游活动，也应包括国外旅行社组织的旅游团队通过与国内的国际旅行社签约委托接待前来我国进行的旅游活动。

四、入境地接社主要服务

（一）采购入境旅游服务

1. 交通工具预订

（1）境内大交通预订。

境外出具的国际段或者国际+国内联程票的价格要比国内出具的票价优惠很多，境外旅行社可以自行完成查询并定制大交通票据。但是，我国国内段的铁路、水运等大交通工具的安排几乎由我国的入境地接社计调提供信息、预订并购买。购买火车票和船票时，最好是连号票，这样方便游客集中。

（2）旅游汽车预订。

除了大交通之外，境外客人在国内某一地域的实际旅游交通工具以旅游汽车为主，计调员要提早进行旅游汽车的预订。预订车辆时，要注意安排车况新、乘坐相对舒适、行李箱行李架齐全、影音娱乐器材齐备的豪华旅游大巴。境外团队所用的旅游车建议预留 1/3 以上的空位，如 20 人的旅游团队要安排 37 座左右的旅游车。

2. 旅游餐预订

（1）计调订餐。

对于境外游客，入境地接社计调员要亲自选择用餐地点进行团队餐的预订，不允许导游私自订餐，更不能给导游提供拿到餐饮回扣的机会。导游必须带领团队在旅行社安排的餐厅内用餐。如遇特殊情况必须更换餐厅，导游必须得到计调批准后方可更换餐厅。

（2）一日三餐的安排原则。

境外游客的早餐一般安排在酒店吃，以中西餐结合的自助餐为宜。正餐要吃出特色，吃出品位。所谓特色，就是多安排一些有中国特色的餐厅和菜品。

（3）关注境外游客饮食习惯。

境外游客的饮食习惯普遍清淡，这要求菜品不能油腻，口味也不能过重；部分境外游客对以动物内脏为主料的菜品非常反感；很多入境游客因为宗教信仰等原因拒食牛羊肉。这些情况计调员一定要提前与餐厅协调好，保证满足游客各种合理的用餐要求。

（二）协助办理入境证件

入境旅游的证件一般由境外游客自己办理，入境计调可协助办理证件。入境旅游所需证件有以下几种：

1. 护照

护照是一国主管机关发给本国公民出国或在国外居留的证件，用于证明其国籍和身份。入境团体游客最好办理个人护照，这样会为其外出活动、住宿登记等带来很多方便。

2. 签证

外国人入境，应当向中国驻外签证机关申请办理签证。入境旅游办理 L 签。

3. 港澳居民来往内地通行证

港澳居民来往内地及在内地需办理港澳居民来往内地通行证，有效期分为 5 年和 10 年。申请人年满 18 周岁的，签发 10 年有效通行证，否则签发 5 年有效通行证。

4. 台湾居民来往大陆通行证

台湾居民来往大陆通行证是中华人民共和国政府发给台湾人民来往大陆地区观光、商务、谈事的身份证明书。

5. 旅行证

外国人前往我国不对外国人开放的地区旅行，必须向当地公安机关申请旅行证。

《案例》

网约导游是“伪需求”？①

2017 年随着导游自由执业试点和共享经济的大潮，“网约导游”迎来爆发期，但网约导游平台的生存并未顺风顺水。包括小米生态链企业香蕉出行、900 游、叮叮出游在内的多家网约导游平台，纷纷转型或无法正常使用。游客对乘车的需求也高于对导游讲解服务的需求，致使网约导游纷纷组建车队。共享经济浪潮退去后，网约导游真的是“伪需求”吗？

一、香蕉出行的“失灵”

2017 年前后，随着导游自由执业试点的红利和共享经济的浪潮来袭，“共享导游”的概念一时红遍旅游业内外。各方资本纷纷进军网约导游，试图复制一个旅游圈的“滴滴出行”，而香蕉出行也是其中之一。作为小米旗下第 78 家生态链公司，香蕉出行

① 改编自王远征的《香蕉出行“无法下单” 网络导游真是“伪需求”?》

自诞生起便饱受关注。资料显示，香蕉出行成立于2016年12月，CEO钟雨飞等团队成员均出身于小米。香蕉出行主打的App香蕉导游也表现不俗。据介绍，游客可通过下载香蕉导游App或在景区扫描二维码，便能进入平台预约导游，并在行程结束后对导游进行评价。2017年7月，香蕉出行宣布香蕉导游在内测60天后，便收获了10万名以上的用户、100万元以上的营收，并与国内约30家4A和5A景区达成了合作。两年之后，香蕉导游却不见当年风光，仅与瘦西湖有合作，而游客只能在该景区内扫码预约导游，香蕉导游过去开放式的网约导游服务消失不见。

二、多家网约导游平台关闭主要服务

事实上，网约导游遇挫的平台不止香蕉出行一家，另一网约导游平台900游也在谋求转型。新京报记者使用900游App后发现，在“找导游”功能里，不仅无法定位北京，而且显示的导游也只有一名。若要继续下滑页面，也始终保持着“载入”状态，无法向下查看更多内容。目前，900游主要在做旅游网约车，转型做“司机兼导游”，而北京的网约车牌照尚未获得。对于为何不做网约导游服务，900游方面表示“导游做得少了，还是回去跟旅行社业务”。此外，同样于2017年正式上线的“默趣全民向导”，目前在其预订渠道微信小程序上，所推荐的热门城市中，也没有显示任何导游信息。2019年1月，深圳市滴滴导游网络科技有限公司被列为失信被执行人，而公司旗下产品为叮叮出游App。

三、游客重“车”不重“导”

相较于新兴网约导游平台，旅游圈巨头的日子显然更加舒适。数据显示，自2016年年底携程向导平台上线之后，在近三年的时间内，平台上的向导已经覆盖了100多个国家和1 000多个目的地，并有超过1万人注册。2019年第一季度，该向导平台总体服务51万余人，其中海外占比42%。不过，游客真正对导游服务需求有多少？有从业者表示，现在预订导游服务的游客，主要需求还是在于用车。平时游客下单，往往都是乘车服务，真正预订导游随行讲解的反倒是少数。阳光车导CEO吴天斌曾表示，从自身的运营经验来看，单纯做导游的话，市场没有那么大。在阳光车导平台上，“导”方面的业务只占20%，而“车”的业务占了80%。此外，网约导游之间的“压价”情况也时有发生。据了解，不少导游团队在平台上长期位于前列，但用车服务的价格仍一直保持着同行中的最低水平，交通“压价”成为网约导游不得已的选择。

四、导游自由执业市场缺乏追责保障

对国内游客来说，网约导游真的是“伪需求”吗？在业内人士看来，国内网约导游发展是趋势，但市场仍需培育。旅游专家王兴斌表示，导游自由执业是一个趋势，但前提是必须有一个很诚信的社会环境。旅行社出了问题可以找旅行社，自由导游服务出了问题难以追责，这也是小平台与大平台发展网约导游的差异所在。分析指出，在大平台本身已具备相当品牌、售后和流量的支持下，消费者可以在此基础上选择自由导游服务，实际上是有整个平台的信誉做背书，而这一点是新兴平台很难具备的优势。对导游自身而言，网约导游的吸引力也仍然存在，并出现了改良的形式。例如导游依旧借助旅行社的渠道，但每周会有固定的景点讲解服务，自由固定在某天某个时间段，针对一个景点展开深度讲解，游客可以在OTA上购买后前来参与。

复习与思考：

1. 简述旅行社的基本职能。
2. 简述在线旅游服务的主要类型。
3. 简述 OTA 的业务运行。
4. 简述线下旅行社接待业务的特点。
5. 论述旅行社团队旅游接待流程。
6. 解释出入境旅游和入境旅游的概念。
7. 论述出境旅游的主要服务内容及流程。
8. 论述入境旅游的主要服务内容及流程。
9. 列举我国出、入境旅游证件。

第八章 旅游接待业服务质量管理

■学习目标

理解旅游接待服务的特征
掌握 SERVQUAL 模型
掌握服务场景模型
了解旅游接待服务质量评价主体
了解旅游接待服务质量评价方法
掌握全面质量管理理念
了解旅游服务标准化的意义
掌握旅游接待服务质量的管理方法
核心概念：服务特征、顾客感知服务质量、服务质量评价、服务质量提升

第一节 旅游接待服务特征与质量属性

一、旅游接待服务质量的定义

在我国商业行业标准《服务管理体系规范及实施指南》（SB/T 10382—2004）中，服务质量被定义为一组同时或先后发生的服务特性逐个满足顾客要求的程度。旅游接待业是以旅游经营和服务组织为主体，为旅游者提供有形产品和无形服务的服务性行业。从旅游者的立场上来看，旅游经营和服务组织所提供的服务产品不仅需要满足旅游者的基本物质和生理需要，更要满足旅游者精神层面和心理层面的需要。因此，旅游接待服务质量泛指旅游接待服务，以及提供相应服务必须依托的有形产品及接待设施，满足旅游者开展旅游活动时对物质需求和心理需求的满足程度。

二、旅游接待服务的特征

旅游接待业作为服务行业，旅游经营和服务主体作为服务供给方，其提供的服务产品显然区别于一般商品。要提高旅游接待的服务质量，首先必须正确认识旅游接待服务的固有特征。旅游接待服务特征可概括为以下几个方面。

（一）有形性与无形性

从服务供给方来看，旅游接待服务就是旅游经营和服务主体所提供的接待服务，它包括硬件服务和软件服务。其中，硬件服务是以实物形态呈现的服务，比如旅游目的地的环境氛围，旅游基础设施，旅游酒店、旅游交通、旅游景区等配套设施。软件服务则是由接待人员提供的服务劳动，比如接待人员的礼貌礼节、服务技能、服务效率等。硬件服务以有形的实物存在，能满足旅游者旅游过程中的物质需求，其质量也容易通过显性标准进行评估。而软件服务是无形服务，只能通过服务人员的服务态度、服务效率、言谈举止、礼貌礼节等满足旅游者心理层面的需求。因此，旅游接待服务是有形服务和无形服务的结合。

（二）生产与消费的同步性

生产与消费的同步性也可称为不可分割性。一般的实物产品从生产到消费要经过流通环节才能到达消费者手中，产品的生产过程与消费过程可以分离。而旅游接待服务则不同，服务本身就是一系列的活动或过程，在接待服务实施进程中，服务产品的消费者和生产者直接发生联系，共处同一时空环境中，服务生产的过程也就是服务消费的过程，生产与消费同时进行，不可分割。

（三）价值的不可储存性

基于接待服务的无形性以及生产与消费的同时性，接待服务的产品价值不可能像其他实物产品价值一样被储存起来，以备未来择机实现。如酒店的客房、餐厅的餐位等都有它们特定的时间价值，若不能在有效时间内销售，其在特定时间的价值就永久流失了。

（四）质量的异质性

服务质量的异质性也称为服务质量的不可控制性，原因在于接待服务的构成要素以及服务水平经常变化，难以统一界定。接待服务体现为员工与顾客之间以及顾客与有形服务之间的交互，接待服务的提供者和接受者都带有较大的个人色彩和特点，他们对服务生产者和服务消费者，以及对服务标准的理解和评价带有个人主观性。接待服务的质量在一定程度上取决于消费者各自的需要和自身的特点，顾客体验服务后在生理和心理上感受到的满足程度，具有很大的不确定性。

（五）过程的互动性和体验性

过程的互动性指旅游接待业的从业人员，甚至是旅游目的地的居民与旅游者之间发生的各种形式、各种性质和各种程度的交互作用与过程影响。一般产品的生产及销售方式很容易被竞争者模仿，而每一次服务过程的互动差异却不容易被模仿。接待服务的本质是为旅游者提供一种或多种与众不同经历和体验，大多数情况下，对过程的体验才是旅游活动的吸引力所在。

（六）情感的交融性

旅游接待服务要创造一种和谐的气氛，产生一种精神上的心理效应，从而触动旅游者的感情，唤起游客心理上的共鸣，使旅游者在接受服务的过程中产生惬意、幸福之感，进而乐于活动，乐于消费。显然，接待服务更多体现为人与人之间的情感连接，这种连接必须依赖人际交往和精神沟通加以实现。人际交往和沟通过程中伴随情感的交流，以及情绪状态的变换，从而构建旅游者与接待人员之间情感交融的社会关系。

旅游接待服务中，"施方"与"受方"之间的人际交流分为工具性交流和情感性交流。接待人员与旅游者之间固然具有功利性和实用性交流方式和目的，但二者之间渗入了感情、观点、兴趣等因素，更能促使双方产生共情和愉悦，这类交流被称为情感性交流。旅游接待业需要有意识地将接待服务中的工具性交流发展为情感性交流。

三、旅游接待业顾客感知服务质量理论模型

由于顾客是服务质量和服务绩效最为重要的评判者，也是服务利润的来源，因此顾客感知服务质量成为旅游接待业服务管理的理论基础。顾客感知服务质量的属性（也可称为服务质量的维度）的相关理论模型，为顾客从哪些方面来评估服务质量提供了理论解释和衡量方式，也为旅游接待业及时察觉服务中存在的问题，进而提高接待服务水平和服务管理水平提供了理论指导。

（一）SERVQUAL 模型

SERVQUAL 为英文"service quality"（服务质量）的缩写。该模型是 20 世纪 80 年代末，美国市场营销学家帕拉休拉曼、莱特·汉毛尔和白瑞（被学界简称为"PZB"）依据全面质量管理（Total Quality Management，TQM）思想，在服务行业中提出的一种服务质量评价体系。其理论核心是"服务质量差距模型"，即服务质量取决于顾客所感知的服务水平与顾客所期望的服务水平之间的差别程度，因此又被称为"期望-感知"模型。了解顾客的期望是开展优质服务的先决条件，提供优质服务的关键就是要超过顾客的期望值。PZB 通过两个阶段的实证研究，把服务质量测量量表的题项库精简为 5 个维度，22 个题项，由此形成了被广泛使用的 SERVQUAL 量表，此量表成为服务质量测评研究的重要分水岭。

SERVQUAL 模型的五个维度分别为：

①有形性（tangibility）：物理设施、设备、通信材料的外观，以及员工的仪容仪表。

②可靠性（reliability）：可靠、准确地执行承诺服务的能力。

③响应性（responsiveness）：愿意帮助顾客并为其提供及时服务。

④保证性（assurance）：员工的知识和礼貌及其传达信任和信心的能力。

⑤移情性（empathy）：公司为顾客和员工提供关怀和个性化的关注。

这五个维度被细分为 22 个具体题项（见表 8-1），通过调查问卷的方式，让顾客对每个问题的期望值、实际感受值及最低可接受值进行评分。

表 8-1　感知服务质量的五维量表

维度	题项
有形性	1. 有现代化的服务设施
	2. 服务设施具有吸引力
	3. 员工有整洁的服装和外套
	4. 公司的设施与他们所提供的服务相匹配
可靠性	5. 公司向顾客承诺的事情都能及时完成
	6. 顾客遇到困难时，能表现出关心并帮助
	7. 公司是可靠的
	8. 能准时地提供所承诺的服务
	9. 正确记录相关的记录
响应性	10. 不能指望他们告诉顾客提供服务的准时时间
	11. 期望他们及时提供服务是不现实的
	12. 员工并不总是愿意帮助顾客
	13. 员工太忙以致于无法立即提供服务，满足顾客的需求
保证性	14. 员工是值得信赖的
	15. 在从事交易时，顾客会感到放心
	16. 员工是礼貌的
	17. 员工可以从公司得到适当的支持，以提供更好的服务
移情性	18. 公司不会针对顾客提供个性化的服务
	19. 员工不会给予顾客特别的关心
	20. 不能期望员工了解顾客的需求
	21. 公司没有优先考虑顾客的利益
	22. 公司的服务时间不符合所有顾客的需求

值得注意的是，随后学者将 SERVQUAL 模型发展为 SERVPERF（Service Performance）模型，即服务质量的绩效感知测评法。克罗宁和泰勒认同 SERVQUAL 量表中的 22 个题项能够充分说明服务质量的构成内容，但他们认为用 SERVQUAL 量表同时测量顾客的期望和感知是不科学的，因为在顾客消费结束后测量服务期望属于后验性行为，同一消费者容易产生期望不一致的情况。因此他们提出采用"绩效"这个变量代替"感知—期望"这一变量来衡量服务质量，并由此开发了 SERVPERF 评价法。SERVPERF 模型的指标体系仍然采用了 SERVQUAL 模型的指标体系，唯一不同的是其去掉测量顾客服务期望部分，将 SERVQUAL 量表中的"服务感知"和"服务期望"两个变量变为"服务绩效"一个变量，即仅选用"服务绩效"这一变量来测量顾客感知的服务质量。由于 SERVPERF 模型信度和效度方面毫不逊于甚至优于 SERVQUAL 模型，再加上无须考虑期望指标，整个衡量指标体系简单，模型应用非常简便。如今在服

务质量评价研究中 SERVPERF 模型也得到了广泛的应用。

（二）服务场景模型

对于服务企业而言，实体环境和有形展示是服务产品的重要组成部分，而且可能会成为服务企业间竞争的主要内容。比特纳于 1992 年用“服务场景”（servicescape）一词来指代服务场所经过精心设计和控制的各种环境要素，该词也逐渐成为服务环境研究中的一个通用术语。比特纳指出，由于服务具有生产和消费的同时性，消费者通常在有形场景中进行服务消费和体验，并且根据其中的各类有形要素来判断服务质量，这里的“有形要素”并不特指视觉上可见的要素，而是泛指所有顾客可感知的要素，如气味、温度等。

比特纳将服务场景归结为三个维度：

①氛围要素。如音乐、温度、照明、气味等，这些要素会影响顾客对环境的感知。

②空间布局与功能，如设备、家具等的布局情况和它们之间的相对空间关系，空间布局会影响顾客对服务场所的情境感知。

③标识、象征物和工艺品。如引导标识、装饰物等，这些对顾客形成第一印象十分重要。这一维度划分聚焦于服务场景中可控、可观测的物理要素。然而，对于很多服务组织（酒店）而言，相较于社会要素（其他顾客和服务人员），实体环境的影响是微乎其微的。

罗森鲍姆和马西娅在比特纳的基础上进一步拓展了服务场景模型，提出了服务场景的物理维度（physical dimension）、社会维度（social dimension）、社会象征维度（socially symbolic dimension）和自然维度（natural dimension）四个维度，如图 8-1 所示。

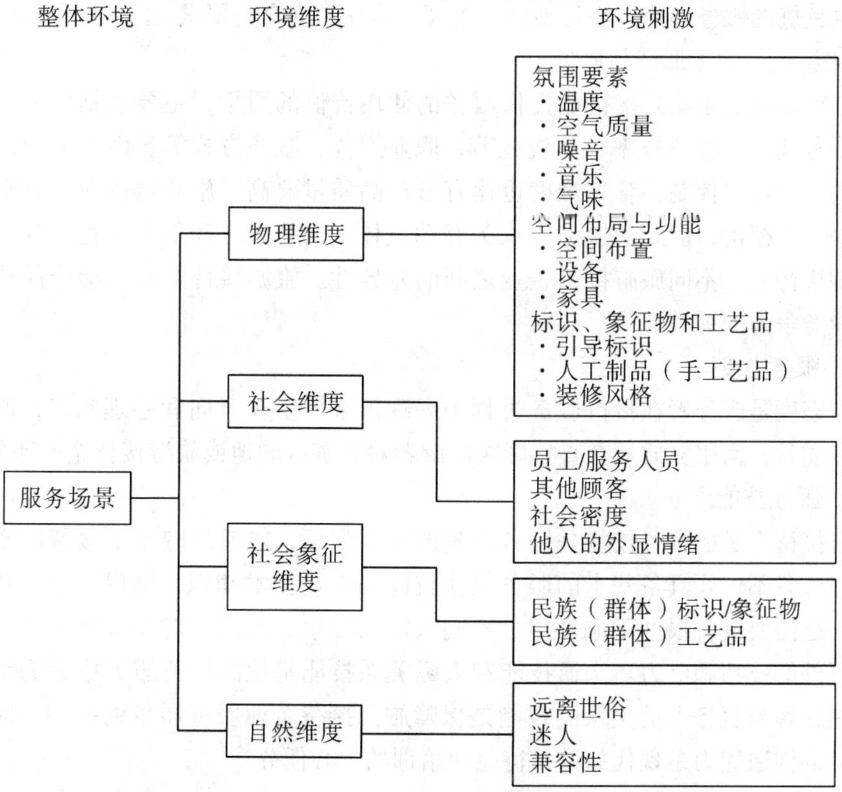

图 8-1 服务场景要素

（三）服务质量的内容模型

旅游接待业的服务产品是由旅游设施设备、服务环境等有形产品和服务态度、服务技能、服务方式、职业素养和道德等无形服务共同组成的。因此，旅游接待业服务质量主要包括有形产品质量与无形产品质量两部分。

1. 旅游接待业有形产品质量

旅游接待业中的有形产品质量通常指服务“硬件”的质量，如旅游目的地或旅游接待企业的设施设备及服务环境的质量。这些有形产品只是无形服务的有效载体，多数情况下，旅游目的地或旅游接待企业并不直接出售产品本身。旅游接待业有形产品质量管理的关键在于创新、提升与维护。

（1）旅游接待设施设备功能质量。

旅游接待设施设备是指旅游经营与服务主体给游客提供服务的主要物质依托，是旅游接待业赖以生存的基础。在一定程度上，游客对旅游目的地或旅游接待企业的等级评判与其配套设施设备质量有很大联系，设施设备反映了旅游目的地或旅游接待企业的接待能力。旅游目的地或旅游接待企业应当保证其设施设备的总体水平与其等级相匹配，并采用相关标准和管理手段，对设施设备进行综合管理，定期对设施设备进行维修保护，保证设施设备的完好率与安全性，充分发挥设施设备效能。

（2）服务环境质量。

服务环境质量能够直接影响游客对旅游目的地或旅游接待企业的直观印象。为避免游客依据环境氛围去判断整体服务质量，旅游接待企业经营与服务主体应当努力为游客提供良好的服务环境，满足整洁、美观、有序、安全的要求。

2. 旅游接待业无形产品质量

无形产品质量是旅游接待业提供服务的使用价值的质量，主要包括服务者的服务态度、服务技能，服务效率、礼貌礼节、职业道德、服务方式等。由于无形产品的隐形性，其质量难以控制，管控难度也比有形产品质量要高。旅游接待业的有形产品可以被竞争对手模仿，但无形服务以人为互动主体，人与人之间的差异性，导致了不同地区旅游接待业、不同旅游接待企业之间的差异性。旅游接待业的无形产品质量是旅游接待业竞争力的关键。

（1）服务态度。

服务态度是服务者在接待服务过程中展现出来的主观意向和心理状态，服务态度决定服务质量，而服务质量会直接影响旅游者对旅游目的地或旅游接待企业印象。

（2）服务技能。

旅游接待人员的服务技能是服务质量的重要保证，能够反映旅游接待的整体服务水平。服务者不仅要具备基本的服务操作技能和专业技术知识，确保日常接待工作正常运转，还需要具备根据不同环境、不同人群的要求，灵活应对和处理各种无章可循的突发事件的技巧和能力。沟通技能和人际关系技能是旅游接待服务中最为重要的技能。处理顾客与服务人员关系的技能是保障旅游接待企业服务质量的关键，因此提高服务人员的沟通能力是现代旅游接待企业培训的中心任务。

（3）服务效率。

效率是第一生产力。旅游接待业服务效率的高低一定程度上决定了游客满意度的高低，决定了旅游接待企业产值的高低。服务效率要求服务者尽可能在最短的时间内为游客提供其所需的服务。例如游客入住酒店时，若能在登记入住、结账离店的过程中，享受到高效的服务，将会大大提升游客的心理满足感和满意度，从而对酒店的服务质量给予高度评价。不少旅游接待企业已开始借助自助服务系统（自助值机柜台、二维码点餐系统、酒店自助入住系统等）来提高服务效率。

（4）服务方式及内容。

旅游接待业的服务方式也是无形产品质量的基本构成要素。随着旅游业的不断发展，其内容在不断扩充，服务方式也在不断迭代更新。近年来，体验式消费逐渐被大众接受、推崇。自驾旅游的盛行、自助旅游的流行等都说明体验式消费逐渐向旅游行业渗透。要适应体验式消费的发展趋势必须对传统的旅游服务方式进行变革。体验经济下的旅游服务方式应向深度和广度延伸。传统的旅游服务大多集中在为游客提供吃、住、行、游、购、娱六个方面的服务，但随着客人需求的变化，服务内容的精细化、专业化、个性化程度等发生了很大的变化，人们不再满足于那种定时起床、定时游玩、定点消费等填鸭式的被动旅游方式，而更倾向于选择自由自在、休闲养生等新兴旅游方式。多数游客旅行时，缺乏足够的时间和精力去挖掘旅游目的地的人文历史、文化底蕴、风土人情等，这对旅游接待企业的服务内容提出了新的要求。因此，创新服务方式，不断为游客创造惊喜，是旅游接待业提升服务质量的重要手段。

（5）礼貌礼节和职业道德。

旅游接待业的礼貌礼节包括服务人员的面部表情、语言表达、行为举止三个方面。礼貌礼节体现了服务人员在待人接物方面的素质和能力，有助于增强旅游接待人员和游客之间的情感互动。良好的职业修养和职业道德是旅游接待业每一位成员都应该具备的品质，也是旅游接待业对从业人员的基本规范和要求。旅游接待业要求服务者有足够的耐心、爱心与热心，追求服务工作的尽善尽美，为游客创造美好的服务体验。

第二节　旅游接待服务质量的评价

一、旅游接待服务质量的评价主体

旅游接待服务质量的评价主体包括顾客、旅游接待企业和第三方。

（一）顾客评价

顾客评价是指从顾客角度对旅游接待企业的服务质量进行监测。顾客评价是旅游接待企业运用得最广泛的评价方法。顾客是旅游接待企业全体员工的服务对象，满足顾客的需求是旅游接待企业的服务目标。因此，由服务的接受者来评价服务是最直接的、最有效的方法。顾客评价的形式主要有顾客满意度问卷调查、电话与现场访问、小组座谈及常客拜访等。

（二）旅游接待企业自我组织评价

在实践中，旅游接待企业自我组织评价服务质量的方法有专家暗访、专项质评、服务企业统一评价、部门自评及经营数据记录系统分析等。旅游接待企业的自评侧重于探讨服务质量标准是否与顾客期望标准相符，它更多关注企业的自身利益，因此评价标准可能会有失偏颇。并且，由于旅游接待企业自评人员长期处于企业内部相对固定的环境中，缺乏与其他竞争企业的横向比较，自评时容易出现走过场、搞形式主义、避免利益冲突等，使内部测评人员故意忽略企业服务质量中的一些重要问题。

（三）第三方评价

旅游接待业服务质量的第三方评价主要有神秘顾客暗查、资格认定、等级认定、质量体系认证、行业协会监督测评（中国旅游饭店业协会、中国旅行社协会、美国汽车协会、米其林指南）等。由于第三方评价主体独立于利益相关者，既不代表接受服务的顾客利益，也不代表提供服务的旅游接待企业利益，所以它在保持客观和中立方面胜于其他两方主体的评价。但是第三方评价标准一般遵循统一的尺度和规范，标准的制定需要不断丰富和补充，也需要贯彻执行期和评估期，因此第三方评价多存在滞后性问题，容易导致标准和市场脱节。目前，有关服务质量的第三方评价标准有《质量管理和质量体系要素第二部分：服务指南》（GB/T 19004.2-ISO9004-2）、ISO14001环境管理体系认证、世界一流酒店组织（Leading Hotels of the World）的《饭店服务质量检查评分表》以及我国旅游接待业中各类国家和行业标准等。

上述三种评价主体开展的测评方式各有优缺点，为了构建更加科学合理、操作性强的服务质量评价体系，一般要求旅游接待企业将顾客评价、旅游企业内评及第三方评价有机结合起来，对评价要素做出合理的选择。

二、旅游接待服务质量的评价方法

（一）定性方法

1. 深度访谈（in-depth interview）

深度访谈是指拥有访谈技巧的访问员对符合特定条件的访问对象进行个人对话式的访问，以揭示被访对象对特定行为或事件的潜隐动机、目的、态度、感受等，并发现其内在关联。比如旅游接待企业可以面向顾客和旅游接待企业员工开展深度访谈，了解他们对旅游接待服务质量的看法，并采取针对性措施，提高旅游接待服务质量。深度访谈主要分为以下三种类型：

（1）结构化访谈（structured interview）。

结构化访谈的标准化程度较高。访谈者事先拟定问题，通常是封闭性问题。访问员会按照这些问题逐一提问，而受访者只能按照设计好的选项来回答，双方都没有阐述自己想法的空间，类似将书面问卷用口语方式来进行访谈。这种访谈的好处是所有受访者都是依据相同的题目和选项来回答，容易做记录、比较和分析，所以又称为标准化访谈；缺点则是不易获得多元意见，受访者的答复会受限或者多为表面的回应，不够深入。

（2）非正式/非结构化访谈（informal/unstructured interview）。

非正式/非结构化访谈完全去除了标准化流程和问题的固定顺序，访谈没有必须要询问的问题，访谈者事先可以准备一个粗略的问题大纲或要点，但所提问题是在访问过程中边谈边形成，随时提出的。非结构式访谈通常以日常生活的对话方式进行，让受访者表达自己的观点。非结构化访谈常被用于研究早期，即在研究初期掌握足够信息，为进一步开展深入访谈做准备，它需要有经验的访问员来应对灵活多变的情况，也可以帮助访问员以新的视角来理解事物。

（3）半结构化访谈（semi-structured interview）。

半结构化访谈又称为引导式访谈，介于结构化访谈和非结构化访谈之间，它比结构式访谈更具有弹性。半结构化访谈既包括语义灵活的访谈问题，也包含高度结构化的问题。访问员利用较宽广的研究问题作为访谈的依据，导引访谈进行；访谈大纲通常在访谈开始前就被设计出来，作为访谈的架构，但不用拘泥于既定的问题顺序与询问方式。访谈内容必须与研究问题相符，问题的形式或讨论方式则采用较具弹性的方式进行，可在与受访者的访谈中延伸出其他的问题。其优点是可以呈现受访者较为真实的认知和感受。

总体来说，深度访谈能够获取高质量数据。在各种数据收集方法中，访谈的深度、细节和丰富程度是其他方法难以企及的。一个完整的深度访谈执行流程应包括确定访谈目的，进行被访者招募，设计访谈提纲，访谈执行，以及数据分析。

2. 小组座谈法（focus group discussion）

小组座谈法指采用会议的形式挑选一组具有代表性的旅游接待企业顾客或者员工，在主持人的引导下，就服务质量进行询问，从而获得对有关问题的深入了解。小组座谈的过程是主持人与参会者相互影响、相互作用的过程，这要求调查者要做好各种调查准备工作，熟练掌握访谈技巧，同时还要有驾驭会议的能力。小组座谈法的实施步骤见表 8-2。

表 8-2　组织小组座谈会的注意事项

阶段	注意事项
座谈会准备期间	确定会议主题，设计详细的调查提纲和话题次序
	确定会议的主持人
	选择参加人员：参会人数要适中（8~12 人）
	选好会议的场所和时间（1~3 小时）
	准备少量的茶饮和小食品，营造轻松的座谈环境
	确定座谈会的次数
	准备好会议所需的演示和记录用具

表8-2(续)

阶段	注意事项
座谈会进行期间	注意引导会议，缩短或消除开始时短暂的沉默
	创造良好的会议气氛，平等对待每一个参会者
	把握座谈会主题，避免参会者跑题
	鼓励参与者多讲话，少评论
	做好会议记录
座谈会结束后	及时整理、分析会议记录
	回顾和研究会议情况
	做必要的补充调查
	分析和解释结果

3. 关键事件法（critical incident technique，CIT）

关键事件法又称关键事件技术，由福莱·诺格于 1954 年提出，通过收集明确、短暂及真实发生的事件，并由参与者提出或观察者记录而形成。关键事件报告的是一类事件或特殊行为，之所以被称之为“关键”，原因在于该事件对达到某一目的具有直接影响力，会导致某些正向或负向结果，关键与否就取决于事件是否产生有效的结果。在旅游接待业的服务关键事件，通常指那些与旅游接待企业员工互动过程中所发生的、令顾客特别满意或特别不满意的行为事件。通过记录及分析这些事件，研究者可以发现服务过程中的优势及不足，并采取相应措施，提升顾客对服务质量的满意度。

一项有关服务质量的关键事件成立要符合以下四个标准：①要涉及员工顾客的互动；②从顾客的角度来看，是很满意的事件或者是很不满意的事件；③是一个独立的事件；④顾客要呈现充分详细的内容，以进行推论或行为预测。

采取关键事件法进行研究一般按照如下五个步骤进行：①确立研究目标；②确立关键事件收集方法和访谈大纲；③收集关键事件；④分析并分类关键事件；⑤解释关键事件。

如拟采用关键事件来收集影响酒店顾客不满意的原因，访谈题项可设计为：

（1）请叙述您在酒店特别不满意的服务接触经历。

（2）您认为为什么会发生这样的问题？

（3）您认为这个问题的严重程度。

■**知识拓展**

比特纳等人于1990年收集了发生在航空公司和酒店业的774个关键事件，并基于顾客的视角将服务接触事件分为三大类：一是员工对服务传递系统失误的反应，包括顾客对接待企业无法提供的服务、不合理的延迟服务及其他核心服务的反应；二是员工对顾客个性化需求的反应，包括员工对顾客特殊的需求、顾客特有的偏好、干扰到其他顾客的反应，以及员工能够容忍的顾客错误；三是员工的自发性行为，如员工对顾客的关注程度、对其他员工的异常行为、对不同文化模式中的文化行为的反应，以及员工受到责备时的反应。

4. 文本分析法

随着互联网技术的发展，信息化在各个行业得到了广泛应用。信息化依托于信息技术，最大化地利用信息资源服务于各个产业，在旅游接待业中发挥了积极的带动作用。在线评论平台不断发展，逐渐成为海量信息荟萃、买卖双方交流的信息共享平台。旅游消费者通过评论获取旅游产品或旅游接待企业信息，以减少购买过程中的不确定性和交易成本；也通过评论反馈旅游相关产品及服务使用体验，为其他消费者提供购买决策依据。旅游接待企业应该充分利用在线评论等大数据信息，通过文本分析技术，如基于深度学习的情感语义分析，来洞察消费者的服务需求，为旅游接待企业提升服务质量提供依据。

（二）定量研究方法

服务质量的定量评价主要通过问卷调查收集数据。使用这类评价方法的调查人员要事先设计结构化问卷，然后发放给顾客或者旅游接待企业员工以收集数据，最后对数据进行量化处理和分析。问卷的发放又可以细分为网络调查、面访调查、电话调查、邮寄调查。问卷调查的优势在于调查的覆盖面较广，成本低。缺点在于问题缺乏弹性，被调查者做答比较受限，可能会遗漏一些更细致、更深层的信息。

面向顾客的服务质量调查，可借鉴前文中有关服务质量评价模型，依据服务质量的具体评价维度及题项，设计适用于测量旅游接待企业的问卷，从定量的角度掌握顾客对该企业服务质量的真实评价。

第三节　旅游接待业服务质量的提升

一、树立全面服务质量管理理念

全面质量管理（total quality management，TQM）是指一个组织以质量为中心，以全员参与为基础，以全方位、全过程和全方法管理为手段，以实现顾客、组织内部和外部系统受益为目标的质量管理理念和活动。旅游接待业的全面质量管理通过整合行业所有资源，以科学的管理思想、系统高效的管理方法预防质量问题出现，通过全人员、全方位、全过程和全方法管理改变服务质量管理的结果导向，最终实现全效益的管理目标。全面质量管理的核心思想如下：

（一）全成员——全面质量管理主体

旅游接待业全面质量管理的有效推进要依托全体成员的积极参与和共同努力。旅游接待业全体成员要在思想上对全面质量管理形成统一认知和高度认同，在行动上积极投入全面质量管理的实施当中。旅游接待企业从高层决策者到一线接待人员都应各司其职，促进管理流程顺畅。全面质量管理要贯穿于各个层次人员对行业、企业服务质量管理工作的始末，既从宏观上把握行业发展的风向标，也从微观上推进服务质量管理的各项措施落地实施和贯彻执行，从而保证旅游接待业整体服务质量的提升。

（二）全方位——全面质量管理对象

旅游接待业服务质量的全方位管理指凡是与旅游接待经营管理活动相关，或与旅游接待业服务产品提供相关的内容，都需要纳入旅游接待业全面服务质量管理的范畴。旅游接待业的整体性和全面性，决定了质量管理必须实施全方位管理。旅游接待企业内部服务产品和服务活动的构成与特点，也决定了企业服务质量管理的全方位性。

（三）全过程——全面质量过程管理

旅游接待业的服务质量是旅游者将服务的全过程作为最终评价，因此旅游接待企业必须对自己接待客人的全过程进行质量管理。旅游接待全过程包括接待服务前期的组织准备、接待阶段的对客服务和接待服务后期的售后服务，这三个阶段是一个完整的体系，不可分割。服务前期的组织准备要求做好预防和准备工作，尽可能避免在服务中出现问题；接待阶段的对客服务是旅游接待企业服务质量最直接、最具体的表现，也是旅游接待业服务全过程的关键环节，接待质量将直接影响游客满意度，影响旅游接待企业、旅游目的地的声誉。这一阶段的工作主要有以下两个方面的内容：一是加强旅游接待现场服务管理，特别是对接待服务的关键岗位与环节进行重点控制；二是利用旅游接待服务质量信息反馈系统收集服务中的相关信息，找出质量问题产生的原因，制订进一步改进的措施。接待服务后的主要工作表现为收集整理顾客的意见卡、留言簿、在线评论、投诉信等，以此了解游客对旅游接待服务质量的全过程评价。对于不满意的顾客，要及时开展服务补救工作，力争重新获得顾客好评。

（四）全方法——全面质量管理方法

旅游接待业服务质量构成要素众多，影响服务质量评价的因素也很多，服务过程中还存在各种随机性和偶发性事件，尽管有刚性的服务质量内控标准保证旅游者的基本服务需求，但服务本身的无形性和服务情景的变化性决定了部分服务的提供无章可循，需要接待人员灵活处理。因此需要旅游目的地和旅游接待企业在面对问题时能灵活应对，多方运用各类服务质量管理方法，有效应对服务接待工作中的质量管控要求。

（五）全效益——全面质量管理目标

旅游接待企业的全效益质量管理，主要指旅游接待企业要将经济效益和社会效益联系起来。提高服务质量，目的在于创造更大的经济效益，有了经济效益之后，旅游接待企业可以继续投资开发新的产品及技术来提升服务质量。在创造经济效益的同时，也要创造社会效益。旅游接待企业的社会效益主要包括通过绿色产品和绿色服务意识促进旅游接待业的可持续发展，通过服务质量增强旅游目的地的知名度和美誉度，推动旅游目的地健康发展，增加旅游收入，促进居民就业等。

二、构建旅游服务标准化体系

由于服务本身具有无形性、不可存储性和互动性等特点，为保证服务质量的稳定，相关部门还需要对服务提供者的资格或技能、服务设施与环境、服务提供过程及其结果等进行标准化建设和管理。服务标准化是通过对服务标准的制定和实施，以及对标准化原则和方法的运用，以达到服务质量目标化、服务方法规范化、服务过程程序化。可以说，旅游接待服务质量的提升和旅游业可持续发展都离不开服务标准化体系的构建，旅游服务标准化既是旅游接待行业和旅游接待企业提升服务质量的基础保障和管理依据，又是我国从旅游标准大国走向旅游服务强国的必经之路。旅游服务标准体系包括建立和完善旅游国家标准、行业标准、地方标准、企业标准相互衔接的旅游标准体系，通过标准化体系建设推动旅游接待业服务质量等级动态管理机制。

（一）旅游标准化的战略意义和成效

国际国内旅游接待业的发展实践表明，标准化是旅游产业素质提升的基础。早在1987年，我国就发布了首项旅游国家标准《旅游涉外饭店星级的划分及评定》，标志着我国旅游标准化工作正式运行。三十多年来，我国旅游标准化建设的战略意义突出，工作成效显著。为贯彻落实国务院《关于促进旅游业改革发展的若干意见》（国发〔2014〕31号）、国务院办公厅《关于进一步促进旅游投资和消费的若干意见》（国办发〔2015〕62号）原国家旅游局组织编制的《全国旅游标准化发展规划（2016—2020）》提出“到2020年，我国旅游国家标准将达45项以上，行业标准达60项以上，地方标准达300项以上，新建200个以上全国旅游标准化试点示范单位”。围绕把我国旅游业培育成国民经济的战略性支柱产业和人民群众更加满意的现代服务业两大战略目标，全面推进旅游标准化试点工作。通过以点带面的方式，全面宣传和贯彻实施旅游业各项标准，逐步扩大旅游标准化覆盖领域，完善旅游标准体系，创新旅游标准化工作的运行机制，增强旅游市场主体的竞争力，提升旅游产业素质与旅游服务质量，为旅游接待业的发展提供技术支撑和基础保障。

（二）国家及行业层面的旅游服务标准化建设

《旅游质量发展纲要（2013—2020年）》要求实施质量强旅，打造中国服务。这要求旅游接待业在国家和行业层面围绕吃、住、行、游、娱、购六大产业要素，开展服务标准化，并延伸到相关的基础标准、管理标准。国家标准委与文化和旅游部共同组建旅游标准化工作协调推进委员会，研究、协调、推动旅游标准化工作。目前已面向旅游饭店、旅游景区、旅游街区等发布部分国家标准和行业标准，以全面提升旅游接待水平和服务质量。旅游国家标准包括《旅游饭店星级的划分与评定》（GB/T14308-2010）、《旅游景区质量等级的划分与评定》（GB/T 17775-2003）、《旅游景区服务指南》（GB/T26355-2010）、《民族民俗文化旅游示范区认定》GB/T 26363-2010等。旅游行业标准包括《旅游民宿基本要求与评价》（LB/T 065-2019）、《旅游休闲街区等级划分》（LB/T082-2021）、《自驾车旅居车营地质量等级划分》（LB/T078-2019）等。

(三) 地方层面的旅游服务标准化建设

旅游服务的地方标准建设是整个旅游标准化建设的重要组成部分，也是推动地方旅游业提质增效、转型升级的重要抓手。地方旅游服务标准化建设应以展示地方自然和人文旅游资源特色、为游客提供具有地方特色的旅游服务为目标，根据地方旅游发展需要，围绕地方旅游基础标准、地方旅游要素标准、地方旅游支持标准和地方旅游工作标准四个业务板块构建标准体系。目前，我国地方旅游标准化建设工作得到了充分重视，并逐渐建立了相对完善的旅游标准化工作管理办法和旅游标准体系。如四川省文化和旅游厅编制了《四川省文化旅游标准化工作管理办法》，对各类旅游标准的立项范围、立项程序、标准的制定修订程序和要求、标准备案及实效性、工作保障做出了具体规定。

(四) 旅游接待企业的服务标准化体系建设

旅游接待企业的服务标准是创造价值的衡量工具，也是服务绩效考核的重要指标。对于独立提供旅游接待服务的企业，如旅行社、酒店、旅游景区景点等，可以参照《服务业组织标准化工作指南》（GB/T24421-2009），建立和实施包括旅游服务基础标准、旅游服务提供标准、旅游服务保障标准和旅游服务岗位规范四个部分组成的旅游服务标准体系，对上述专门的接待服务实行全员、全面、全过程的服务标准化和质量管理。旅游接待企业的服务标准体系在形式上可以表现为供管理参考的“管理手册”、员工“考核准则”，以及规范员工服务行为的“服务流程和操作标准”等。

三、科学运用服务质量管理方法

(一) 服务质量差距模型

市场营销学者 PZB 于 1985 年构建了服务质量差距模型（见图 8-2），专门用来分析服务质量问题产生的根源。该模型通过 5 个差距展示了服务质量的形成过程，这 5 个差距分别是：

差距 1 是顾客期望与管理层对顾客期望认知之间的差距。比如消费者在寻求廉价客房的同时，亦期望是家干净的酒店，但管理层可能更关注削减经营成本，忽略了顾客对客房卫生的清洁要求。

差距 2 是管理层对顾客期望的认知和企业制定的服务质量标准之间差距。比如住宿接待企业了解到客人想尽快入住自己的房间，但又缺乏足够的客房部工作人员来及时清理待售房给客人。

差距 3 是企业制定的服务质量标准与实际提供的服务质量之间的差距。比如顾客因服务员的无礼而对餐厅的服务感到不满。

差距 4 是实际提供的服务质量与营销信息之间的差距。比如住宿接待企业在广告中夸大设施设备档次和服务水平来吸引顾客，顾客抵店后发现与事实不符合而产生被欺骗的感觉。

差距 5 是顾客期望和实际感知服务之间的差距。

服务质量差距模型的核心内容是感知服务质量差距，即消费者对服务质量的评价由消费者对该服务的期望与实际感知到的服务之间的差距（差距 5）。其中，顾客对服务的期望是顾客过去的实际经历、个人需要及口碑传播共同作用的结果，此外还受到企业营销传播活动的影响。而顾客实际感知到的服务主要受服务提供者内部决策和内部活动的影响，是管理者对顾客期望服务的理解和企业服务质量规范共同作用的结果。为弥合差距5这一核心差距，模型要求同时弥合其他四个差距，只有这些差距越小，顾客对服务质量的评价才会越高。

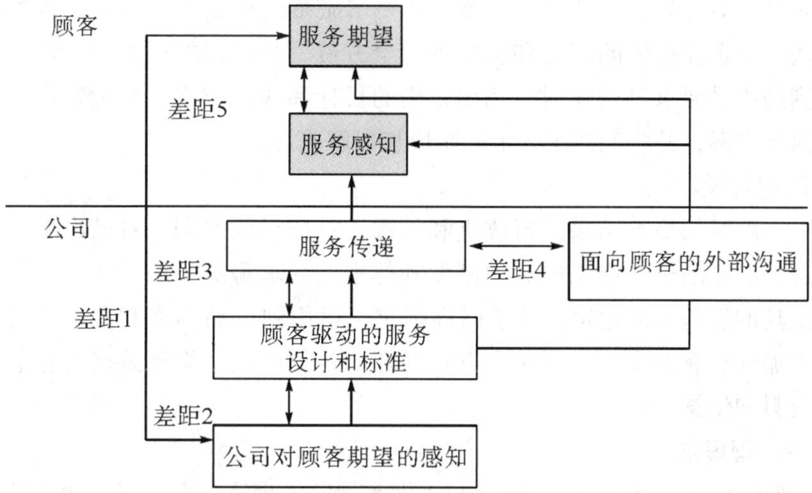

图 8-2　服务质量差距模型

服务质量差距模型对服务管理的影响非常大，它改变了理论层面和实践层面对服务质量的认知方式，为服务质量管理的学术研究提供了理论基础，也为旅游接待业的服务质量管理实践提供了理论指导，帮助旅游接待业找出服务过程中存在的根本性问题。

（二）PDCA 循环法

“PDCA”循环法，是管理学中的一个通用模型。该模型由美国管理专家休哈特博士于1930年率先提出，后来被美国质量管理专家戴明博士在1950年再度挖掘发展，通过明确质量管理的工作思路，确定工作程序，确保形成工作闭环，从而持续改善产品质量，因此又被称为“戴明环”。PDCA是英语单词plan（计划）、do（执行）、check（检查）和action（改进）的第一个字母，PDCA循环就是按照这样的顺序进行质量管理，并且循环不止地进行下去的科学程序。也就是说，以上四个过程不是运行一次就结束，而是周而复始的进行，一个循环完了，解决一些问题，未解决的问题进入下一个循环，呈阶梯式上升。

PDCA循环是旅游接待企业开展全面质量管理可借鉴遵循的科学程序，四个阶段的工作重点如下：

（1）计划阶段。

计划阶段可以通过市场调查、顾客访问等方法找出顾客对旅游接待服务产品质量的要求，明确服务过程中所存在的问题，分析产生问题的原因，并找出影响问题的主要因素，再针对这些主要因素制定旅游接待企业服务质量提升的目标、方针和相应措施。

（2）执行阶段。

按照计划阶段制定的详细方针和方案予以实施，力争实现计划目标。该阶段要求旅游接待企业全员参与，严格执行计划阶段的各项任务，并做好记录，以备核查和反馈执行情况。

（3）检查阶段。

检查阶段是对计划执行结果的总结，这要求旅游接待企业综合运用各种质量检查和考核方法，对企业提供的产品和服务进行全方位、全过程的检查，与计划设定目标和需要达到的质量要求进行比对，找出正确的目标和执行方案，明确错误、需要修正的目标和执行方案，并将问题纳入下一阶段加以解决。

（4）改进阶段。

针对上一阶段的检查结果进行改进和处置，总结经验教训。对已出现但未解决的质量问题进行深刻剖析，修正原有的制度和标准，寻求解决方法，防止类似问题继续发生；对成功的经验加以肯定，并予以标准化，运用到产品标准和服务规范当中。将本次 PDCA 循环没有解决的问题转入下一循环的计划阶段，为旅游接待企业服务质量改进提供资料和依据。

（三）ZD 管理法

ZD 管理法（zero defect management），即零缺陷管理法，它主张企业发挥人的主观能动性来开展经营和管理活动，产品生产者、服务提供者要努力使产品和服务业务没有缺点，为实现高质量目标而奋斗。零缺陷管理的基本内涵和基本原则大体可概括为基于某一宗旨和目标，通过对经营和管理各环节、各层面的全过程、全方位管理，确保业务经营和管理各环节、各层面、各要素的缺陷趋向于“零”。

ZD 管理法运用到旅游接待业质量管理的核心理念如下：

1. 以“零缺陷”为管理目标

零缺陷并不是说绝对没有缺点，而是指要以“零缺陷”为最终目标。ZD 管理法的目标要求旅游接待企业或组织根据拟定目标做好服务前的预防工作和服务过程中的控制工作，从一开始就本着严肃认真的态度把工作做得准确无误，尽可能减少旅游接待业中的服务质量缺陷和差错，努力提供无缺陷的产品和交付无差错的服务，而不是依靠事后的检验来纠正，以此确保旅游者的愉悦体验和旅游接待业的声誉。

2. 前瞻性

ZD 管理强调“第一次就做对”（do it right the first time），要求旅游接待业管理者具备前瞻性管理思维，能对每个服务环节都做到未雨绸缪、防患于未然。同时要求全体人员具备良好的职业素养和超强的服务意识，能通过优质、高效、完美的接待服务，为旅游者创造难忘的愉悦体验，这也是旅游接待业质量管理的终极目标。

3. 全员参与

ZD 管理鼓励旅游接待业全体从业人员积极参与，为提升服务质量出谋划策，贡献力量。旅游接待企业中的每一位员工，不论是决策者、管理者还是一线员工，都是旅游接待业实现“零缺陷”的缔造者。因此需要充分调动每位员工的积极性和参与性，全身心投入本职工作当中，才能推动旅游接待业服务质量的全面提升。

4. 强调激励功能

传统的服务管理侧重于技术手段，赋予员工提升服务质量的工作方法。ZD 管理在重视方法技术的基础上，强调激励功能。ZD 管理不是斥责犯错者，而是表彰实现无缺陷服务的员工，要求管理层能充分运用激励因素，赋予每位员工做好本职工作的意义，充分调动员工的工作热情、服务创造性和责任感，不断激发员工提升服务质量的内在动力和工作潜能。

（四）QC（quality control）小组法

QC 小组，即质量管理小组，它是指针对某一既定服务质量问题或服务质量提升目标，运用服务质量管理思想和方法，通过质量控制小组活动，持续改进质量问题，实现服务质量提升目标。QC 小组以员工自愿参加为基础，实行自主管理、自我教育、互相启发、共同提高，充分发挥小组成员的聪明才智和积极性、创造性。QC 小组成员构成广泛，重视吸引一线服务人员和职能部门员工，群策群力分析问题、解决问题。活动开展遵循先进的服务质量管理思维和科学的工作程序，科学分析、解决问题，拒绝“想当然”和“个人经验”。活动的宗旨在于提高员工素质，激发员工积极性和创造性，营造多方受益的服务场景和氛围，从而改进某一具体的服务质量问题，或者实现拟定的服务质量提升目标。

旅游接待业在提供服务的过程中，会遇到各种各样的服务质量问题，QC 小组法在旅游接待业中的运用相当广泛。其主要工作步骤如下：

1. 组成 QC 小组

为了便于开展服务质量控制活动，小组人员不宜过多，一般以 3~10 人较合适。小组成员要熟悉其岗位的服务标准及服务流程，具有一定的专业知识和技术水平，并能积极参加活动。

2. 拟定选题和目标

QC 小组的选题就是确定拟解决的问题，一般是基于旅游接待业服务目标和重点工作、服务现场存在的薄弱环节，以及顾客需求来选择。选题宜小不宜大，解决的问题要具体明晰，不可抽象。选题拟定以后，应确定合理的目标。制定目标要掌握目标管理的 SMART 原则：①specific，即目标要清晰明确，就是主题要明确；②measurable，即目标要可衡量，要以数据做目标；③attainable，即目标经努力是可达成的，不要制订做不到的目标；④relevant，即订立的目标是团体与个人均需要的；⑤time bound，即目标的达成、衡量是有截止日期的。QC 小组一次活动目标通常以 1 个为宜，最多不超过 2 个。

3. 制订工作计划

制订达成目标的工作计划可以采用 5W2H 的做法：①what，即做什么，这是主题项目及目标值（数据）；②why，即为什么做，这是明确为什么要这样做；③who，即谁来做，这是指组员应分工，各有所司；④where，即何处进行，主要指活动进行的场所及配合部门；⑤when，即何时做，这是指制定阶段任务和进度；⑥how to do，即如何做，这是对实施方案、方法等加以规划设计；⑦how much，即成本如何，这主要是指评估活动开展的成本。

4. 实施工作计划

小组活动实施工作计划的第一步是调查旅游接待业的服务质量现状和问题，掌握反映服务质量问题的一手资料和数据，对现行服务质量情况进行科学评估。然后充分调动小组成员的积极性，依靠掌握的数据集思广益，选用适当的QC分析工具，如因果图、关联图、系统图、相关图等，将多种原因根据关键、多数、次要和少数的原理进行排列，从中找出制约服务质量的关键问题，并分析出产生问题的主要原因。主要原因确定后，制定并组织成员贯彻落实相应措施，实施过程中需要定期或不定期研究实施情况，确保措施有效实施。

5. 检查活动效果

QC小组应对比措施实施前后的效果，确定是否达到预期目标。如达到目标，则进入下一步工作；若没有达到目标，则对计划的执行情况及可行性进行分析，找出原因，再在二次循环中加以改进。

6. 总结成果

QC小组应将活动的成果进行总结。总结成功经验、吸取失败教训，为下一个循环奠定基础。若已达到预定的目标值，说明本次活动的选题目标已经完成，为确保成果得到巩固，应将一些行之有效的措施或方法纳入服务标准、服务程序或管理文件，经有关部门审核后发布固化。对遗留问题进行再分析，并将其作为下一个循环的重点任务和改进方向。

四、重视服务补救

服务补救（service recovery）是在旅游接待业主体提供服务出现失败和错误的情况下，对旅游者的不满和抱怨当即做出的补救性反应。其目的是通过这种反应，重新建立顾客满意和顾客忠诚。服务补救具有现场性、快速性和主动性特点。现场性是指旅游接待企业必须在服务失误出现的现场，就地进行服务补救；快速性是指旅游接待企业要对服务失误快速反应，避免由服务失误造成的不良影响扩散和升级；主动性是指旅游接待企业要主动地去发现服务失误并及时地采取措施解决失误，本质上是一种前瞻性的管理思维。

服务补救是一项全过程的、全员参与的服务管理工作。服务补救不只是弥补服务裂缝、加强与顾客联系的良机，它还是一种极有价值但常被忽略或未被充分利用的诊断性工具和信息资源。通过对服务补救全过程的跟踪，管理者可发现服务系统中一系列亟待解决的问题，并及时修正服务系统中的某些环节，进而使“服务补救”现象不再发生。因此，旅游接待企业需要建立一个跟踪并识别服务失误的系统，使其成为挽救和保持顾客与企业关系的良机。有效的服务补救需要旅游接待企业通过听取旅游者的意见来确定服务失误所在，即不只被动地听取顾客的抱怨，还要主动地查找那些潜在的服务失误。收集顾客批评、监听顾客抱怨、开通投诉热线以及听取顾客投诉等都是旅游接待企业主动查寻服务失误，积极开展服务补救的有效渠道。

服务补救的效果取决于员工服务补救的技巧、权力和随机应变的能力。有效的服务补救技巧包括认真倾听顾客抱怨、确定解决办法和灵活变通的能力等。旅游接待人员必须被授予开展服务补救的权力，当然这种权力的使用是受限制的，在一定范围内允许用于解决各种意外情况。

值得注意的是，服务补救并不总是有效。在很多情况下，服务产品是无法重新生产的，服务补救对于提高顾客满意度和忠诚度可能毫无意义。旅游接待业服务补救的有效性在很大程度上取决于顾客的参与和投入情况，如果顾客在服务生产过程中的参与程度很高，而且投入的价值很大，在这种情况下，服务补救只能起到缓解顾客不满情绪的作用，而对顾客的满意度和忠诚度的提高并不具有实质性意义；但如果顾客参与度较低，投入资源较少，那么，服务补救的效果可能会更好。

有效补救活动的实施包含以下七个方面：①衡量有效服务补救的成本；②鼓励顾客提出抱怨；③事前预测顾客所期望的服务补救；④快速采取补救措施；⑤对员工进行补救活动的教育培训；⑥授权给第一线员工，让员工能充分掌握补救作业的内容与反应；⑦将有关信息反馈给顾客，让顾客产生备受尊重的感觉。

《案例》

从服务程序看服务质量管理①

服务质量管理是旅游接待业经营管理的核心内容，服务质量决定了旅游接待营销效果、经济效益和竞争实力。因此，旅游接待业管理人员应通过对服务程序的控制，提高服务质量，树立良好的行业形象和企业形象，增强顾客信任感。

以酒店接待服务为例，酒店产品就是为顾客提供服务。服务本身具有无形性、差异性和同步性等特点。顾客在购买之前无法试用，即使顾客曾经到过某家酒店购买过某种服务，但当他们再次购买这种服务时，也无法肯定能否得到同样质量的服务产品；即使同一等级的不同酒店，能提供的服务也不可能完全相同，再加上服务人员存在着性格、爱好、经历、修养等的素质差异，而且易受环境变化和情绪波动的影响，即使是同一位服务员所提供的服务也不可能始终如一。因而，这种服务质量的不一致性意味着顾客的购买是具有一定风险性的。为了向顾客提供标准化的服务，保证服务质量的一致，美国哈佛大学教授莱维特提出了“服务工业化”观点。所谓“服务工业化”即服务质量的标准化、规格化和程序化。

从顾客的角度来看，服务质量不仅与服务结果有关，而且也与服务过程有关，这就要求管理人员不仅要制定服务结果的标准，即“静态标准”，还要制定服务过程的标准，即“动态标准”。静态标准例如中餐便餐摆台标准、西餐摆台标准、宴会摆台标准、做床标准、清扫客房卫生间门开至三十度的标准等，这些标准虽然繁多，但一般服务员只需稍加培训，都可以做到。而关于“动态标准”的制定看似容易做起来却难，因为它存在许多不可控因素。为了制定出一套科学、灵活的服务操作程序，管理人员应先绘制服务流程图，例如餐厅服务中，从引坐、点菜、上菜、撤菜，再到结账离席，在这一系列的程序中，管理人员应在流程图上标明直接接触点以及服务的细节。众所

① 改编自庄坚毅《从服务程序看服务质量管理》。

周知，服务过程大多是服务员和顾客相互接触、相互交流、相互影响的过程，服务质量不仅与服务员有关，也与顾客有关，因此，管理人员不仅要对服务员进行管理，也要对顾客的消费行为进行密切关注。但如果酒店盲目推广标准化服务程序，将标准化服务作为提高酒店服务质量的唯一路径，这种做法也有所偏颇。在服务质量管理中，只有将标准化服务、定制化服务、人文化服务相结合，从而为顾客提供优质服务。所谓定制化服务，就是根据顾客的要求，提供个性化、差异化服务，满足顾客特殊的、具体的需求和愿望，才能使顾客满意。酒店在编制服务标准时，还要发挥服务员的积极性、主动性和创造性。片面强调僵硬不变的服务程序，等于把服务员当作机器人，服务员也无法根据具体情况随机应变地为顾客提供服务。另外，服务员长期从事机械、重复的服务工作，必然会产生厌倦心理，进而影响服务的质量。一般来说，在前台工作的服务员，经过专业培训和实际工作锻炼，都具备一定的专业知识和技能，这种知识和技能体现在服务员的经验、洞察力和创造性上。所以，在为顾客提供服务的过程中，应授予服务员一定的权力，才能以调动和发挥他们的应变能力和服务能力。

复习与思考：

1. 论述旅游接待服务的特征。
2. 简述 SERVQUAL 模型对服务的影响。
3. 运用服务场景模型分析某一旅游接待服务的属性。
4. 运用服务质量差距模型分析某一旅游接待服务存在的问题。
5. 论述全面质量管理理念与具体方法。

第九章 旅游接待业顾客关系管理

■学习目标

了解旅游接待业顾客关系管理的内涵和目标
理解旅游接待业顾客关系管理的驱动因素
掌握旅游接待业顾客关系管理的理论基础
了解旅游接待业顾客的识别与选择
掌握旅游接待业顾客的开发策略
了解旅游接待业应该掌握的顾客的信息
理解旅游接待业有效顾客互动的影响因素
掌握旅游接待业顾客抱怨的原因以及处理步骤
理解旅游接待业顾客关系的金字塔模型
了解旅游接待业顾客流失的原因
掌握旅游接待业顾客流失的应对策略
核心概念：顾客关系、顾客识别、顾客信息、顾客互动、顾客满意、顾客忠诚

第一节 旅游接待业顾客关系管理理念

一、旅游接待业顾客关系管理的内涵

顾客关系管理（customer relationship management，CRM）是旅游接待业的一种经营哲学和总体战略。它是指在现代市场营销理念的指导下，充分运用现代信息技术来获取顾客数据，运用发达的分析工具来分析顾客数据，挖掘顾客的需求特征、偏好变化趋势和行为模式，积累、运用和共享顾客知识，管理处于不同生命周期的顾客关系及其组合，为不同顾客提供具有优异价值的定制化产品或服务，通过有效的顾客互动强

化顾客忠诚，最终实现顾客价值最大化和旅游接待企业价值最大化之间的合理平衡。旅游接待业的顾客关系管理内涵主要体现在以下两个方面：

（一）以顾客为资产的管理理念

旅游接待业是以服务性企业为主的组织集合。目前，我国越来越多的旅游接待企业认识到顾客是形成企业核心竞争力的宝贵资源，而旅游接待业顾客关系管理需要树立顾客是企业资产的管理理念，顾客关系管理理念成功实现了从“以产品为中心”的商业模式向“以顾客为中心”的商业模式的转化，完善了企业管理的全过程。

在为顾客服务的过程中，传统的旅游服务和经营管理不能抓住潜在的销售机会，缺乏对顾客信息的全面收集和管理运用，而以顾客为资产的旅游接待业顾客关系管理能够帮助企业最大限度地获取和利用以顾客为中心的资源，并将这些资源集中应用于顾客和潜在顾客身上，从而使旅游接待企业能够缩减销售周期和销售成本，获得扩展业务所需要的新市场和新渠道，增加顾客价值，提升顾客满意度和忠诚度，提高旅游接待企业的营利能力，提升旅游接待企业管理的有效性。

（二）利用现代信息技术对顾客进行整合营销

旅游接待企业面对的顾客不是用实物产品就能够满足的顾客，而是需要提供优质服务的顾客。这些顾客来自五湖四海，需求差异性较大，满足顾客期望的难度更大。此外，旅游接待企业提供的产品也更具有独特性，主要包括有形的物质产品和无形的服务产品，并以无形服务产品为主。

旅游接待业顾客关系管理就是借助现代信息科技、在强大的数据处理和整合的基础上，建立跨部门、跨业务、跨地区的顾客信息资源，将所有顾客与公司的接触点整合成一个完整的过程进行管理，帮助挖掘、追踪和识别企业的潜在顾客，再以一致性的信息进行营销传播，并按照顾客需求提供个性化的产品和服务，奠定与顾客建立良好关系的基础。此外，旅游接待业顾客关系管理还打破了传统的以4P，即产品（product）、价格（price）、渠道（place）、促销（promotion）为核心的营销方式，将营销重点从顾客需求进一步转移到顾客保持上，保证旅游接待企业能够把有限的时间、资金和资源集中在关键任务上，从而实现对顾客的整合营销。

二、旅游接待业顾客关系管理的驱动因素

（一）社会信息技术飞速发展的推动

顾客关系管理的发展与旅游接待企业竞争环境的变化和信息技术的发展息息相关。随着互联网技术和电子商务的广泛应用，移动通信、物联网、云计算等现代信息科技的迅猛发展，旅游接待业顾客关系管理也顺势得到快速的发展和应用。在大数据时代，一些处于领先地位的旅游接待企业感受到了顾客关系管理理念为企业带来的变化，深刻认识到有效管理企业的顾客资源是形成企业核心竞争力的关键，它们正进一步完善技术、服务等支撑体系，创建更先进的新商业模式。

（二）旅游接待业营销理念创新的驱动

旅游接待企业经营管理的基本理念是随着市场环境的变化而不断演变的。最初，旅游接待业为了迎合发展初期的卖方市场，确立了以生产为导向的理念。随着旅游接

待业的市场竞争逐渐增强，又确立了以销售为导向的理念。在经历市场经济大潮洗礼后，旅游接待业又普遍确立了以市场为导向的经营理念，强调对市场信号的关注。而在市场竞争更加白热化的现代社会，旅游接待业与市场的关系最主要、最根本地表现为旅游接待企业与顾客的关系。

（三）旅游接待业顾客消费行为变化的拉动

随着经济的发展和社会的进步，人们更加注重精神文化生活的需要，旅游消费观念也逐渐向着外向化、个性化的方向发展，不再仅仅满足于旅游产品和服务的价格、质量、品牌和便利性等因素，而且更注重产品和服务的附加值，如顾客关怀、个性化需求的满足程度、与企业之间的相互信任等。因此，旅游接待企业需要更多地关注顾客，重视与顾客之间的沟通与交流，加强顾客关系管理的建设，才能更好地满足顾客的精神和心理消费需求。

（四）旅游接待业市场竞争加剧的促动

旅游接待业之间的竞争早已由国内市场竞争转向了全球化竞争，竞争的焦点也由产品竞争转向品牌竞争、服务竞争和顾客竞争。尤其是随着旅游者消费观念的不断成熟升级，使他们对旅游产品和服务的个性化需求也越来越多。因此，在产品同质化越来越严重的旅游接待业，服务成为体现产品差异化和形成有效竞争力的关键手段。旅游接待企业要想为顾客提供个性化和差异化的服务，就必须将顾客关系管理作为一项长期的战略任务，通过实施顾客关系管理战略，识别顾客的不同需求，实现与顾客的沟通和互动，建立和保持长期的友好合作关系、培育顾客忠诚。

三、旅游接待业顾客关系管理的目标

（一）提高旅游接待企业的运营效率

旅游接待业顾客关系管理能够整合各类资源，提高运营效率。这些资源包括传统的电话中心、顾客机构，结合旅游接待企业的门户网站、网上顾客服务等电子商务内容，构架“动态”的旅游接待业前端；还可以逐步渗透至生产、设计、物流配送和人力资源等部门，整合各类系统，实现整个企业内外部的信息共享和流程协同，提高业务处理流程的自动化程度和旅游接待企业员工的工作能力，从而使旅游接待企业的运营更为顺畅、资源配置更为有效。

（二）降低旅游接待企业的经营风险

旅游接待业顾客关系管理能够提供强大的决策支持，降低经营风险。顾客关系管理具备对顾客资料进行系统储存与管理的能力，能够通过在线分析、数据挖掘、商业智能等工具对顾客资料进行分析，确定顾客对企业的贡献度，发现顾客的偏好与需求，甚至能对顾客的消费行为模式进行预测，为旅游接待企业决策提供重要依据。因此，顾客关系管理能够帮助企业更好地满足顾客需求，为企业提供更可靠的决策支持，最大限度地降低企业的经营风险。

（三）增强旅游接待企业的营利能力

旅游接待业顾客关系管理具有增强企业与顾客互动管理的功能，从而能在一定程度上降低企业运营成本，提高对客服务质量，提升企业的营利能力。良好的顾客关系管理可以有效地管理企业与顾客的各个互动渠道，从而使互动渠道的运用更加高效；同时，它还具备强大的顾客资料分析能力，能对所有的顾客进行价值评价，并根据评价结果将顾客进行分类，使企业能够按照顾客的不同等级来选择顾客，创新与不同顾客的沟通互动模式，从而更好地满足不同顾客的需求，提高整体的工作效率。

（四）转变旅游接待企业的商务模式

顾客关系管理具有自动化营运管理功能，能促进旅游接待业全面实现从传统企业模式向现代化商务模式的转变。顾客关系管理的自动化营运管理主要包括营销的自动化和销售的自动化。营销的自动化指顾客关系管理能够自动对潜在的顾客进行跟踪分析和管理，能够对营销结果进行自动化分析和市场预测等。销售的自动化指顾客关系管理具备实现移动销售、账户管理、销售预测、营利分析以及向销售部门提供顾客和竞争对手的信息等功能。此外，顾客关系管理还能在对客服务、纠纷处理、订单追踪、问题解决方案等方面提供信息与支持。

（五）增强旅游接待企业在新时期的竞争力

顾客关系管理是一种创新的管理理念、管理模式和技术系统，能为旅游接待企业提供全新的顾客视角，它应用于旅游接待企业的市场营销、销售、服务和技术支持等与顾客相关的所有领域，能为旅游接待企业各领域提供智能化的解决方案，帮助旅游接待企业实现与顾客的个性化交流，不断增加顾客的价值，提高顾客满意度和忠诚度，不断改善企业的管理效率和营利能力，实现企业与顾客的双赢。因此，在新经济环境下，顾客关系管理对增强企业竞争力具有十分重要的作用。

四、旅游接待业顾客关系管理的理论基础

（一）关系营销理论

顾客关系管理的基础理论是关系营销，关系营销实质上是一种经营理念，它决定了旅游接待企业如何管理与顾客的关系。关系营销理念认为顾客是旅游接待企业的合作伙伴，旅游接待企业可通过提高质量、加强服务和创新，保持和改善与现有顾客的关系，关系营销的核心在于与顾客保持长期关系、合作关系、信任关系和忠诚关系。

旅游接待业在运用“关系营销”时，应掌握6I原则：

1. 顾客的信息（information）

旅游接待业必须努力获得关于顾客的可靠信息，可靠的信息是下一步对顾客进行旅游产品介绍的基础。

2. 对顾客的投资（investment）

旅游接待业必须选择值得投资的顾客，并对顾客价值进行计算，根据顾客的不同价值进行不同的投资。

3. 根据顾客个性化特征定制产品和质量（individuality）

为顾客定制充满个性化，成本最低的项目。

4. 与顾客交流（interaction）

与顾客的系统化交流是促使双方相互了解，建立良好感情的基础。

5. 对顾客的整合（integration）

将顾客与顾客整合进行价值创造，密切商业关系。

6. 建立独特关系的意愿（intention）

主动建立起独特关系的意愿，是有效开展关系营销的基础。

综合6I原则，可以对关系营销得出这样的认识：关系营销是由管理“关系”的一系列活动所构成的一个社会性过程；关系营销的重点在于利益各方之间的交流，并形成利益稳定、相互信任的关系；关系营销的最终实现要靠产品或价值成熟、顺利、高质量的交换；关系营销的一系列活动都是为了实现一定的营销目标。

（二）情感营销理论

情感营销是指把顾客的情感需求差异作为旅游接待企业营销战略的核心，借助情感设计、情感包装、情感分销、情感促销、情感广告等策略，激发顾客潜在的购买欲望，实现旅游接待企业的经营目标。情感营销在产品策略上以顾客接不接受、喜不喜欢、满不满意作为产品设计和开发的准则，充分体现以顾客为中心的营销理念。同样，情感营销在制定价格策略、渠道策略和促销策略上都以顾客的需求、偏好为准则。

在情感消费时代，消费者购买商品所看重的已不完全是商品数量的多少、质量的好坏以及价钱的高低，而是为了一种感情上的满足，一种心理上的认同。情感营销从消费者的情感需要出发，唤起和激起消费者的情感需求，诱导消费者心灵上的共鸣，寓情感于营销之中，让有情的营销赢得无情的竞争。

消费者在旅游过程中更注重环境、气氛、美感，追求品位，要求舒适，寻求享受。情感营销不仅重视旅游接待业和消费者之间买卖关系的建立，更强调相互之间的情感交流，因此它致力于营造一个温馨、和谐、充满情感的旅游体验环境。

（三）顾客生命周期理论

旅游接待业的顾客生命周期是指从旅游接待企业与顾客关系建立到关系终止的全过程，是顾客关系水平随时间变化的发展轨迹，它动态地描述了顾客关系在不同阶段的总体特征。顾客生命周期分为考察期、形成期、稳定期和退化期四个阶段，具体如图9-1所示。

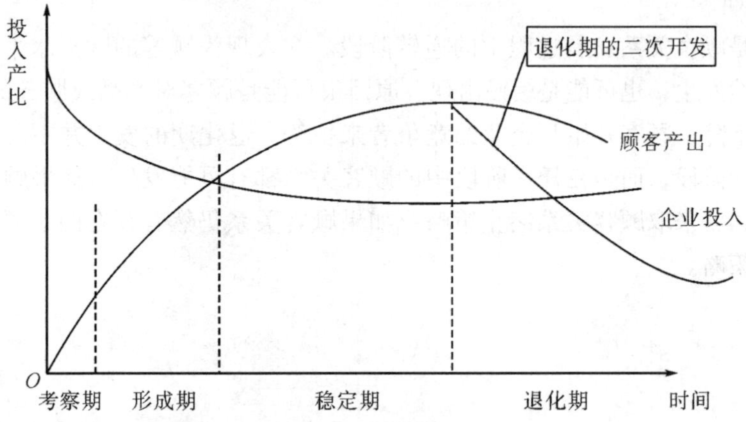

图9-1　顾客生命周期企业投入产出比

资料来源：杨路明. 关系管理理论与实务［M］. 北京：电子工业出版社，2015.

顾客生命周期在不同阶段会呈现不同的特征，顾客关系的管理目标和重点也有所差异。

1. 考察期

考察期是顾客关系的孕育期，顾客关系处于探索和试验阶段。在这一阶段，双方主要考察和测试彼此目标的相容性、对方的诚意和绩效，如果建立长期关系，还要弄清楚双方的潜在职责、权利和义务。这个阶段的基本特征是：双方相互了解不足，不确定性大，顾客尝试性下单，一般交易量较少。其中心目标是：评估对方的潜在价值，降低不确定性。

2. 形成期

形成期是顾客关系的快速发展阶段。双方在考察期已经建立了一定程度的相互信任和相互依赖，顾客愿意承担部分风险，对价格的忍耐力有所提高，需求也进一步扩大。旅游接待企业从顾客交易获得的收入已经大于投入，此时开始营利。但是，这一时期顾客关系没有固化沉淀，顾客在购买决策时，还会对相关竞争性产品进行评价对比。因此，顾客群体稳定性较差、需求的波动性较大，容易受外界影响。

针对形成期顾客关系的特点，旅游接待企业要建立和完善顾客档案信息，通过恰当的方式与顾客保持沟通，了解顾客的真实需求和感受，同时向顾客传递企业的价值观，通过"承诺和兑现承诺"使顾客建立对旅游接待企业的信任；在满足顾客基本期望的基础上，努力实现和超越顾客的预期，帮助顾客抵制竞争对手的促销和诱惑。

3. 稳定期

稳定期是顾客关系发展最好的阶段。此时双方已经建立持续长期合作关系，顾客对产品或服务数量和质量需求稳定，对价格敏感度降低，价格忍耐力达到最大值，交易量增大，顾客对旅游接待企业的产品和服务有信心，愿意试用新产品和新服务，并主动为旅游接待企业传递良好口碑和推荐顾客，形成外部效应。

这一阶段的明显特征是：双方对彼此提供的价值高度满意，为维持长期稳定的关系，双方都付出了大量有形和无形投入。因此，在这一时期双方的交互依赖水平达到整个关系发展过程中的最高点，双方关系处于一种相对稳定的状态。

4. 退化期

退化期是顾客关系发展过程中的逆转阶段。它表现为顾客的购买水平下降，这种下降可能骤然发生，也可能是缓慢出现。原因很可能是顾客对产品或服务的抱怨增加，顾客满意度下降，顾客开始与企业的竞争者来往等。退化期的发生并不总是处在稳定期之后的第四阶段，而是在任一阶段中的顾客关系都有可能发生。如果顾客关系没有存在的必要，就采取顾客关系终止策略；如果顾客关系仍然有存在的必要，就应该采取关系恢复策略。

第二节　旅游接待业顾客关系建立

一、顾客的识别

在识别顾客的过程中，首先要遵循“MAN”法则，厘清顾客之所以成为顾客的基本条件。“MAN”法则认为：能否成为顾客，由金钱（money）、权利（authority）和需要（need）三个要素共同决定。

（一）具有产品购买力

具有产品购买力，即具有购买旅游接待产品和服务的货币支付能力。在现实销售中，常常碰到这样的情形：顾客有强烈的购买欲望，但缺乏足够的经济实力，因此无法形成现实的购买。在商品经济背景下，形成购买决策的关键因素之一就是购买力，缺乏购买力的顾客难以转化为现实的销售对象。因此，旅游接待企业需要根据产品和服务的价值，将目标顾客群体锁定为具有现实或潜在支付能力的群体。

（二）拥有商品购买决策权

拥有商品购买决策权，就可以支配货币。在实际销售过程中，旅游接待企业应了解个体顾客或组织顾客的特性，把销售努力集中在有购买决策权的个体或组织身上，这样才能提高销售的效率，减少无谓劳动。

（三）对产品具有需求

对产品具有需求，即顾客要有购买欲望，这要求旅游接待企业提供的产品和服务能满足顾客的需求。将潜在销售对象转化为现实顾客的条件之一就是激发、创造顾客的购买需求。

二、顾客的选择

顾客选择实际上是在市场细分的基础之上选择目标市场的过程。市场细分是指根据顾客的需要、购买行为和购买习惯等方面的明显差异，把某一产品或者服务的市场划分成若干个由相似需求构成的消费群的过程。旅游接待业市场是一个多层次、多元化消费需求的综合体，任何旅游接待企业都无法满足顾客所有的需求。通过市场细分可以帮助旅游接待企业识别最能营利的细分市场，找到最有价值的顾客，引导旅游接待企业把主要资源放在这些能产生最大投资回报的顾客身上，从而更好地满足他们的需要。

旅游接待企业在进行市场细分时，应该注意以下几个细分原则。首先，细分后的顾客子群体必须具有不同特点并且保持相对稳定性，以便旅游接待企业实施长期的营销策略，有效地开拓并占领目标市场。否则，如果细分后顾客群体的特点变化过快，那么营销风险就会随之增加。其次，每一个细分后的顾客群体要具有可衡量的特征，即各子群体内都有明确的特点，如具有共同的需求特征，或表现出类似的旅游消费行为。最后，细分后的顾客群体规模必须使旅游接待企业有利可图，而且有相当的发展潜力。一个细分群体能否实现营销目标，取决于这个市场的容量，如果容量过小，该目标顾客群体就不值得去实施相关营销计划。

此外，针对目标顾客的选择，旅游接待企业首先要根据自身实力量力而行，不同类型的旅游接待企业，拥有不同的产品、服务或内部资源，它们对寻找潜在顾客的要求不同，这需要企业结合自身的具体需要灵活应对。其次，要遵循重点关注原则，即优先关注具有高潜力的顾客群体，把潜力低的潜在顾客排在后边。

三、顾客的开发

旅游接待业顾客的开发就是将目标顾客和潜在顾客转化为现实顾客的过程。根据市场调查，旅游接待企业每年的顾客流失率为10%~30%。因此，旅游接待企业在努力培养顾客忠诚度的同时，还要不断寻求机会开发新顾客，尤其是开发优质顾客。旅游接待企业可以通过有吸引力的产品策略、价格策略、分销策略和促销策略来吸引目标顾客和潜在顾客产生购买行为。

（一）产品策略

旅游接待企业应向顾客提供适当的产品或服务以满足其需要。旅游接待企业应提供的内容不仅包括产品或服务的功能效用、质量，还包括相关的服务和保证。功能效用是吸引顾客最基本的立足点，功能越强、效用越大的产品或服务对顾客的吸引力就越大。质量优异的产品或者服务总是受到顾客的青睐，质量在吸引顾客上起至关重要的作用。如果旅游接待企业对提供的产品或者服务做出承诺与担保，就可以降低顾客购买的心理压力，引起顾客的兴趣和好感，从而促进顾客放心地购买和消费。例如，航空公司承诺航班准点，同时承诺万一航班出现因非不可抗拒因素而延误、延期、取消等问题时，可按规定赔偿乘客的损失，这使乘客在一定程度上增加了对航空服务的信心。

（二）价格策略

价格是指旅游接待企业出售产品或者服务所追求的经济回报。旅游接待企业可制定有吸引力的价格策略来开发顾客。顾客购买产品或服务时一般都有一个期望价格，当市场价格高于期望价格时，就会导致顾客放弃购买这个产品或减少购买量。而当市场价格低于期望价格时，顾客又可能产生怀疑，认为“便宜没好货”，而放弃购买或减少购买量；特别是当顾客不能客观鉴别产品质量，并且这种产品又涉及他们的形象和威望时，就会把价格当作一个质量标准，认定只有贵的产品才会是好的产品。可见，定价太高、太低都不合理，旅游接待企业应当根据产品或者服务的特点，以及市场竞争状况，确定一个对顾客具有吸引力的价格。

（三）分销策略

为了达到吸引顾客，让顾客自己上门的目的，旅游接待企业应当通过适当的销售渠道或途径，使顾客方便购买产品或者服务。例如，航空公司在航空市场欠发达的地区建立代销网络，如通过当地旅游部门、民航等代理机票销售，不仅可以方便有需求的乘客，还可以在一定程度上摆脱因资金和人力的限制而对销售网络发展产生的制约，同时降低机票的销售成本。在航空市场相对发达的地区，航空公司可以建立直销网络，如在主要城市的机场、繁华地段、高级宾馆、银行等开办机票直销处，可以方便乘客购买机票，同时增强航空公司自主营销的能力，降低机票的销售成本，从而增加收益。

（四）促销策略

适当的促销是指旅游接待企业利用各种适当的信息载体，将产品的信息传递给目标顾客，并与目标顾客进行沟通的传播活动，旨在引起顾客的注意，刺激和引起顾客的购买欲望和兴趣，并使其产生实际的购买行动。例如，美国著名的旅游者保险公司，在促销时使用一个“伞”式符号作为象征，它的促销口号是“你们在旅游者的安全伞下”。又如，香港国泰航空公司的广告以一棵大树自比，恰当地树立了自己的形象，给顾客带来了一种安全可靠的感觉。

第三节　旅游接待业顾客关系维护

顾客关系建立后，旅游接待企业要再接再厉，努力维护好来之不易的关系，并且不断加深关系和提升关系，从而让顾客为旅游接待企业创造更多的价值。对顾客关系的维护是旅游接待企业巩固及进一步发展与顾客长期、稳定关系的过程。为此，旅游接待企业要全面掌握、分析顾客的信息，基于顾客价值差别对顾客进行分级管理，还要与顾客进行有效沟通，努力让顾客满意，争取实现顾客的忠诚。

一、顾客的信息管理

顾客信息是旅游接待企业决策的基础，如果旅游接待企业想要维护好与顾客的关系，就必须充分掌握顾客的信息。只有收集全面的顾客信息，才能根据顾客带给旅游接待业价值的大小和贡献的不同，对顾客进行分级管理。在竞争激烈的市场上，旅游接待业要满足顾客的需求、期待和偏好，就必须掌握顾客的需求特征、交易习惯、行为偏好和经营状况等信息，从而制订和调整营销策略，有针对性地为顾客提供个性化的产品或者服务，满足顾客的特殊需要，从而提高他们的满意度。实际工作中，需要掌握的顾客信息主要有以下三类：

1. 描述类信息

描述类信息主要是用来了解顾客的基本属性，如个人顾客的联系信息、地理信息和人口统计信息，这类信息主要来自顾客登记或企业运营管理系统等。如星级酒店获得的顾客入住登记信息、OTA 平台、旅游景区获得的顾客预订信息等。

2. 行为类信息

行为类信息一般包括顾客购买服务或产品的记录、顾客的服务或产品的消费记录、顾客与旅游接待企业的联络记录，以及顾客的消费行为，顾客偏好和生活方式等相关的信息。行为类信息一般都来源于旅游接待企业内部交易系统的交易记录或与顾客接触的记录中。

3. 关联类信息

关联类信息是指与顾客行为信息相关的，能反映和影响顾客行为和心理等因素的相关信息。旅游接待企业建立和维护这类信息的主要目的在于更加深入地理解、分析影响顾客行为的相关因素。关联类信息经常包括顾客满意度、顾客忠诚度、顾客对产品与服务的偏好或态度、竞争对手行为等。

二、顾客的分级管理

顾客分级是旅游接待企业依据顾客的不同价值，将顾客区分为不同的层级，然后分别对不同级别的顾客进行管理与服务的过程。

（一）顾客分级的必要性

1. 顾客的价值差异

尽管每个顾客的重要性都不容低估，但是由于购买力、购买欲望、服务成本等差异，每个顾客能给旅游接待企业创造的收益是不同的，一些顾客可能就是比另一些顾客更有价值。

■知识拓展

1897 年，意大利经济学家维尔弗雷多·帕累托发现经济及社会生活中无所不在的“二八”法则，即关键的少数和次要的多数，比率约为 2∶8，也就是说，80%的结果往往源于 20%的原因，这就是帕累托定律。对于旅游接待企业来说，80%的收益总是来自 20%的高贡献度的顾客，即少量的顾客为旅游接待企业创造了大量的利润，其余 80%的顾客是微利、无利，甚至是负利润的。

2. 企业资源不能平均分配

由于任何一家旅游接待企业的资源都是有限的，因此把有限资源平均分配到不同价值顾客的做法，既不经济，也会引起大顾客的不满。现实中有些旅游接待企业对所有的顾客都一视同仁，无论是大顾客，还是小顾客，无论是能带来营利的顾客，还是根本无法带来营利、甚至会造成亏损的顾客都均匀分配资源，从而导致成本增加、利润降低、效益下降。

3. 顾客分级是顾客沟通、顾客满意的基础

实现顾客满意需要根据不同的顾客采取不同的策略，因为每个顾客给旅游接待企业带来的价值不同，所以他们对旅游接待企业的需求和预期也会有差别，满意的标准也会不一样。为旅游接待企业创造主要利润、带来较大价值的关键顾客，如酒店的会员顾客，会得到有别于普通顾客的待遇，如更贴心的产品或服务以及更优惠的条件等。一般来说，处于顶端的约 20%的顾客为旅游接待企业创造了近 80%的利润，支撑着旅游接待企业的运营，已经成为众多竞争者锁定的稀缺资源。如果旅游接待企业能够找出这些有价值的顾客，并且把更多的资源用在为他们提供优质的产品和针对性的服务上，就能够提高这些顾客的满意度。

（二）顾客分级的方式

旅游接待企业对顾客的选择是在开发顾客之前，判断顾客的“好”与“坏”更多

依赖经验去主观判断和推测；而对顾客的分级则是在开发顾客之后，判断顾客价值的高低要用事实和数据来衡量。对顾客价值的判断要站在旅游接待企业的角度去看，也就是说，顾客的价值体现在为旅游接待企业创造价值的大小上。

根据顾客创造价值的大小可以得到一个由小到大"垒"起来的"顾客金字塔"模型，给旅游接待企业创造价值最大的顾客位于顾客金字塔模型的顶部，给旅游接待企业创造价值最小的顾客位于顾客金字塔模型的底部。如图 9-2 所示，顾客金字塔模型划分为三个层级，分别是关键顾客、普通顾客和小顾客。

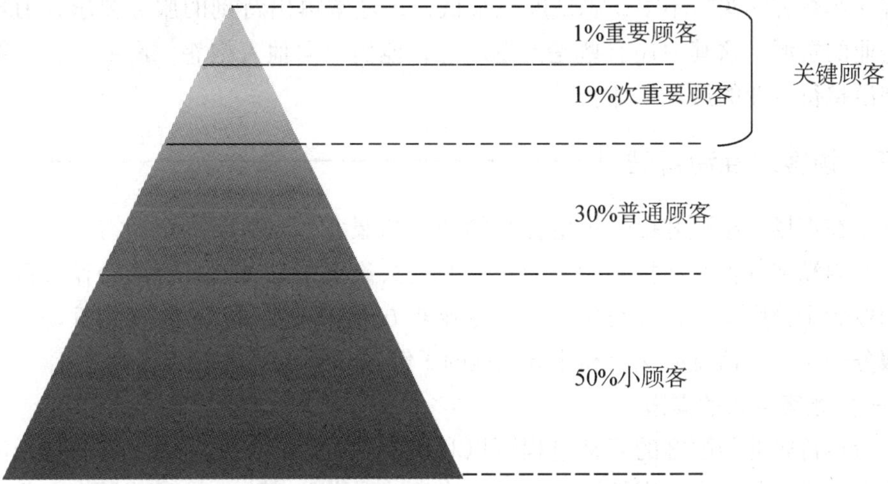

图 9-2　顾客金字塔模型

资料来源：苏朝晖. 客户关系管理：客户关系的建立与维护［M］. 北京：清华大学出版社，2018.

1. 关键顾客

关键顾客是旅游接待企业的核心顾客，一般占旅游接待企业顾客总数的 20%，但他们贡献了 80%的利润，是旅游接待企业的重点保护对象。关键顾客由重要顾客和次重要顾客构成。

其中，重要顾客是顾客金字塔中最高层的顾客，是指能够带来最大价值的前 1%的顾客。重要顾客往往是产品的忠实用户，是顾客资产中最稳定的部分，他们创造了绝大部分的利润，而旅游接待企业却只需支付较低的服务成本，这部分顾客对价格不敏感，愿意试用新产品并向他人推荐，能为旅游接待企业节省开发新顾客的成本。重要顾客是最有吸引力的一类顾客，旅游接待企业拥有重要顾客的数量，决定了在市场上的竞争地位。

次重要顾客是除了重要顾客以外，给旅游接待企业带来最大价值的前 20%的顾客，一般是顾客总数的 19%。次重要顾客，是旅游接待企业产品或者服务的中度或大量使用者，他们对价格的敏感度比较高，创造的利润和价值比重要顾客低，忠诚度也低于重要顾客。为了降低风险，这部分顾客会同时与多家同类型的旅游接待企业保持长期关系；除此之外也在真诚、积极地介绍新顾客，但在增量销售、交叉销售方面可能已经没有多少潜力可供进一步挖掘。

2. 普通顾客

普通顾客是除了重要顾客与次要顾客之外，为旅游接待企业创造最大价值的前50%的顾客，一般是顾客总数的30%。普通顾客包含的顾客数量较大，但他们的购买力、忠诚度、能够带来的价值远比不上重要顾客和次重要顾客，因此不太值得旅游接待企业特殊对待。

3. 小顾客

小顾客是顾客金字塔中最底层的顾客，是指除了上述三种顾客外，剩下的后50%的顾客。小顾客购买量不多，忠诚度也很低，还经常提出苛刻的服务要求，消耗旅游接待企业的资源。这其中还有些是问题顾客，他们会向他人抱怨，需要防止这部分顾客对旅游接待企业的形象损坏。

三、顾客的互动管理

为了在市场上给顾客提供价值优异的产品和服务，旅游接待企业需要充分利用信息的潜在内涵和各种互动技巧，努力在顾客购买流程中发展与顾客的合作关系。顾客互动的概念十分广泛，顾客与旅游接待企业双方的任何接触都可被视为互动，例如产品和服务的交换、信息的交流和业务流程的了解等都包含于其中。

（一）顾客互动的渠道

旅游接待企业与顾客的互动过程可以利用多种渠道。按照互动渠道中是否涉及旅游接待企业员工与顾客的直接沟通，可以将互动渠道划分为人员互动渠道和非人员互动渠道。

1. 人员互动渠道

人员互动渠道涉及旅游接待企业员工与顾客之间的直接交流与沟通，这种交流与沟通可能是直接面对面交谈，也可能是借助于某些工具，如电话、邮件以及直接在网上交谈。面对面沟通的优势在于员工与顾客之间可以进行生动的交流，从而可根据对方的需求进行安排，传递更多的信息。网站的优势在于可以非常快速的与顾客进行沟通和交流，具有快速互动的能力，节省旅游接待企业的成本。

2. 非人员互动渠道

非人员互动渠道是指那些不需要通过旅游接待企业与顾客之间的接触和反馈就可以传递信息的渠道，主要包括媒体、环境和事件。媒体主要包括社交媒体、门户网站、报纸、广播、电视、广告牌等。环境是能创造或者加强顾客对旅游接待企业了解及印象的氛围。事件是企业为了向顾客传递信息而设计的一系列活动，如新闻发布会、盛大的开幕式等。

（二）有效顾客互动的影响因素

1. 有效的员工

给员工授权，特别是给顾客服务代表（customer service representative，CSR）授权，有助于他们在工作中掌握与顾客互动的自由度，这是衡量互动效果的一个重要因素。顾客服务代表的辞职，会增加旅游接待企业重新雇用和培训成本。同时，非接触时间也是一个需要考虑的关键要素，它关系到顾客服务代表在不与顾客进行互动时，在文件处理和培训上花费的时间。

2. 有效的信息技术

信息技术有为旅游接待企业带来竞争优势的潜力。这些技术可以让旅游接待企业在顾客互动中调整行为，适应顾客需求。正确使用信息技术，还可以让顾客互动的流程和人事制度更柔性、更快捷、更有效。有效信息技术衡量标准需要考虑以下两个因素：一是信息技术的复杂性；二是信息技术是否以顾客为中心。管理者必须在是否对信息技术进行大量投资之前做出权衡。

3. 有效的流程

旅游接待企业内部流程对顾客互动的质量也有强烈影响，流程的设计与实施需要有效地利用互动过程中的每个要素。例如，如果流程设计具有感应顾客态度、需求、认知变化的能力，那么旅游接待企业就可以通过对这些变化做出反应，从而获得竞争优势。类似的，旅游接待企业做出适应行为的速度则反映了流程的柔性。

4. 员工、信息技术、流程与互动效果的关联

旅游接待企业之所以要对员工、信息技术、流程等进行有效的管理和改进，最终目的就是通过这种管理和改进来提升效率，并促使它们相互之间产生积极的作用，最终对顾客互动效果产生积极影响。

（三）顾客抱怨管理

1. 顾客抱怨的原因

引发顾客抱怨的原因是多种多样的，最主要的原因来源于顾客的不满。顾客期望、产品和服务的质量以及服务人员的态度或行为是影响顾客满意的三大主要因素。其中，顾客期望在顾客对旅游接待企业的产品和服务的判断中起着关键性作用，顾客把自己所要的或所期望的东西与他们正在购买或消费的东西进行对比，并以此评价所购买的产品或服务价值。

（1）顾客期望。

顾客期望是指顾客根据自己消费过的最佳或者平均水平的同类产品或服务，也可以根据自己与某个旅游接待企业间过往的消费经历，对自己未来消费的产品或服务的绩效进行判断与预测。通过将消费前的期望与消费后的感知绩效相比较得出前后之间的差异，这种差异的方向和大小决定了其满意的程度。虽然当顾客的期望值越高时，购买产品的可能性越高，但是过高的顾客期望值，也增加了消费后与感知绩效之间差异的风险，从而降低顾客的满意度。相反，如果顾客在消费前的期望值较低，那么消费后顾客的满意度可能会有所提高。因此，企业应该适度地管理顾客的期望。当期望管理失误时，就容易导致顾客产生抱怨。

（2）产品或服务质量问题。

由于产品或服务质量问题引起顾客抱怨是一种非常普遍的现象。这些问题包括产品质量缺陷、产品规格不符、产品故障等。产品问题的产生可归结为三方面的责任：一是旅游产品生产者的责任，如主题公园设施设备故障导致游客无法正常参与体验项目；二是旅游产品销售者的责任，如通过顾客在第三方平台预订酒店后无法入住的情况；三是顾客使用不当的责任，如顾客没有听从导游行程安排，私自行动产生不良

后果。

（3）服务人员的态度或行为。

旅游接待企业通过服务人员为顾客提供产品或服务，而服务人员缺乏正确的推荐技巧和工作态度都有可能导致顾客的不满，并产生抱怨。这主要表现在：①企业服务人员的服务态度差、不尊敬顾客、缺乏礼貌、语言不当、用词不准、引起顾客误解等；②缺乏正确的推销方式，缺乏耐心，对顾客的提问或要求表示烦躁，对顾客爱理不理，言语冷淡等；③缺乏专业知识，无法回答顾客的提问或者答非所问；④过度推销，过分夸大产品与服务的好处，引诱顾客购买，或者强迫顾客购买等。

2. 顾客抱怨的应对方法

（1）重视顾客抱怨。

有抱怨和不满的顾客，实际上是对旅游接待企业有期望的顾客。因此，旅游接待企业应该对顾客的抱怨行为给予肯定、鼓励和感谢，并尽可能地满足顾客的要求。为此，在顾客投诉或抱怨时，不要忽略任何一个问题，因为每个问题都可能有一些深层次的原因。为了强化对顾客抱怨的重视、激励员工正确认识和有效处理顾客抱怨，有的企业甚至强调顾客永远是对的。

（2）分析顾客抱怨的原因。

在面对顾客抱怨的时候，服务人员必须保持平常心，避免产生情绪激动或冲动行为。对顾客抱怨的原因进行分析，要求服务人员站在顾客的立场思考问题。面对顾客的抱怨，旅游接待企业员工必须掌握聆听的技巧，从顾客的抱怨中找出顾客抱怨的具体原因及其期望的结果。

（3）正确及时地解决问题。

旅游接待企业必须对顾客的抱怨正确、及时地加以处理。拖延时间只会使顾客的抱怨变得越来越强烈，让顾客觉得自己没有得到足够的重视。

（4）记录顾客抱怨与解决的情况。

对于顾客的抱怨与解决情况，旅游接待企业应该做好记录，并定期进行总结。对于在处理顾客抱怨中发现的问题，如果是服务态度与技巧问题，应该向管理部门提出并加强对相关人员的教育与培训。

（5）追踪调查顾客对于抱怨处理的反映。

在处理顾客的抱怨以后，旅游接待企业还应该积极地与顾客进行沟通，了解顾客对旅游接待企业处理顾客抱怨的态度和看法，以便提升顾客对旅游接待企业的忠诚度。

四、顾客满意度管理

顾客满意度是顾客需要得到满足后的一种心理反应，是顾客对产品和服务是否满足自己需要程度的一种判断。顾客要判断自己需要的满足程度，就必须对产品和服务的实际感受与某一标准进行比较，由于比较的标准不同，顾客消费后的心理认知也不同。

（一）顾客满意度的重要性

1. 影响企业的口碑宣传

顾客对自己的消费经历满意，就会在他人面前称赞企业，向他人推荐企业的产品和服务；可如果顾客对自己的消费经历不满意，就会向他人诉说自己不满意的消费经历，从而影响他人的购买决策。许多企业管理人员发现，亲朋好友的推荐比企业的广告更能促使顾客购买产品和服务。

2. 有利于企业的长远发展

一方面，顾客满意度将影响顾客的重复购买行为。顾客对自己以往的消费经历感到满意，可能会继续购头该旅游接待企业的产品和服务。另一方面，虽然旅游接待企业实施顾客满意度策略并不能增加短期收益，有时甚至可能会降低短期利润，但从长远来看是有利于旅游接待企业发展的。因为老顾客服务的成本比新顾客的更低，旅游接待企业往往不需要组织大量的广告和促销活动，而且为老顾客服务获得的收益远远大于为新顾客服务获得的收益。

（二）顾客满意度的衡量指标

1. 美誉度

美誉度是顾客对旅游接待企业的褒扬程度，借助美誉度，旅游接待企业就可以知道顾客对其所提供的产品或服务的满意状况。一般来说，持褒扬态度、愿意向他人推荐的顾客肯定对旅游接待企业提供的产品或服务比较满意。

2. 复购率

复购率是指顾客消费某旅游接待企业的产品或服务之后，愿意再次消费的次数。顾客是否继续购买某旅游接待企业或某品牌的产品或者服务，是衡量顾客满意度的主要指标。如果顾客不再购买该旅游接待企业或该品牌的产品或服务而改购其他品牌，则表明顾客对该旅游接待企业或该品牌的产品或服务很可能是不满意的。

3. 投诉率

投诉率是指顾客在购买或者消费旅游接待企业的产品或服务之后所产生投诉的比例，顾客投诉率越高，表明顾客越不满意。但是，这里的投诉率不仅指顾客直接表现出来的显性投诉，还包括顾客心存不满但未发声的隐性投诉。

4. 购买额

购买额是指顾客购买某旅游接待业的产品或者服务的金额。一般而言，顾客对某旅游接待企业的购买额越大，表明顾客对该企业的满意度越高。否则，就表明顾客的满意度越低。

5. 对价格的敏感度

顾客对某旅游接待业的产品或服务的价格敏感度或承受能力，也可以反映顾客对该企业的满意度。当产品或服务的价格上调时，顾客如果表现出很强的承受能力，那么表明顾客对该旅游接待企业肯定不是一般的满意；相反，如果出现顾客流失与叛离，那么说明顾客对该旅游接待企业的满意度不高。

五、顾客忠诚度管理

忠诚度，即顾客在一段时间内是否会再度购买旅游接待企业提供的产品或服务。购后行为是评估顾客忠诚度最重要的方面。获取顾客忠诚的目的不仅仅是赢得顾客的重复购买，还包括收获良好的口碑以及促使顾客与旅游接待企业之间建立牢固的关系。

（一）顾客忠诚度的衡量指标

1. 顾客重复购买的次数

顾客对旅游接待企业产品重复购买的次数越多，说明其对这一企业的忠诚度越高，越少则越低。旅游接待企业为了便于识别和纳入数据库管理，一般将忠诚顾客量化为连续3次或4次以上的购买行为，但现实中，不同消费领域、不同消费项目有很大差别。

2. 顾客购买费用的多少

顾客对某一旅游接待企业支付的费用与购买同类产品支付的费用总额的比值如果高，即顾客购买该品牌的比重大，说明顾客对此种品牌的忠诚度高；反之，则低。

3. 顾客对价格的敏感程度

顾客对价格都是非常重视的，但这并不意味着顾客对价格变动的敏感程度都相同。事实表明，对于喜爱和信赖的产品或者服务，顾客对其价格变动的承受能力强，即敏感度低。反之，则高。因此，可以依据顾客对价格的敏感程度来衡量顾客对某品牌的忠诚度。对价格的敏感程度高，说明顾客对该品牌的忠诚度低。对价格的敏感程度低，说明顾客对该品牌的忠诚度高。

4. 顾客挑选时间的长短

顾客购买都要经过对产品的挑选，但由于信赖程度的差异，对不同品牌的挑选时间是不同的。通常，顾客挑选的时间越短，说明他对该品牌的忠诚度越高；反之，则说明他对该品牌的忠诚度越低。

5. 顾客对竞争品牌的态度

一般来说，对某种品牌忠诚度高的顾客会自觉地排斥其他品牌的产品或服务。因此，如果顾客对竞争品牌的产品或服务有兴趣并有好感，那么就表明他对该品牌的忠诚度较低；反之，则说明他对该品牌的忠诚度较高。

6. 顾客对产品质量的承受能力

任何服务或产品都有可能出现各种质量问题，即使是名牌产品也很难避免。如果顾客对该旅游接待企业品牌的忠诚度较高，当出现质量问题时，他们会采取宽容、谅解和协商解决的态度，不会由此而失去对它的偏好。

（二）提高顾客忠诚度的方法

1. 努力实现顾客的完全满意

由顾客完全满意而形成的信赖忠诚才最有价值。为此，要想提高顾客忠诚度，首先要实现顾客的完全满意。而企业要想实现顾客的完全满意，就必须向他提供优质的产品、优质的服务和合理的价格，并且不断提高顾客的利益。其次，企业还应当重视来自顾客的反馈意见，不断满足他们的需求。最后应当注意的是，忠诚应该是旅游接待企业与顾客之间双向的互动，不能单方面追求顾客对旅游接待企业的忠诚，而忽视了旅游接待企业对顾客的忠诚。

2. 为忠诚顾客提供特殊利益

旅游接待企业的利益建立在顾客能够获得利益的基础上，因此，旅游接待企业要赢得顾客忠诚，就要对忠诚顾客进行财务奖励和特殊关照，特别是用价格这一直观、有效的手段予以回报。具体表现为对重复购买的顾客，根据购买数量的多少和购买频率的高低实行价格优惠和打折销售，或者赠送积分、礼品、奖品等，以此表示对老顾客的关爱，降低他们重复购买的成本，从而建立旅游接待企业与顾客的长久关系。例如，酒店向长住客提供“住十天赠送一天”的优惠。

3. 提高顾客的转移成本

提高顾客转移成本包括三种方式：第一，加强与顾客的结构性联系。顾客购买家旅游接待企业的产品越多，对这家企业的依赖性就越大，顾客流失的可能性就越小。第二，提高旅游接待企业服务的独特性与不可替代性。第三，设法增加顾客的转移成本。如果顾客在更换旅游接待企业时感到转移成本太高，或顾客原来所获得的利益会因为更换旅游接待企业而损失，或者将面临新的风险和负担，就可以增强顾客对旅游接待企业的忠诚度。

4. 增加顾客的信任感与情感交流

一系列的顾客满意必然会产生顾客信任，长期的顾客信任就会形成顾客忠诚。旅游接待企业要建立高水平的顾客忠诚，必须把焦点放在赢得顾客的信任上，而不仅仅只是顾客满意上，并且要持续不断地增强顾客对旅游接待企业的信任，这样才能获得顾客对旅游接待企业的永久忠诚。

5. 加强旅游接待企业内部管理

首先，要提高员工的满意度。研究发现，员工的满意度与顾客的满意度之间呈正相关，即员工的满意度提高 5%，顾客的满意度就会提高 10%。因此，旅游接待企业应该培养和提升员工的满意度与忠诚度，为提升顾客的满意度和忠诚度奠定坚实的基础。其次，要制定严格的制度，以避免因员工流动而造成顾客的流失。

6. 稳定顾客队伍

旅游接待企业运用某种形式将分散的顾客组织起来，建立顾客组织。如会员制或顾客俱乐部制，并向顾客提供价格或非价格的刺激，可以将一系列与顾客相对独立的交易转变为具有密切联系的交易，使旅游接待企业与顾客进入长期稳定的关系，并可使旅游接待企业与顾客的关系更加正式化、稳固化，使顾客感到自己是最有价值的，感到自己最受欢迎和重视，从而使顾客自觉地产生参与感和归属感。

第四节 旅游接待业顾客关系挽救

顾客关系在建立阶段和维护阶段随时都可能发生破裂。也就是说，如果旅游接待企业没有及时采取有效措施，就可能造成顾客的永远流失。可如果旅游接待企业能够及时采取有效措施，就有可能使流失顾客“回头”，与旅游接待企业“重归于好”，从而使破裂的顾客关系得到修复。顾客关系的挽救就是旅游接待业挽救破裂的顾客关系、挽回流失顾客的过程。

一、顾客流失的原因

顾客流失是指顾客由于种种原因不再忠诚，而转向购买其他旅游接待企业的产品或服务的现象。随着科学技术的发展和旅游接待企业经营水平的不断提高，产品和服务的差异化程度越来越低，市场上雷同、相近、相似的产品与服务越来越多，竞争品牌之间的差异也越来越小，顾客改变品牌所承受的风险也大大降低了，因此，当前旅游接待企业普遍存在顾客流失的情况。顾客流失的原因主要有如下四个：

1. 顾客自然流失

在高速发展的市场经济中，顾客的需求是需要挖掘、引导的，由于消费者面临的选择日益增加，他们的需求随时有可能发生转移、消费习惯也会发生改变。有的顾客转向其他旅游接待企业，原因可能不是对之前旅游接待企业提供产品或者服务不满意，而是单纯想换“口味”尝试一下其他旅游接待企业的服务，丰富自己的消费经历，旅游接待企业无论采取什么措施，对这类顾客的流失都无能为力。

2. 企业内部员工流动导致顾客流失

很多旅游接待企业在顾客关系管理方面不够细腻、规范，就会出现若有业务人员跳槽会带走大量顾客的情况，这时业务人员的桥梁作用被发挥得淋漓尽致，而旅游接待企业自身对顾客影响相对乏力，一旦业务人员跳槽，老顾客就随之而去，带来的是竞争对手实力的增强。

3. 竞争对手的诱惑

优质顾客对任何一个行业都是弥足珍贵的，20%的优质顾客能够给一个旅游接待企业带来80%的销售业绩，这是个恒定的法则。所以，优质顾客会成为各大旅游接待企业争夺的对象。为了能够迅速在市场上获得有利地位，竞争对手往往会不惜代价以优厚条件来吸引那些资源丰厚的顾客。

4. 企业内部服务意识淡薄

员工傲慢、顾客提出的问题不能得到及时解决、咨询无人理睬、投诉无人处理、服务人员工作效率低下等，也是导致顾客流失的重要因素。

二、顾客流失的影响

顾客流失会给旅游接待企业带来很大的负面影响，流失一位重复购买的顾客，不仅使旅游接待企业失去这位顾客可能带来的利润，而且可能损失与其他受影响的顾客的交易机会，因为他们可能会散布不利的言论，动摇和瓦解“客心”。此外，顾客的流失还可能会极大地影响旅游接待企业对新顾客的开发。

顾客在自己手里的时候，有些旅游接待企业往往不珍惜，但是当旅游接待企业与顾客的关系破裂，顾客流失成为事实的时候，如果不能尽快、及时地恢复顾客关系，就可能造成顾客的永远流失。流失的顾客很可能成为旅游接待企业竞争对手的顾客，而一旦竞争对手由于顾客增加，生产服务规模扩大，成本下降，就会构成威胁。因此，不能放任顾客的流失。顾客的流失，尤其是“好顾客”流失如同将旅游接待企业釜底抽薪，让多年投入于顾客关系中的成本与心血付之东流。

三、流失顾客的挽回

（一）挽回流失顾客的基本程序

顾客关系的建立、顾客关系的维护都需要一系列的组合策略，缺一不可。而顾客关系的挽救则可以从“点”上着手，找出顾客流失的原因及关系破裂的症结，然后“对症下药”，有针对性地采取有效的挽回措施，就能事半功倍。

1. 顾客流失原因调查与分析

如果旅游接待企业能够深入了解、弄清顾客流失的原因，就可以获得大量珍贵的信息，发现经营管理中存在的问题，采取必要的措施，及时加以改进，从而避免其他顾客的流失。相反，如果旅游接待企业没有找到顾客流失的原因，或者需要很长的时间才能找到流失的原因，旅游接待企业就不能及时采取有效措施加以防范，那么这些原因就会不断地“得罪”现有顾客而使他们最终流失。

因此，旅游接待企业要在第一时间积极地与流失顾客联系，了解流失的原因，弄清问题究竟出在哪里，并虚心听取他们的意见、看法和要求，让他们感受到旅游接待企业对自己的关心。旅游接待企业只有充分考虑流失顾客的利益，并站在流失顾客的立场上，对不同特点的流失顾客及时进行有针对性的、个性化的沟通，才可能挽救破裂的顾客关系。

2. “对症下药”

“对症下药”就是旅游接待企业要根据顾客流失的原因制订相应的对策，以挽回流失的顾客。例如，针对价格敏感型顾客的流失，应该参照竞争对手的定价策略，甚至略低于竞争对手的价格，这样流失掉的顾客自然而然会回来。针对喜新厌旧型顾客的流失，应该在产品、服务、广告、促销上面多一些创新，从而将他们吸引回来。

由于不是每一位流失顾客都是旅游接待企业的重要顾客，所以，如果旅游接待企业花费了大量时间、精力和费用，留住的只是无法营利的顾客，就得不偿失。因此，在资源有限的情况下，旅游接待企业应该根据顾客的重要性来分配投入挽回顾客的资源，重点应该是最能营利的流失顾客，这样才能实现挽回效益的最大化。

（二）挽回流失顾客的基本策略

针对下列不同级别的流失顾客，旅游接待企业应当采取的基本策略如下：

1. 极力挽回关键顾客

一般来说，流失前能够给旅游接待企业带来较大价值的顾客，被挽回后也将给旅游接待企业带来较大的价值。因此，给旅游接待企业带来价值大的关键顾客应是挽回工作的重中之重，他们是企业的基石，失去他们，轻则会给旅游接待企业造成重大的损失，重则伤及旅游接待企业的元气。所以，旅游接待企业要不遗余力地在第一时间将关键顾客挽回，而不能任其流向竞争对手，这也是旅游接待企业必须做和不得不做的事情。

2. 尽力挽回普通顾客

普通顾客的重要性仅次于关键顾客，而且普通顾客还有升级的可能，因此，对普通顾客的流失要尽力挽回，使其继续为旅游接待企业创造价值。

3. 随机应对小顾客流失

由于小顾客的价值相对较低，对旅游接待企业的要求又比较苛刻，这类顾客的数量多且很零散，因此，旅游接待企业对这类顾客可采取冷处理的方式，顺其自然即可。如果不用很吃力，或者是举手之劳，则可以试着将其挽回。

4. 放弃劣质顾客

以下几类流失顾客被视为劣势顾客：一是不可能再为旅游接待企业带来利润的顾客；二是无法履行合同规定的顾客；三是无理取闹、损害了员工士气的顾客，或破坏其他顾客服务体验的顾客；四是声望较差，与之建立业务关系会损害旅游接待企业形象和声誉的顾客。一般而言，劣质顾客不值得旅游接待企业投入时间和精力去挽回。

总之，对有价值的流失顾客，旅游接待企业应当最大限度地争取挽回；对无法挽回的顾客，旅游接待企业要做好安抚工作，有效地阻止负面口碑传播，而对没有价值甚至是负价值的流失顾客，则可以采取放弃的态度。

除此之外，还可以采取一些防范策略减少顾客流失给旅游接待企带来的不利影响。

1. 实施全面质量营销

为顾客提供高质量的产品或服务，是获得顾客满意的前提。旅游接待企业要树立全员质量营销的意识，提高旅游接待企业的服务质量，尤其是一线员工的服务质量。他们是与顾客最直接的交流者，他们的服务态度和服务质量直接影响着顾客对旅游接待企业的印象以及顾客的满意。

2. 提高旅游接待企业的市场反应速度

快速的市场反应能够使旅游接待企业在激烈的市场竞争中保持一定的竞争优势。首先，要善于倾听顾客的意见和建议，让顾客感觉到自己受到重视，并从顾客的反馈中不断改进创新，为顾客创造更多的价值。其次，建立一个完善的顾客监测系统，迅速解决顾客的抱怨并深入分析顾客抱怨的原因。最后，企业要建立信息化的预测系统，为顾客提供有价值的信息，同时还要注意制定相应的投诉和建议制度，确保顾客的声音能够及时有效地反馈回来。

3. 与顾客建立关联

旅游接待企业与顾客之间良好的关联机制能够使得旅游接待企业与顾客进行沟通，防止出现误解，同时也便于向顾客展示旅游接待企业的愿景、文化等，加强旅游接待企业对顾客、顾客对旅游接待企业的了解。

《案例》

泰国东方饭店客户关系管理①

泰国的东方饭店堪称亚洲饭店之最，几乎天天客满，不提前一个月预订是很难有入住机会的。泰国在亚洲算不上特别发达，但为什么会有如此诱人的饭店呢？大家往往认为泰国是一个旅游国家，而且又有世界上独有的人妖表演，是不是他们在这方面下了功夫？错了，他们靠的是真功夫，是非同寻常的顾客服务，也就是现在经常提到的顾客关系管理。

一位朋友因公务经常去泰国出差，并下榻在东方饭店，第一次入住时，酒店优美的环境和优异的服务就给他留下了深刻的印象，当他第二次入住时，几个细节更使他

① 改编自王保新的《泰国东方饭店客户关系管理》。

对饭店的好感迅速升级。

那天早上，在他走出房门准备去餐厅的时候，楼层服务生恭敬地问道："于先生是要用早餐吗?"于先生很奇怪，反问："你怎么知道我姓于?"服务生说："我们饭店规定，晚上要背熟所有客人的姓名。"这令于先生大吃一惊，因为他频繁往返于世界各地，入住过无数高级酒店，但这种情况还是第一次碰到。

于先生高兴地乘电梯到餐厅所在的楼层，刚刚走出电梯门，餐厅的服务生就说："于先生，里面请。"于先生更加疑惑，因为服务生并没有看到他的房卡，就问："你知道我姓于?"服务生答："上面的（服务生）刚刚打电话下来，说您已经下楼了。"如此高的效率让于先生再次大吃一惊。

于先生刚走进餐厅，服务小姐微笑着问："于先生还要老位置吗?"于先生的惊讶再次升级，心想：尽管我不是第一次在这里吃饭，但最近的一次也有一年多了，难道这里的服务小姐记忆力那么好？看到于先生惊讶的目光，服务小姐主动解释说："我刚刚查过电脑记录，您在去年的6月8日在靠近第二个窗口的位置上用过早餐。"于先生听后兴奋地说"老位置！老位置!"服务小姐接着问："老菜单？一个三明治，一杯咖啡，一个鸡蛋?"现在于先生已经不再惊讶了，"老菜单，就要老菜单!"于先生已经兴奋到了极点。

上餐时，餐厅赠送了于先生一碟小菜，由于于先生是第一次看到这种小菜，就问："这是什么?"服务生后退两步说："这是我们特有的××小菜。"服务生为什么要先后退两步呢？他是怕说话时口水不小心落在客人的食品上，这种细致的服务不要说在一般的酒店，就是在美国最好的饭店里于先生都没有见过。这一次的早餐令于先生留下了终生难忘的印象。

后来，由于业务调整，于先生有三年的时间没有再去泰国，后来在于先生生日的时候突然收到了一封东方饭店发来的生日贺卡，里面还附了一封短信，内容是："亲爱的于先生，您已经三年没有来过我们这里了，我们全体人员都非常想念您，希望能再次见到您。今天是您的生日，祝您生日快乐。"于先生当时激动得热泪盈眶，发誓如果再去泰国，绝对不会到任何其他的饭店，一定要住在东方饭店，而且要说服所有的朋友也像他一样选择。于先生看了一下信封，上面贴着一枚六元的邮票。六元钱就这样买到了一颗心，这就是顾客关系管理的魔力。

东方饭店非常重视培养忠实的顾客，并且建立了一套完善的顾客关系管理体系，使顾客入住后可以得到无微不至的人性化服务。迄今为止，世界各国约20万人曾经入住过那里，用他们的话说，只要每年有十分之一的老顾客光顾饭店就会永远客满。顾客服务就是东方饭店成功的秘诀。

复习与思考：

1. 论述旅游接待业顾客关系管理的理论基础。
2. 简述旅游接待业顾客关系管理的驱动因素。
3. 分析我国旅游接待业顾客的基本特征。

4. 论述旅游接待业顾客生命周期。

5. 结合实际生活，分析在遇到顾客抱怨时，应如何处理？

6. 简述旅游接待业进行顾客分级的意义。

7. 简述顾客金字塔模型。

8. 简述顾客忠诚度的衡量指标。

9. 分析我国旅游接待业顾客流失的原因及影响。

10. 简述旅游接待业中挽回流失顾客的策略。

第十章 旅游接待业危机管理

■学习目标

掌握旅游接待业危机的类型

掌握旅游接待业危机的特征

理解旅游接待业危机的影响

理解危机沟通的3T原则

理解内部沟通的目的并掌握内部沟通的方式

掌握旅游接待业危机管理主体与利益受损者沟通的内容

了解旅游接待业危机管理主体与媒体沟通的注意事项

掌握旅游接待业危机管理主体与公众沟通的目的、内容和方式

掌握旅游接待业危机管理主体与政府部门沟通的内容

了解舆论的一般规律

理解舆情爆发的原因

掌握舆情管理的措施

掌握旅游接待业危机预警机制的构建措施

掌握危机处理的步骤

掌握危机恢复管理的措施

核心概念：旅游接待业危机、危机沟通管理、舆情管理、危机预警机制、危机处理、危机恢复管理

第一节 旅游接待业的危机类型、特征与影响

旅游接待业具有极强的综合性和脆弱性，其健康有序的发展涉及众多产业和环境条件，如良好的生态环境、健康的经济市场、顺畅的交通秩序、稳定的政治环境、完

善的基础设施建设等，任何一方面的环境因素突变，都会对旅游接待业的发展产生重大影响。

旅游接待业危机是指影响旅游者信心并扰乱旅游接待业继续正常经营的非预期性事件。这类事件可能以无限多样的形式不断发生。

一、旅游接待业危机的类型

危机促成因素的多样性决定了旅游接待业危机划分方式的多样性。德克·格莱泽在其著作《旅游业危机管理》中，将旅游接待业的危机分为自然发生的危机和人为导致的负面事件，并指出两者所产生的结果明显不同。自然发生的危机通常是由不可抗力等原因形成，而人为导致的负面事件通常是由产品（服务）缺陷、企业社会责任缺失或违背道德准则，以及企业家行为不端等原因形成，会使人们在更长时间内丧失信心，负面后果更加严重。邓冰、吴必虎和蔡利平从危机产生的根源，将旅游接待业危机划分为旅游接待业受波及的危机和旅游接待业内部的危机两大类。旅游接待业受波及的危机是指发生在其他行业里，而产生的负面影响波及旅游行业，使旅游接待业客源骤减、目的地形象受损的危机，如战争、金融风暴、恐怖主义、公共卫生危机等。旅游接待业内部的危机是指发生在旅游接待业运营的范围内、直接对游客或旅游从业人员产生威胁、影响旅游活动的危机，如针对旅游接待业的恐怖袭击、饭店火灾、旅游娱乐设施发生意外等。谷慧敏对旅游接待业危机的分类观点进行总结后，提出以下几种划分标准和类别：按照危机的由来进行划分，可以分为竞争者的危机、客源的危机、目的地的危机；按照危机的危害性来分，可以分为轻度危机、中度危机、重度危机；按照危机的预测性来分，可以分为可预测性危机和不可预测性危机；按照危机的控制性来分，可以分为可控危机和不可控危机；按照危机的影响范围来分，可以分为本地危机、局部危机、全国危机和跨国危机；按照危机的持续时间来分，可以分为一次性危机、间歇性危机、持续不断性危机；按照危机的成因可以分为自然危机、技术危机、环境危机、社会文化危机、经济危机和政治危机。

综合上述观点，本教材认为旅游接待业的危机包括以下表现形式：①自然灾害。主要包括气象性灾害，如洪水、暴雪、冰雹、台风等；地质性灾害，如地震、山体崩塌、滑坡、泥石流等重大灾害引发的危机。②事故灾难。主要包括公路、水运、铁路、民航等旅游交通事故，影响或中断城市正常供水、供电、供油、供气等城市事故，通信网络、特种设备等安全事故，以及重大环境污染和生态破坏事故等。③突发公共卫生事件。主要包括突然发生，造成或可能造成游客健康严重损害的重大传染病（如鼠疫、霍乱、血吸虫、肺炭疽、传染性非典型肺炎等）、群体性不明原因疾病、重大食物和职业中毒，重大动物疫情，以及其他严重影响游客健康的事件。④突发社会安全事件。主要包括恐怖袭击事件、经济安全事件、影响较大的针对性破坏事件以及规模较大的群体性事件等。⑤旅游重大活动危机事件。旅游目的地政府或政府旅游部门主办的大型旅游节庆、会展、赛事等相关重大活动发生的危机事件。⑥与旅游产品（服务）相关的负面事件。一般企业负面事件指因产品（服务）缺陷、企业社会责任缺失或违背道德准则，以及企业家行为不端等因素，对消费者利益、企业形象或品牌声誉造成伤害的危机事件。根据企业负面事件的界定，与旅游产品（服务）相关的负面事件可分为能力型负面事件和道德型负面事件。能力型负面事件指旅游产品（服务）供给主体因功能性产品缺陷或管理能力欠缺，无法履行对游客接待的功能性承诺的负面事件，如目的地接待设施设备落后、餐饮住宿卫生条件差、运营管理混乱等；道德型负面事件指旅游产品（服务）供给主体违背社会规范和道德准则而导致的负面事件，如目的地商家发布虚假信息、欺客宰客、强买强卖、哄抬涨价等。

二、旅游接待业危机的特征

旅游接待业危机产生的原因多种多样，其影响范围和持续时间长短不同，但旅游接待业危机也有一些共同特征，掌握旅游接待业危机的特征有助于更好地应对危机。

（一）隐蔽性

旅游接待业危机具有非常强的隐蔽特征。隐蔽性既体现了危机预测的必要性和艰巨性，也表明了危机管理主体需要不断提升自身的水平以尽早发现危机。如 2004 年 12 月 26 日，西方传统的圣诞节刚刚过去，人们还沉醉于休闲与假日时，印度洋海啸在瞬间发生，灾难涉及印度、泰国、马来西亚、斯里兰卡、印度尼西亚、马尔代夫等 12 国，给旅游接待业造成了无法估量的损失。遗憾的是在这场灾难发生之前，没有一个沿岸国家对此有警觉与防范。

（二）突发性

旅游接待业是一种敏感度很高的产业，政治、自然、经济、社会环境出现的“非常态状”都可能成为引发旅游接待业危机的诱因。因此，旅游接待业危机往往是在人们意想不到的、没有做好充分准备的情况下突然爆发的。相对于常态的发展状况而言，旅游接待业危机是一种超出常规的突发性事件，表现为在短时间内给旅游业及相关行业造成措手不及的一系列的、连锁性的破坏，甚至使它们陷入混乱、跌入低谷。

（三）公开性

危机的公开性特征与当下传媒发达的背景直接相关。信息传播的多样化和高速化以及范围的全球化，使得危机的情境往往被迅速公开并成为公众关注的焦点。媒体的介入要求有关部门特别关注舆论风险，考虑危机可能引发的舆论压力，将舆论的引导纳入整个危机管理的全过程。如 2003 年中国政府在处理“非典”危机时，由于一开始没有找到有效的预防和治疗措施，无法有效控制疫情，相关工作陷入被动。世界卫生组织宣布中国为疫区后，海外游客几乎瞬间消失。中国在沉痛的教训中学会了按照国际惯例处理危机，有了一系列越来越开放的新闻发布会、每日的疫情通报、研究成果的交流与交换、WTO 官员的调查与来访、国际社会研究成果、信息与经验的交流等措施。全球化时代的政府不可能是“全能”或“万能”的，同样的，政府对信息的垄断也已经被打破，因此，旅游接待业管理者需要学会在众目睽睽之下从容地进行危机管理。

（四）紧迫性

旅游接待业危机爆发后，会以十分惊人的速度，以及出人意料的方式发展和演变，引发一系列的后续问题。如旅游企业经营环境的恶化、虚假信息的广泛传播等，再加上新闻媒体的推波助澜，常常导致旅游危机管理主体因为反应时间有限而面临极大的决策压力。在此情境下，决策者如果无法在尽可能短的时间内，根据危机局势做出正确的决策，就会使旅游危机的消极影响迅速扩大，错过解决危机的最佳机会。因此，旅游接待业危机要在第一时间得到应对和化解。

（五）危害性

旅游接待业危机的危害性主要是指危机发生后会在短时间内对旅游业造成致命的打击，而且涉及面广、后续影响时间长。同时，由于旅游产业关联度很高，涉及吃、住、行、游、购、娱等多个产业，因此旅游危机往往会对经济社会产生诸多影响。旅游接待业危机常常会引发其他类型的危机，导致危机的危害性被进一步放大和延续。由于旅游属于非生活必需品，因此，在危机恢复中“外出旅游”常常被置于购买选择的次要地位，很难获得与其他领域相同的激活市场的资源，危机的恢复需要较长时间。

（六）双重性

危机集“危险”与“机遇”于一体，旅游接待业危机的双重性亦表现为危险与机遇并存。危机对旅游业造成各种直接或间接消极影响的同时也蕴涵着一些前所未有的发展机遇，正所谓“危中有机”。如果处置得当，往往有“来得快”和“恢复得快”的双重性。因此，当旅游危机爆发时，除了要看到不利的方面外，更应高瞻远瞩，充分发掘和认识到这种危险局势中蕴含的发展机遇，化危为机。

三、旅游接待业危机的影响

分析旅游接待业危机的影响有助于正确地应对危机，消除其不利影响，并尽快恢复正常的旅游业态。旅游接待业危机的影响主要表现为对旅游目的地的影响、对旅游接待企业的影响、对旅游者的影响和对其他相关行业的影响。

（一）危机对旅游目的地的影响

危机会在短时期内给旅游目的地造成十分消极的影响，如游客数量的锐减、旅游收入的减少、目的地旅游产业遭到损害；长远来看，会使旅游目的地形象受到负面影响，造成旅游目的地的吸引力下降。在危机状态下，旅游者所接收的信息、信息传播的渠道、公众的口碑、媒体的宣传等都会形成旅游目的地的负面形象，并且这种形象具有相对稳定和不易改变的特点。除了危机本身，危机处理过程等其他因素也会影响目的地声誉。旅游接待业危机也会在一定程度上影响旅游目的地经济、社会和生活等各个方面。危机处置不当，将对旅游目的地产生长远的负面影响。

（二）危机对旅游接待企业的影响

旅游接待企业是旅游产品和服务的提供者。危机发生后，旅游者往往会取消和停止对旅游产品和服务的需求。旅游危机对旅游接待企业的影响主要表现为由于旅游者减少而出现营业停顿或营业额下降，使旅游接待企业面临经营困境。由于旅游产品生产与消费的统一性，尽管旅游设施未受到损失，但实际供给大大降低，企业没有客源，现金流短缺，引发财务危机。同时由于旅游产品和服务的不可储存性及旅游设施的资产专用性，某些接待企业的行业退出壁垒较高，为了减少损失，旅游企业只能暂停营业或解雇员工，甚至宣告破产。

■知识拓展

2020 年 8 月 25 日，联合国秘书长古特雷斯发布题为“新冠疫情与旅游业”的政策简报，简报里指出：第一，旅游业是仅次于燃料和化学品的全球第三大出口品类，占 2019 年全球贸易的 7%。新冠肺炎疫情给全球旅游业带来了沉重打击，2020 年前 5 个月已损失 3 200 亿美元（约合人民币 2. 21 万亿元）。第二，2020 年全球旅游业带来的收入较去年减少 9 100 亿美元，降至 1. 2 万亿美元。这一行业的收入损失也可能导致全球 GDP 下降 1. 5% 至 2. 8%。第三，全球每 10 个人中就有 1 人在旅游相关行业就业，疫情也使得 1. 2 亿旅游从业者的工作岗位受到威胁。第四，旅游业是自然和文化遗产保护领域的重要支柱，旅游业收入的减少，导致一些自然保护区和栖息地的偷猎和破坏事件增多，世界文化遗产的保护和修缮工作也无法正常开展。

（三）危机对旅游者的影响

危机对旅游者最直接的影响是危害旅游者的安全。由于危机的不可控性和旅游活动的相对集中性，旅游危机往往对旅游者造成较大的危害，甚至是重大的人员伤亡和财产损失。除了危害旅游者的安全，危机对旅游者的冲击主要还体现在影响旅游者的消费需求和旅游信心上。危机的破坏作用会导致旅游者旅游行为的改变，如取消或推迟旅游活动、削减旅游消费、寻找替代品等。当然，这种影响也具有短期性和可逆性，在旅游危机结束后，也可能会较快地恢复到常态，甚至会出现新的旅游机遇。

（四）危机对其他相关行业的影响

旅游业是一个关联度很强的产业。旅游业的发展既受制于其他行业的发展状况，也影响其他行业的发展。危机造成旅游行业萎缩，为旅游业提供供给的上游部门和依靠其发展的下游部门的需求也将出现萎缩。如航空运输业是与旅游活动关联较大的行业，是旅游产品的供给部门之一。危机期间旅游业的低迷使得大量旅游者取消旅行计划，航班上座率下降，航空公司受到牵连也会出现经济指标的快速下滑。

四、旅游接待业危机管理主体

危机管理本质上是一种信息机制，信息发出者的专业性和权威性直接影响信息接收者知觉，危机应对主体的差异会导致应对策略的效果不同。旅游接待业的构成系统具有综合性和复杂性，旅游接待业危机的管理主体既可能是旅游产品（服务）的供给主体，即旅游接待企业，也可能是旅游目的地管理当局，即政府部门。通常而言，政府部门被公众知觉为专业、权威、可信赖，对于具有全域性和公共性的旅游危机，旅游目的地是更为得体的危机管理和应对主体。

第二节　旅游接待业危机的沟通管理

一、危机沟通的3T原则

危机沟通的3T原则是由英国危机公关专家里杰斯特（Regester）提出的，即主动沟通（tell your own tale）、全部沟通（tell it all）、尽快沟通（tell it fast）。

（一）主动沟通原则

主动沟通原则是指旅游接待业危机管理主体主动将危机有关信息对外披露。采用该原则，就意味着旅游接待业危机管理主体成为信息沟通的主渠道。公众会把旅游接待业危机管理主体作为主要的信息来源，这时别人的声音就无足轻重了。如果在危机发生后，危机管理主体什么也不说，人们就很可能用自己的主观臆测来填补所有的疑问，危机沟通渠道的缺失将导致谣言四起，进而使危机管理主体丧失危机沟通的主动权，为以后的工作埋下隐患。

（二）全部沟通原则

全部沟通原则是指企业将自己知道的危机事实全部告知公众。采用全部沟通原则，就意味着企业在对外沟通时讲真话，不隐瞒有关事实。

（三）尽快沟通原则

在实施危机沟通时，旅游接待业危机管理主体不但要积极主动、讲真话，还要注意在第一时间进行沟通。如果危机管理主体拖拖拉拉，各种传言往往就有了先入为主的机会，要想再改变公众的认识和态度，将困难重重。

二、基于内部沟通的危机应对

在危机应对过程中，内部沟通是外部沟通的基础。对于旅游接待业危机管理主体来说，内部利益相关者的理解与支持是其应对危机的强大后盾。以旅游接待企业为例，员工和股东是其内部沟通的主要对象。

（一）内部沟通的目的

员工是企业生存和发展的第一人力资源，应当作为内部沟通的首要对象。此外，员工还具有双重身份。在内部，员工是企业的成员；而在外部，员工又与社会大众广泛接触，是企业形象的代表，也是社会了解企业的“橱窗”。股东是企业发展的力量之基和资金源泉。员工和股东作为企业内部的重要资源，是企业无形的财富。如果企业拒绝向这些内部利益相关者公开危机真相，将不利于企业开展危机管理活动，进而影响企业的社会形象和经营绩效。真诚的内部沟通能让员工和股东理解企业的处境，避免不实言论的传播。

对员工而言，沟通能让其树立忧患意识，保持对工作的积极态度，这不仅有助于企业在危急时刻维持正常的生产经营秩序，而且能提高企业的凝聚力和向心力。对股东而言，沟通能树立股东对企业长远发展的信心，确保股东对企业的长期投资。为了获得员工和股东等内部利益相关者的支持以及使得企业内部团结一致地应对危机，提高危机处理的效率，内部沟通必须重视且不可或缺。

（二）内部沟通的内容

危机爆发后，企业一定要向员工和股东等内部利益相关者传达危机的有关信息、公布事件真相，使他们清楚地了解危机事件的起因和经过。企业应号召员工和股东等内部利益相关者与企业共同应对危机，提出危机的解决方案。同时企业应设身处地地为内部利益相关者着想，向他们说明，企业会尽一切努力确保他们的切身利益不受危机的影响，或尽量减少危机对他们切身利益的影响程度，使之与企业共渡难关。

（三）内部沟通的方式

1. 内部会议

内部会议是企业进行内部沟通最为重要和正式的方式。在危机发生后，召开内部会议能够提高企业的信息交流效率，使企业在短时间内向员工和股东等内部利益相关者传递大量信息。同时，这一方式也能够实现企业高层与内部利益相关者之间的双向交流，让高层倾听员工和股东等内部利益相关者的真实想法。此外，随着通信技术的发展，内部会议的形式更加多种多样，越来越多的企业采用电话会议和网络会议。

2. 内部报刊

通过内部报刊传递信息也是现阶段企业信息沟通的重要方式。相比于召开内部会议，内部报刊往往能够传递更多的信息，并且书面的形式更具有正式性。但是内部报刊的形式也存在出版周期长等弱点，不利于企业针对危机事件进行快速的反应。为了解决这一问题，企业通常会采用企业简报、企业公告等形式，实现企业信息的快速传递。

3. 网络平台

随着科学技术的发展，越来越多的企业建立了办公自动化系统，该系统的建立为内部沟通的网络化和电子化奠定了基础。企业可以发送内部邮件，使员工和股东等内部利益相关者及时了解危机的具体情况和处理过程，明确下一步的工作方向和重点。同时，网络平台还方便企业获得来自内部利益相关者的反馈信息。

（四）内部沟通的注意事项

1. 要坦诚沟通

当危机发生后，企业对员工和股东等内部利益相关者一定要坦诚相告，让他们清楚地知道企业发生了什么，并将一些能起决定性作用的决策告知内部利益相关者，让他们了解做出这种决策的理由和过程。这样才能有助于内部利益相关者在危机中保持正常的心态，于危机时形成一股强大的合力，彼此协同一致，帮助企业渡过难关。

2. 选择恰当的沟通方式

企业要根据危机的具体类型及特征选择恰当的沟通方式，要确保所有的内部利益相关者基本上能同时得知所有重要的信息。同时，企业管理人员在与内部利益相关者沟通时一定要注意态度。

三、基于利益受损者沟通的危机应对

在危机应对过程中，有一类沟通对象绝对不能忽视，那就是利益受损者。他们可能遭受了一定程度的身体和心理创伤，属于危机中的弱势群体。旅游接待业危机管理主体如果没有做好利益受损者的沟通工作，只会加剧事态的严重性，最终彻底失去广大受众的信任和支持。

（一）与利益受损者沟通的目的

旅游接待业危机管理主体真诚地与利益受损者进行良好沟通，不仅可以取得他们的谅解和支持，而且可以使自身转危为安，重塑形象，获得长远利益。与利益受损者的沟通不仅有利于危机管理主体了解事情的真相，而且对危机事件能否成功处理起着至关重要的作用。为了更好地应对危机，彰显出危机管理主体的人文关怀，树立对利益受损者负责的良好形象，做好与利益受损者的沟通工作势在必行。

（二）与利益受损者沟通的内容

第一，旅游接待业危机管理主体要态度诚恳，耐心听取利益受损者对于事件的看法，冷静地倾听利益受损者的意见，以低姿态来表达歉意、表明立场，及时而真诚地与利益受损者进行沟通。这种真诚的态度会在很大程度上安抚利益受损者的情绪。第二，旅游接待业危机管理主体要主动向利益受损者询问解决诉求，公布补偿办法及标准，要努力做好解释工作，特别是利益受损者对处理结果不满意时，危机处理人员要站在利益受损者和危机管理主体双方的立场进行调解，争取对方的同情和理解。如果责任不在己方，也要进行道义赔偿，并承诺将尽快查清事件的真相，以安慰利益受损者及其亲属。即使利益受损者有一定的责任，也不应立即追究，否则会使自身因为不当言辞陷入更深的困境，不利于危机的解决。

（三）与利益受损者沟通的方式

1. 单独沟通

单独沟通是平等个体间的一对一沟通，这里的个体不一定是一个人，也可以是一个团体、组织。旅游接待业危机管理主体可以和利益受损者单独进行沟通，就某一问题深入讨论。

2. 集体沟通

集体沟通是平等主体全部或绝大多数参与交流的一种信息沟通方式。旅游接待业危机管理主体可以和全部或绝大多数利益受损者协商一个时间段，针对性地讨论解决方案等。

（四）与利益受损者沟通的注意事项

1. 行动迅速

在争取利益受损者谅解的过程中，旅游接待业危机管理主体应行动迅速，争取在第一时间与利益受损者取得联系，调查事情的真相，做好与利益受损者的沟通，向利益受损者表示诚挚的道歉，并尽快赔偿有关损失。

2. 不能一味妥协

在与利益受损者沟通时，旅游接待业危机管理主体要抱着诚恳的态度主动联系利益受损者，表达自己的想法时要有理有据，尽力获取利益受损者的理解与支持。但心中要有底线，不能一味妥协让步。在不逾越自身底线的情况下最大程度地满足利益受损者的要求。

四、基于媒体沟通的危机应对

媒体是新闻事件的传播者，能够在很大程度上影响公众的态度；而且对于危机事件嗅觉敏锐、反应迅速，能够快速地向公众传递事件的细节。因此，在危机管理中，旅游接待业危机管理主体要处理好同新闻媒体的关系，争取新闻媒体的支持。

（一）与媒体沟通的目的

媒体对危机事件反应敏锐，传播速度快、范围广、影响大。危机发生后，媒体出于职业的需要会积极介入其中。不管危机管理主体是否愿意，媒体都会追踪报道事态进展。如果危机管理主体企图遮遮掩掩、不肯合作，媒体得不到最新的真实消息，他们就会采取正当或某些不正当的手段对他们认为有疑点的线索进行追踪报道，其结果往往是与实情有出入的错误和猜测性报道，这种报道会左右公众对危机的看法，不利于危机的顺利解除。而且如果媒体在采访时得不到配合，他们也有可能向社会传播一些对危机管理主体不利的消息，例如，危机处理人员态度不坦诚、妄图隐瞒真相等，使危机管理主体陷入非常被动的局面。因此，为了掌握舆论的主动权，使媒体真实报道并且发布一些对危机管理主体有利的信息，危机管理主体必须处理好与媒体的关系，加强与媒体的有效沟通。

（二）与媒体沟通的内容

危机发生后，旅游接待业危机管理主体应在第一时间尽可能地把完整情况告诉新闻媒体。在危机处理过程中，要与媒体保持紧密联系，及时向媒体传递危机处理的最新信息，比如企业内部状况、对利益受损者的安排等。要自始至终关注媒体的报道，引导媒体朝正确的方向报道危机近况。

（三）与媒体沟通的方式

1. 向媒体提供新闻稿

在与媒体的沟通中，旅游接待业危机管理主体一定要掌握发布消息的主动权。危机发生后，要主动联系新闻媒体，有勇气以负责任的态度出现在媒体面前，向媒体提供新闻稿，公布危机事件的真相并对舆论进行疏导，避免公众的各种无端猜疑。

2. 接受媒体采访

媒体往往希望抢得“独家新闻”从而在市场上打击竞争对手。旅游接待业危机管理主体对新闻媒体要以合作共赢的理念，抱着诚恳、信任的态度，不能隐瞒、搪塞，更不能对抗，应该接受媒体的采访，并积极同他们合作，也可以设立临时接待室，集中处理事件的新闻发布工作，以避免采访时的混乱。

（四）与媒体沟通的注意事项

1. 借助专业的公关公司

受自身资源及能力限制，必要时旅游接待业危机管理主体可借助专业的公关公司处理危机。公关公司在人际关系、公共传播等方面有自己独特的知识体系，他们会凭借其丰富的操作经验以及庞大的媒体资源，迅速将危机的负面影响控制住。

2. 谨慎传播

在危机事件尚未水落石出时，旅游接待业危机管理主体应谨慎地向媒体发布信息，不应向媒体做出任何推测性说明或妄下结论。如果尚未清楚地了解某一情况，应如实告知媒体，并承诺对这一问题进行深入调查，等调查结束后给予答复。

3. 积极配合

新闻媒体所具有的舆论监督功能使得其会披露对危机管理主体不利的信息。为了赢得新闻媒体的支持，旅游接待业危机管理主体应摈弃对媒体的抵触甚至敌视的态度，以诚恳、信任的态度与其沟通。对于媒体的不实报道，企业要提供真实材料并予以纠正。

五、基于公众沟通的危机应对

公众虽然不是危机管理主体的直接利益相关者，但他们作为潜在客户资源，对危机管理主体有着无形的压力。与公众的沟通处理不好，会直接影响到他们对产品和服务的价值判断，进而使危机管理主体的信誉受到损害。

（一）与公众沟通的目的

在危机来临时，尽管危机管理主体面临极大的压力，但仍必须迅速研究对策，做出反应，争取在第一时间与公众进行沟通。因为危机发生后，相关信息会很快传到社会上，引起公众的注意，如果此时公众不能从正当渠道了解事实真相，谣言必定会传播开来。危机处理有“黄金 24 小时”之说，原因在于公众的猜测会在这段时间大量涌现。所以，为了让公众了解危机的真相和危机管理主体所采取的措施，争取公众的同情，尽量减少危机带来的损失，旅游接待业危机管理主体必须在第一时间与公众进行沟通。

（二）与公众沟通的内容

面对突如其来的危机，旅游接待业危机管理主体要做到临危不乱，快速反应，查明事实真相。要本着诚实、真诚的态度把公众利益放在首位去处理问题。旅游接待业危机管理主体应向公众说明危机事件的真相并表达自己的歉意，同时要说明危机处理的方案。在危机应对过程中，要及时向公众发布具体的危机处理进度和结果。另外，旅游接待业危机管理主体要倾听公众的想法，恳请大众给予其改进的机会和时间等。

（三）与公众沟通的方式

1. 新闻发布会

新闻发布会是旅游接待业危机管理主体与公众进行沟通的最常见的方式。旅游接待业危机管理主体要在恰当的时机指定合适的发言人召开新闻发布会或记者招待会。其目的是告知真相、表明态度，使危机管理主体成为权威的信息中心，掌握报道的主动权，避免事态的恶性发展。

2. 官方网站、微博等

旅游接待业危机管理主体可以在自己的官方网站或微博等平台澄清危机的有关事实，发布危机处理的最新进展，并对公众关注的各种问题予以明确的答复。在危机处理期间，官方网站或微博上的有关内容要注意及时更新。

3. 报纸、杂志等

和以上两种方式相比，报纸等媒介主要是以书面的形式进行传播。对某些为社会和公众所关切的问题，报纸等的报道可以对危机事件进行深入细致的分析，详细地交代事情的来龙去脉。较之“稍纵即逝”“过时不候”的电子媒体，书面的报道更加正式，也会使公众感受到危机管理主体的严谨和真诚。

（四）与公众沟通的注意事项

1. 重视与公众的情感沟通

按照马斯洛（Maslow）的需求层次理论，感情和归属的需要是人最重要的需求之一。危机发生后，公众除了利益抗争外，还存在强烈的情感对抗。如果不重视危机对公众的情感造成的影响，则很容易使公众的情绪激化。因此，在解决直接的、表面的利益问题的基础上，注重与公众的情感沟通就显得非常重要。旅游接待业危机管理主体应根据所面对的公众的心理特点，采取恰当的情感联系手段，解决公众深层次的心理问题，平息公众的怨恨心理，强化与公众的情感联系。

2. 避免使用生僻的技术术语

在对公众开展危机沟通时，如果使用大量生僻的技术术语，一味从技术上对危机进行解释，往往会招致公众的反感和厌恶。为了显示组织对公众的关心，企业可以用带有感情色彩的语言，简洁明了地概述关键事实，说明企业对所发生的事情的关注，强调以公众利益为最高宗旨尽快解决危机的决心和信心。

3. 注重双向沟通

危机沟通应该是双向的。旅游接待业危机管理主体及时向社会各界传达信息，可以帮助公众了解危机的实情，使公众认识到危机管理主体为解决危机所付出的巨大努力；而危机管理主体为各界公众建立发表意见和建议的渠道，则有助于其了解公众的真实想法，明确危机症结之所在，找到合适的解决途径，同时可以为公众提供一个情感宣泄的机会。

六、基于政府部门沟通的危机应对

政府部门和权威机构在公众心目中有着良好的形象，公众对他们的信任度极高，同时他们对危机的处理往往能够起到决定性的作用。在危机处理中，旅游接待企业如果能够有效借助政府的力量，无疑可以起到事半功倍的作用。危机应对中得到政府的支持对危机的顺利解决是至关重要的。

（一）与政府部门沟通的目的

在市场经济模式下，政府的监管和支持在企业运营中扮演着重要的角色。企业的设立、发展、产品上市、并购、危机处理等各个环节都离不开政府的指导和帮助。为了让政府部门了解事情的真实情况并获得政府部门的救助和长期支持，旅游接待企业应构建良好的政企关系，与政府部门保持密切沟通。

（二）与政府部门沟通的内容

危机发生后，旅游接待企业应主动与政府有关部门取得联系，要实事求是地汇报事情的全貌，不隐瞒、不歪曲事实真相，要随时汇报事态发展情况。如果需要，企业可以向政府提出援助申请，借助政府的力量应对危机。对于政府部门提出的惩罚措施，企业应认真执行。危机解决后，要系统地报告处理经过、解决方法和以后的预防措施。

（三）与政府部门沟通的方式

1. 主动邀请或配合政府部门的调查

一方面，在自身不应承担责任但遭遇不利的舆论压力的情况下，旅游接待企业可以主动邀请政府部门或权威机构辅助调查，通过政府的文件或声明澄清事实，说服社会大众改变对企业的不利看法。另一方面，当政府主动介入时，企业需认真配合政府有关部门的调查，这是危机解决的必由之路。

2. 向政府部门汇报

危机发生后，旅游接待企业可以主动向政府部门报告危机的真实情况。随着危机的发展，企业可以定期向政府部门汇报事件的进展。在汇报中，企业要说明当前的企业经营状况、利益受损者的最新反应以及企业进一步的应对措施等，要重点突出企业在树立良好社会形象、履行社会责任方面的努力。

（四）与政府部门沟通的注意事项

1. 专人化沟通

任命专职员工负责与政府部门沟通，能够显著提升沟通效果。旅游接待企业在斟酌负责与政府部门沟通的人选时，应重点考虑该员工的平时工作内容以及沟通能力、外交辞令技巧等方面的水平。同时，在确定人选后，应对专职人员进行培训，使其了解当前企业危机管理的进展，掌握应对危机的专业知识。另外，值得强调的是，为了给政府被重视、被信任的印象，企业选用的政府沟通人员应是企业的重要管理者。

2. 后危机沟通

在危机平息后，旅游接待企业应针对在危机处理过程中的经验、教训和启示，进行全面的总结，提出整改办法及预防措施，并交送相关政府部门，取得政府部门的信任和理解，这对于企业的长远发展极为重要。

第三节　旅游接待业危机的舆情管理

在旅游接待业的危机管理中，危机管理主体与各方的沟通是十分关键的一环。此外，不可否认的是，舆论会伴随危机处理的全过程。做好危机的舆情管理对旅游接待业的恢复发展具有重要意义。

一、危机舆论的一般规律

危机舆论的一般规律可以从三个方面来分析：一是舆论要“说法”，二是舆论同情弱者，三是舆论是善变的。

（一）舆论要“说法”

在很多时候，舆论对态度的需要远远大于对事实本身的需要。因此，在面对舆论时，旅游接待业危机管理主体必须先将态度放在最前面，然后再考虑什么时候给事实。

（二）舆论同情弱者

一般情况下，舆论会偏向弱势一方。因此，在危机处理时，危机管理者如何引导舆论，使之理解其相对强势的行为呢？唯一的办法就是通过给出行为本身以外的信息的方式保证人们对行为本身的理解和认可。

（三）舆论是善变的

舆论的善变给了旅游接待业危机管理主体两个选择：一是保持低调，静静地等待舆论本身降温或倦怠，因为一切都会过去，但是这种等待会产生大量的时间成本而且后续可能会产生不可预测的结果。二是在被关注的情况下也要去做些什么或说些什么，保证现有的信息构造被打破，但其未来的发展趋势完全取决于自身所说的或所做的事情。

二、舆情爆发的原因

（一）事件效应

事件效应是旅游接待业危机事件的聚焦效应，即事件对媒体和网民的吸引程度，事件的聚焦效应既取决于事件本身的性质，也取决于事件发生后的演变情况。从事件的主题和性质看，容易吸引舆论关注的事件主题包括民生问题、政府政策、官员不当言行、灾害事故等。旅游接待业危机事件与上述主题相关性越大就越容易引发网络舆情。从事件发生后的情况来看，事件的发展方向和表现结果越是与大众期待背道而驰、负面效应越明显，就越容易被关注。事件关系社会多数成员利益、涉及政治敏感议题、话题有争议性和讨论空间、情节复杂也都是事件持续吸引舆论关注的原因。

（二）外部刺激

外部刺激是与事件无关的外部影响因素。包括以下四类：①产生对比效应的系列事件，如涉及主体类似、事件类型相似、同地区发生、同时期发生的事件，与该事件有类似之处，容易被媒体比较，从而扩大了事件影响；②相关政策法规出台，为舆论批评提供依据；③节假日到来，吸引媒体网民对旅游接待业相关问题的关注；④事件周期纪念，如危机发生的满月、周年等，媒体重新聚焦事件，探究最新进展。这些外部影响因素都会导致舆情爆发。

（三）沟通机制存在问题

沟通和反馈机制的缺失是舆情爆发的重要原因。在旅游接待业中，面对一些突发性事件，若企业、有关部门未能及时发布相关信息，公众就会处于信息饥渴或表达失语状态，这会促使他们通过网络媒体等渠道发声来寻求关注和帮助，导致谣言的滋生和扩散，使舆情的范围进一步扩大。

（四）个体的从众心理

从众心理是指个体受到外界群体的影响，在自己的认知、判断上表现出符合公众舆论或多数人的行为方式。就对危机事件的评论而言，若群体观点具有某种倾向性，受从众心理的影响，个体迫于群体压力，即使有不同意见也会逐渐向群体观点靠拢。在这一过程中，意见领袖发布的关键信息、提供的背景知识、梳理的发展脉络，都会对大众产生极大影响。在旅游接待业危机发生后，个体的从众心理导致的言行方面的表现会加剧舆情的爆发。

（五）新媒体的迅速发展

随着网络技术的不断发展，“互联网+”时代已经到来，微信、微博、客户端等各种新媒体不断涌现，使得信息传播的范围扩大、速度加快，公众发表意见的渠道更加多样化，这也为旅游接待业舆情的大规模、快速传播提供了媒介。特别是作为新媒体代表的一些自媒体，它们专注负面新闻，热衷渲染炒作，这些都客观上加速了舆情的蔓延。

（六）相关部门危机意识淡薄

危机发生后，相关部门反应迟钝、没有意识到问题的严重性，会直接导致舆情爆发和危机的进一步发展。如“青岛天价虾”事件中的游客在遭遇宰客后，第一时间报警，但是警方和物价局互相推诿。网上曝出信息后，相关部门直到第三天才对此事有回应，此时已经丧失了处理危机事件的“黄金时间”。相关部门危机意识的淡薄直接导致舆情的扩散，青岛的城市形象和山东的“好客山东”品牌受到了巨大冲击。

三、舆情管理的措施

舆情的爆发虽然会给旅游接待业主体造成一定的负面影响，但是通过及时有效的管理措施可以尽可能地将其负面影响降低，使旅游接待业主体恢复健康平稳发展。具体的管理措施有：

（一）做好舆情监测

舆情监测的目的是增强对旅游接待业危机发生后舆情的敏感度，提高对危机的识别和应对能力。旅游接待业危机管理主体应建立旅游网络舆情监测系统。政府、旅游企业在制定和实施重大决策时，应进行全程的网络舆情监测，重点对与本地、本企业有关的新闻报道、微博发帖进行动态监测，要及时掌握情况，积极沟通解释、听取意见、改进做法、争取理解，将危机控制在萌芽状态。此外，旅游网络舆情监测系统功能还包括日常的旅游形象口碑监测、竞争情报搜集分析，节假日高峰期的旅游突发事件应急等。

（二）重视网络民意

舆情爆发后，旅游接待业危机管理主体要对媒体和网民意见给予足够重视。政府、企业的危机管理者应重视网络民意、放低姿态、摒弃傲慢，做好民意调查和听证；遇到批评和阻力时，应以信息的公开透明回应舆论、以程序的公平正义平息舆论、以诚恳的实际行动安抚民心。

（三）加强对意见领袖的引导

由于移动互联的发展，舆情事件的主体变成了移动互联舆论主体。网络舆情的意见领袖绝大多数是具有话语影响力和有相当的经济资本、社会资本或文化资本的精英。他们通过提供高质量信息、进行话题搬运影响网民认知，使普通网民亦步亦趋。同时，他们具有推动舆情发展和平息事态的双重作用，因而，旅游接待业危机管理主体应通过相关法律法规，规范网络意见领袖的言行，并加强传统媒体的舆论引导能力，从而培养成熟理智、有责任感的网络意见领袖。

（四）培养相关部门的危机意识

政府相关部门、旅游目的地政府、旅游行业企业要有随时应对舆情危机的意识，特别是在需要重点监测的时间段，要随时发现问题并及时处理，避免舆情的蔓延。危机发生后，要统一口径，积极应对。在信息发布、网络沟通和善后恢复时，要保持坦诚、加强自律、规范言行，从而树立良好的形象。

第四节 旅游接待业危机的全过程管理

旅游接待业危机的全过程管理包括危机前的预警、危机中的应对和危机后的恢复三个阶段。

一、构建危机预警机制

危机预警机制的构建是旅游接待业危机管理的重要组成部分。通过建立行之有效的危机预警机制，旅游接待业可以增强危机防范意识，提高环境应变能力，实现自身的可持续发展。根据危机管理主体的不同，可以将旅游接待业危机预警机制的构建措施分为宏观和微观两个层面。

（一）宏观层面

宏观层面的危机预警机制主体是政府部门，其主要措施有：

1. 优化行业内外部环境

优化行业内外部环境是构建旅游接待业危机预警机制的前提。优良的内外部环境可以使整个行业得到健康有序的发展，进而使危机预警机制的有效运行成为可能。具体而言，首先，政府部门要加强对行业内环境的优化，为旅游接待企业营造一个公平、公正的市场环境，为企业发展提供相关政策和法律支持；其次，要加强对行业外环境的优化，主要体现在加强与公众的沟通，当潜在危机出现时，政府部门要能够在第一时间向公众说明问题所在，使公众了解真相。

2. 加强危机预警立法

危机预警立法是危机预警机制得以有效运转的基础。面对潜在危机时，一套相对完备的立法体系可以使政府部门、相关企业、组织及个人各司其职，明确各自的职责和权力，避免推诿扯皮或权力交叉导致的危机处理或应对混乱。因此，针对我国旅游接待业的发展，政府部门应联合行业相关单位制定一部危机预警法规，使危机预警真正做到有法可依，促进旅游接待业危机预警的规范化、秩序化发展。

3. 组建危机预警协作组织

危机预警相关法律建立后，还要组建危机预警协作组织。危机预警协作组织的主要职能是使相关法律得到及时有效的执行，危机得到快速准确的处理。危机预警协作组织的建立，旨在增强各部门、机构和企业之间的协调能力，使其成为一个有机整体，而非各部分功能的简单相加。通过整体协作，可不断加强相互之间的联系和沟通，共同应对和化解危机。

（二）微观层面

微观层面的危机预警机制主体是旅游接待企业，其主要措施有：

1. 加强危机预警培训

加强危机预警培训可以促进危机预警机制的有效运行。通过培训，可以帮助相关人员树立强烈的危机防范意识，在面对潜在危机时，可以在第一时间识别和处理。具体的危机预警培训包括两方面内容：一是对行业管理者或企业高层管理者的培训，使管理者具有前瞻意识，在危机爆发前做好预警工作，适时调整企业的发展战略和规划，真正做到防患于未然；二是对接待业员工的培训，使员工树立危机意识，了解各种信号是如何诱发危机的，提高对危机信号的辨别和应对能力。

2. 设立危机预警小组

设立危机预警小组可以使企业更快速、专业地应对危机。在小组成员的选择上，应该尽可能地由熟知旅游接待业危机预警机制的企业高层管理者和专家组成。小组的主要职责有：在危机发生前，搜集和监测企业存在的各种危机信号，通过严谨地分析和计算来预测危机发生，制定科学的危机应对措施；在危机发生时，向企业提供专业的指导和咨询，确保危机得到正确的处理和应对；在危机发生后，总结危机发生的原因并做出相应的调整。

3. 建立信息监测系统

建立信息监测系统可以使企业实现真正意义上的危机预警，将危机消灭于萌芽状态。信息监测系统的主要内容有四个：一是对旅游接待业法律法规信息的监测，其目的是帮助旅游接待企业充分了解最新的法律政策，制定相应的发展策略和方针；二是对公众信息的监测，包括公众对旅游目的地或旅游接待企业的感知、评价以及公众的建议、反馈，通过对公众信息的收集，了解公众的想法，从而为公众提供更加满意的产品和服务；三是对竞争对手信息的监测，其目的是使旅游目的地或旅游接待企业了解竞争对手的发展状况，找出自身与他人的差距，促进进一步发展；四是对旅游目的地或旅游接待企业信息的监测，其目的是找出自身存在的不足和缺点并加以改进，实现企业的可持续发展。

二、妥善处理危机

当危机发生时，面对突如其来的负面报道、舆情关切，或者是消费者和利益受损者的不断投诉，或者是员工人心浮动等问题，如何妥善地处理危机便成为旅游接待业在生存和发展中至关重要的环节，成败往往在此一举。

（一）建立危机处理机构

危机爆发后，应按照危机种类对应的危机管理计划，迅速组建包括高管、相关职能部门负责人乃至外部专家顾问在内的危机处理小组，并明确小组成员的个人职责、权限和联络渠道等。成立危机处理小组后，应首先确定团队负责人，即首席危机官，以及危机处理期内的对外发言人。首席危机官和新闻发言人可以由一人担任，也可以由不同的人担任。

（二）表明危机处理的诚恳态度

危机处理小组应尽快向公众表明危机管理主体对危机处理的认真积极态度，以减少相关利益人的恐惧和忧虑。要表达出即便危机发生的原因、危害性高低和影响范围等都不明晰，但一定会本着负责、诚恳的态度着手危机的调查并采取相应的措施，尽快给公众满意的答复，并对受害人表示同情和慰问。

（三）着手危机调查与评估

公开表达危机处理态度的同时，危机处理小组须迅速展开危机调查工作，了解危机的事实真相。全面细致的危机调查和评估是制定有效危机处理方案的基础。调查的重点包括了解危机发生的详细经过以及利益受损者和受损情况；查明危机爆发的原因等。危机调查后，要对危机给相关利益人造成的损失大小、危机蔓延的概率、危机对企业和行业未来发展的影响和公众媒体对危机的态度等进行详细评估。

（四）制定危机处理方案

危机管理主体应结合危机调查与评估的结果，制定具体的危机处理方案。危机处理方案的主要内容包括制定危机处理的目标和原则；选择危机处理的策略；制定对利益受损者的赔偿细则；明确危机沟通的对象、方式、策略；明确危机的恢复策略；确保危机处理所必需的人、财、物资源。

（五）实施危机处理方案

根据危机处理方案的具体要求和时间安排，危机处理机构成员分头实施危机处理方案。旅游接待业危机管理主体须在合理合法的条件下，尽快同利益受损者沟通协商、达成协议。要在妥善处理好危机事件本身的前提下，强化与公众的沟通；尤其应做好媒体公关工作，使媒体清晰地认识到事件原委，促使媒体以更加公正、客观的态度评述危机，从而维护自身形象。

三、做好危机恢复管理

旅游接待业作为一个相对敏感的行业，极易受到危机的影响。很多时候，即便危机得到解决，但其造成的负面影响也不会在短时间内彻底消除。因此，为了旅游接待业的长期平稳、健康发展，危机管理主体必须做好危机后的恢复管理工作。

（一）评估危机效果

评估危机效果指的是对危机管理的效果进行评估，这是危机恢复管理的前提和基础。评估的内容有以下三个方面：一是对危机源的评估，包括危机产生的原因，是否对危机源进行了正确的识别和处理以及如何对此类危机源进行预防和规避；二是对危机预警的评估，包括危机预警是否及时、准确，预警方案是否科学、有效，以及如何改进和完善危机预警机制；三是对危机处理结果的评估，包括危机沟通是否及时、准确，舆情管理是否到位，利益受损者是否得到有效安抚等。通过评估，危机管理主体能总结危机应对的经验，并发现危机处理过程中的缺陷和不足。

（二）重塑行业形象

重塑行业形象指的是通过与外界进行充分的沟通，尽快消除危机造成的负面影响，塑造良好的行业形象。具体内容包括两个方面：一是通过网络媒体实时报道危机恢复的具体情况，这样既可以使公众了解事实真相，避免信息不对称导致的表达失语，同时也可以获得公众的好感，使公众看到旅游接待业危机管理主体为危机恢复管理所做的努力和行动；二是可以利用名人的影响力来增加行业的信誉和知名度，增强公众的信心和认可度。

（三）加强改革创新

加强改革创新指的是采取措施进行改革和创新，从而使旅游接待业主体恢复到危机发生前的状态，避免类似的危机再次上演。具体措施有两个，即进一步提高危机管理技能和改进管理制度。旅游接待业主体可以将危机管理过程制作成生动形象的案例，用以辅助危机管理教育，增强内部人员的危机意识和提升危机管理技能。对于危机处理过程中凸显的管理问题，旅游接待业政府部门和企业必须大力改进和调整相关制度。

（四）征询顾客意见

征询顾客意见指的是通过市场调研的方式，与旅游接待业的潜在顾客进行沟通，获取他们关于危机恢复的意见，其中调研的方式有调查问卷、访谈等。这种方式的优点在于可以获得第一手资料，全面了解潜在顾客最真实的想法，从而制定出最符合实际的危机恢复措施，扭转危机导致的负面影响。

《案例》

新冠肺炎疫情下，旅游业如何走出危机？①

“2020”伴随着突如其来的新冠肺炎（COVID-19）疫情，我们经历了一个魔幻的开年，面对疫情，诸多行业停摆，旅游业作为以人的流动为基本特征的服务性行业受到巨大冲击，遇到了前所未有的危机。我们应该站在国家、城市和行业的角度，来观察和分析旅游业的恢复和发展这个话题。

国家层面的应对是旅游业复苏和恢复的前提和基础，各国普遍采取了积极干预的措施，其中对旅游业有决定性影响的是两个方面的决策：一是帮助行业维持运营，也就是救急、救困这方面的措施；二是平衡经济重启和疫情防控方面的措施。对于救急、救困措施，虽然很多都是普适性的措施，是一揽子刺激计划，但是旅游企业、旅游行业在其中得到了很大的帮助。比如中国采取的减税免税等各种综合性的措施。但是在平衡经济重启和疫情防控这样一个重大决策上，各国都经受到了前所未有的重大考验，也都在寻求一种平衡，比如美国在5月份经济重启之后，病例飙升，又重新延后了重启方案；新加坡已经放松了管制，但由于第二波疫情的压力，又重新实施限制措施；中国于2020年5月份重新开放，但因为6月北京等地的局部疫情，又实施了局部的交通和流动的限制。就是在这种反反复复的过程中，各国政府认识到，解除旅行限制，应对经济重启带来的挑战，要有更多准备。延迟重启可能会加大旅游行业的损失，但是如果操之过急，会欲速不达，给旅游业和经济的长远发展带来一些深刻的影响。疫情使旅游业切身体会到没有社会交往，没有安全健康，没有人身安全，就没有旅游。

城市层面的应对是旅游业复苏和恢复的节点和关键。在应对新冠肺炎疫情危机的过程中，各个城市都做了很多工作。这其中给予城市压力最大的是解决就业问题，因为旅游城市，旅游业占GDP的比重都比较高，巴塞罗那是18%，卡萨布兰卡是15%，

---

① 改编自杜一力的《新冠肺炎疫情下世界旅游业的恢复与发展报告》。

北京是11.5%，洛杉矶是5%，正因为旅游业比重高，这次的压力失业裁员问题就比较严重。所以，城市当局和目的地营销组织（DMO）积极协调各种政策，同时寻找机会帮助旅游企业解脱危机。其中，北京对其餐馆、酒店直接给予消费额的30%的补助，并将费用直接打在供应商的账户里。

企业是经济恢复的动力和引擎，这一次在应对危机和行业复苏中，旅游行业经受住了考验。其具体表现为：第一，和游客一起分担损失。当大量的退单潮席卷而来的时候，企业免费为游客退单、退款。第二，和员工一起共度患难。像阿拉斯加航空、万豪国际、携程，他们的管理层自愿降薪，困厄共担。第三，承担社会责任，特别是酒店行业，可以为抗击疫情出钱、出力、出人。

现在我们正在进入疫情和市场重启并行的第二个阶段，在这个阶段，旅游业的目标只有一个——重建市场。目前，我们至少在五个方面有了很大的提升和进步：一是基于移动终端，我们的支付系统、运营系统更加便捷完善；二是自助服务终端，机器人、智能终端在服务场景中常态化运转；三是线上线下的旅游服务无缝对接；四是立体的媒介为游客提供了更多的选择；五是旅游大数据为各级政府增强服务能力提供了参考。

总而言之，对于世界旅游业来说，在前所未有的困难条件下，形成国家、城市、目的地政府、企业和游客的共识，建立新的共享共担的旅游合作机制，构建利益共同体，是世界旅游业走出危机，再创繁荣的必由之路。

复习与思考：

1. 简述旅游接待业危机的类型。
2. 简述旅游接待业危机的特征。
3. 论述旅游接待业危机的影响。
4. 简述危机沟通的3T原则。
5. 列举内部沟通的方式。
6. 简述旅游接待业危机管理主体与利益受损者沟通的内容。
7. 论述旅游接待业危机管理主体与公众沟通的目的、内容和方式。
8. 简述旅游接待业危机管理主体与政府部门沟通的内容。
9. 分析舆情爆发的原因。
10. 简述舆情管理的措施。
11. 从宏观和微观层面论述旅游接待业如何构建危机预警机制。
12. 论述旅游接待业危机管理主体应如何妥善处理危机。
13. 论述旅游接待业危机管理主体应如何做好危机后的恢复管理工作。

第十一章 信息技术在旅游接待业中的应用

■学习目标

了解旅游接待业的核心技术基础

掌握现代信息技术对旅游接待业发展的作用

掌握现代信息技术如何推动旅游接待业营销

了解人工智能技术在旅游接待服务中的应用

了解智慧酒店、智慧景区、智慧旅行社的管理内容

理解智慧酒店管理中存在的问题及对策

理解智慧景区管理中存在的问题及对策

理解智慧旅行社管理中存在的问题及对策

核心概念：现代信息技术、新兴旅游产品、新型营销平台、旅游大数据、AI 服务、智慧酒店、智慧景区、智慧旅行社

第一节 现代信息技术与旅游接待业发展

一、旅游接待业的核心技术基础

（一）云计算

1. 云计算的概念

云计算（cloud computing）是信息技术（IT）产业发展和演化的必然结果，被认为是继微型计算机、互联网之后的第三次 IT 革命。美国国家标准技术研究院（NIST）认为，云计算是一种 IT 资源应用模式，由互联网提供的动态易扩展的虚拟化共享资源池组成，在集中管理和调度下可以向多个用户提供服务，而用户可以按需获取计算资源。

2. 云计算的特征

云计算主要有以下四个特征：

（1）资源池共享。

云计算平台是一个巨大的资源池，IT 资源集中管理和游客共享是其显著特征。该资源池提供了网络、服务器、存储、应用等多种硬件和软件资源，通过较少的管理成本和简单的业务交换过程便能快速部署和发布。

（2）按需自助服务。

用户可依据自身需求和偏好定制资源、应用和服务，云计算平台会及时接收并进行相应地分配和部署。用户也可以退订或删除云计算平台提供的定制服务，全过程以自助方式实现。

（3）弹性资源调度。

基于游客的不同访问时间、不同资源计算量，云计算平台会依据服务的负荷相应地增减 IT 资源，资源规模实现动态弹性伸缩。因此，用户可以在任何时间购买任意数量的资源。

（4）服务按量计费。

云计算平台可依据不同资源、服务类型和度量指标提供合适的计量方式，精准计算游客的实际资源使用量（资源服务使用量或使用时长）并进行收费。与传统计费模式相比，云计算模式收费低，能有效提高资源利用率。

（二）物联网

1. 物联网的概念

物联网（Internet of Things）是通过射频识别技术（RFID）、红外线感应器、全球定位系统、激光扫描器等信息传感技术或设备，按规定协议，将物品通过有线和无线的方式与互联网连接，进行通信和信息交换，以实现智能化识别、定位、跟踪、监控和管理的一种网络技术。物联网的核心和基础依旧是互联网，只是用户端延伸和扩展到了物与物之间，感知层、网络层和应用层构成了物联网的技术体系。

■知识拓展

RFID 技术是一种无线通信技术，可以通过射频信息自动识别特定目标并读写相关数据，系统与特定目标之间不需要有机械接触或光学接触。

RFID 的工作原理：首先，通过无线射频辨识系统将标签附着在要辨识的物体上，标签中间有一个微型无线电波收发器；其次，用一个阅读器的双向无电波收发器向标签发出信号并解读其应答，即通过阅读器发出编码过的无线电信号来“询问”射频标签，标签收到信号后发出自身的识别讯息来应答；最后，射频识别标签通过电子技术将所得讯息存储在一个永久性存储器中。

2. 物联网的特征

物联网主要有以下三个特征：

(1) 全面感知。

物联网部署了多种类型的传感器，每个传感器都有一个信息源，不同类型的传感器捕获的信息内容和格式不同。传感器按照一定频率周期性地采集环境信息，不断更新数据，获取的数据具有实时性和全面性。

(2) 安全传递。

物联网通过各种有线和无线网络与互联网融合，准确传递物体信息。传输过程中，为了保障数据的正确性和及时性，必须适应各种异构网络和协议，信息的安全机制和权限管理受到更高层次的监管和技术保障。

(3) 智能处理。

物联网利用云计算、模糊识别智能计算技术，对海量数据和信息进行分析和处理，对物体实施智能化的控制，以更加新颖、系统且全面的观点和看法来对待和解决问题，真正达到人与物的沟通、物与物的沟通。

(三) 移动互联网

1. 移动互联网的概念

移动互联网（Mobile Internet）是互联网技术、平台、商业模式与移动通信技术相互融合的产物。它是一种通过智能移动终端，采用移动无线通信方式获取业务和服务的新业态，其涉及的内容包含移动终端（手机、电脑等）、移动通信网络接入（4G、5G 等）、公众互联网服务（WEB、WAP 等方式）。移动终端是移动互联网的前提，接入网络是移动互联网的基础，而应用服务是移动互联网的核心。

2. 移动互联网的特征

移动互联网主要有以下四个特征：

一是终端移动性，通过移动终端接入移动互联网的用户将始终处于移动状态，便于用户随身携带和随时使用。

二是业务及时性，用户使用移动互联网能够随时随地获取自身或其他终端信息，及时获取所需服务和数据，而且多种应用可以在同一时间进行，响应时间相对较短。

三是服务私密性，与互联网公开透明的特征不同，移动终端设备专属于用户个人。移动互联网终端应用在数据共享时会对用户身份进行有效认证，确保使用信息的安全性。

四是终端、网络、业务的强关联性，实现移动互联网服务需要同时具备移动终端、接入网络和运营商提供的业务三项基本条件。

(四) 虚拟现实技术

1. 虚拟现实技术的概念

虚拟现实（Virtual Reality，VR）技术是一种可以创建和体验虚拟世界的计算机仿真系统，它利用计算机模拟产生一个三维世界的虚拟空间，为使用者提供视觉、听觉、触觉等感官模拟，让使用者如同身临其境一般，可以即时、无限制地观察虚拟空间内的物体。一个典型的虚拟现实系统主要由虚拟世界、计算机、虚拟现实软件、输入设备和输出设备五部分组成，包括模拟环境、感知、自然技能和传感设备等多个方面。

2. 虚拟现实技术的特征

虚拟现实技术主要有以下三个特征：

（1）交互性。

交互性指使用者对虚拟环境内物体的可操作程度和从环境中得到反馈的自然程度，使用者通常会借助三维交互设备，如头盔显示器、数据头套与虚拟场景进行交互，产生参与感。

（2）沉浸感。

沉浸感指使用者感知作为主角在模拟环境中体验的真实程度。在计算机创造的虚拟场景中，使用者会暂时脱离现实世界，产生一种现场感，理想的模拟环境足以达到令使用者难辨真假的程度。

（3）构想性。

构想性指虚拟现实技术具有广阔的想象空间，不仅可以再现真实存在的场景，而且可以构想客观上不存在、甚至不可能发生的场景。

（五）人工智能技术

1. 人工智能技术的概念

人工智能（Artificial Intelligence，AI）也被称为机器智能，是模拟、延伸和扩展人的智能理论、方法、技术及应用系统的科学技术，它由专家系统、机器学习、计算机视觉、数据挖掘、自然语言处理等不同领域组成，涵盖由机器、系统实现的与人类智能有关的各种行为及思维活动，如判断、推理、证明、识别、感知、规划等。

2. 人工智能技术的特征

人工智能技术主要有以下三个特征：

（1）服务性。

人工智能必须以人为本，按照人类设定的程序逻辑或软件算法，依托于人类发明的硬件载体来运行或工作。通过对数据的采集、加工、处理、分析和挖掘，形成有价值的信息流和知识模型，提供延伸人类能力的服务。

（2）互补性。

人工智能可以像人一样通过听觉、视觉、嗅觉、触觉等接收来自环境的各种信息并做出反应，甚至可以帮助人类做自身不擅长、不喜欢的工作。人与机器的交互使机器设备越来越“理解”人类，逐渐与人类达成协作、优势互补。

（3）自适应性。

人工智能具有一定的随环境、数据或任务变化而自适应调节参数或更新优化模型的能力。通过与其他现代信息技术的数字化连接扩展，人工智能系统具有更强的适应性、灵活性和扩展性，以应用于不断变化的现实环境。

二、现代信息技术对旅游接待业发展的作用

（一）提升游客的旅游过程体验

由于网络的泛在化和社交的可接触性，制订旅行计划的流程变得更加开放化、流动化和分散化，游客更倾向于在旅游过程中通过社交网站和视频分享平台查询旅游线

路、实时路况、景区景点、智能导览、门票优惠预订等全方位的旅游资讯。而且，随着智能手机终端和移动互联技术的普遍使用，越来越多游客在旅游过程中就可以进行旅游在线分享。现代信息技术满足了游客旅游资讯获取、旅游产品购买、旅游在途服务、旅游经历分享等多方面的个性化服务需求，让游客在旅游过程中拥有了更大的自主权和自主服务能力，提升了旅游过程的体验感。

（二）提升旅游企业服务、营销和管理水平

第一，现代信息技术使大众化服务向个性化服务转变。旅游企业以游客的个性化需求为出发点，为游客制定个性化的旅游线路、设计专属的旅游纪念品，创造了智能化的旅游服务。第二，现代信息技术使粗放式大众营销向精准营销转变。旅游企业运用人工智能技术和数据挖掘算法将游客个人需求偏好精准分类，持续追踪并实时分析，做出更精准的预测，减少了传统粗放式营销方式带来的沉重成本负担。第三，现代信息技术使传统被动事后管理向实时过程管理转变。旅游企业借助现代信息技术形成了各部门之间的信息共享和协作联动，可以及时准确地掌握游客的活动信息和自身的经营状况，这就可以在保障游客旅游安全的同时提高自身的应急管理能力。

（三）提高旅游行政管理部门的办事效率

旅游行政管理部门是旅游接待业发展的规划者、调控者和管理者。在行业监管方面，公安、消防、银联等部门通过物联网、云计算、人工智能等现代信息技术采集相关动态数据，实现旅游数据的相互连通及对旅游企业的实时监管；在整合营销方面，旅游管理部门通过现代信息技术构建跨网络、跨平台的区域整合营销渠道，与旅游营销机构和各类网络运营商建立合作，并通过区域互联实现旅游标准、服务统一；在公共服务方面，过去旅游信息存在供给途径少、信息不完整、更新速度慢、内容单一等问题。如今，现代信息技术建立的公共服务体系更具有可拓展性、可伸缩性和兼容性，能够较好地解决上述问题。

（四）提升我国旅游接待业的国际竞争力

随着境内外双边贸易交流合作的进一步加强，国外旅游接待业凭借成熟的现代信息技术引发了国际市场上的激烈竞争。我国旅游接待业正处于由本土旅游接待业向国际旅游接待业转型升级的关键时期，学习借鉴、自主开发和利用现代信息技术，有利于改变旅游接待业的传统交易方式，不断提升品牌形象和服务水准，将资源优势转变为产品优势和市场优势，让我国旅游接待业在国际旅游接待业市场上占据一席之地。

第二节 现代信息技术与旅游接待业营销

随着现代信息技术的发展，市场消费观念更新，游客的主导作用得到充分发挥并成为营销活动的必要准则，这对旅游接待业市场营销产生了重大影响。本节将从新兴旅游产品的推出、旅游营销平台的搭建、游客行为的分析、旅游市场环境的洞察四个方面揭示现代信息技术如何促进旅游接待业营销。

一、现代信息技术与新兴旅游产品的推出

（一）定制化线路产品

智慧旅游时代，游客的消费特征呈现独立性和个性化的特征。旅游企业首先利用大数据、人工智能的模式识别和自然语言处理技术，即时、动态地了解游客的活动模式和旅游偏好。其次，收集旅游活动过程中各种事物的文字信息、图片信息或语音信息，利用智能推理中的搜索功能及计算机视觉功能对信息进行对比分析。最后，通过数据挖掘和智能控制手段将旅游信息准确传送给游客，帮助游客制定个性化的旅游行程。

（二）在线导览产品

在线导览产品不同于传统旅游产品，它更注重游客的旅游过程体验。旅游企业利用大数据、云计算、移动互联网、全球定位系统、人工智能等现代信息技术，通过提供地图、自带讲解的方式帮助移动终端游客实现景区的实时导览，解决游客对旅游景区或目的地生疏的问题。同时，在线导览产品也是一种集旅游六要素于一体的移动导览程序，能让游客清楚地了解旅游目的地的景点推荐、交通出行、特色美食和历史文化民俗，为游客在旅行过程中提供快捷、有效、及时的旅游资讯，避免游客在景区交通、售票排队、餐饮住宿上花费大量时间。

（三）旅行翻译产品

我国出境旅游不仅在整体规模上持续增长，而且还拓展出自由行、小众路线、定制游等多种形式。针对不同的场景需求，国内对AI+翻译应用加大了研发力度，增强机器深度学习意识，开发出具有针对性的产品，如搜狗旅行翻译宝等。目前而言，国内AI+翻译应用在企业背景、使用途径、产品形态、市场表现、翻译功能、发展前景方面虽各有千秋，但都逐渐朝着场景拓展和细分人群的方向发展。

（四）虚拟旅游产品

旅游景区利用三维全景混合现实技术、三维建模仿真技术、360°实景照片技术等将旅游景观生动地呈现在游客面前，让游客全方位观赏真实场景。游客可以对场景中的游览路线、角度和速度进行自由调控，且这一过程完全不受时间和天气的影响。而且，虚拟现实技术可以将破损毁坏的珍贵古建筑完好地呈现在游客面前，再现文明古迹的风貌，建立一个全新的古代建筑仿真影像世界。游客只要戴上特制的传感装置，就能漫步于古代建筑的世界，感受古代文明的博大精深。此外，通过计算机网络可以使文物脱离地域限制，真正实现不同地域的资源与文化共享。

（五）AI旅游纪念品

旅游纪念品设计需要深度融合地域特色、传统元素和现代审美，兼顾纪念品文化内涵和实用功能。人工智能基于大数据让万亿量级数据在几分钟内处理完毕，通过对传统元素、文化符号、地域特色形象的储存和整合，深度学习专业的美学设计知识，实现旅游纪念品的独立创新和特色设计。在生产环节，人工智能通过精准的原料分析掌控产品品质，显著提高产出良品率，使旅游纪念品的粗制滥造问题得到改善。人工智能节省了依靠人力和经验运作的精力成本以及数据处理的时间成本，间接降低了生

产成本，有利于旅游纪念品向物美价廉的属性靠拢。

二、现代信息技术与旅游营销平台的搭建

（一）微信营销

微信营销是通过微信平台向游客推广企业产品及品牌的一种新型营销方式，是基于微信所支持的熟人社交，利用游客在朋友圈内与其好友一对一的沟通交流方式和人际信息传播途径，在参照群体的刺激下发挥作用。微信营销主要有朋友圈广告、公众号推广、微店运营三种形式。通过多种形式扩散产品和服务推广信息，与游客建立强联系，进而推动游客的主动传播，形成口碑效应，以此对提升企业品牌形象或促进产品销售起作用。

（二）微博营销

微博营销是一种基于Web2.0新媒体的网络营销方式，在旅游企业微博、代言人微博、游客微博的有机结合下，通过发布旅游产品信息、宣传企业文化、优惠购买等一系列网络营销活动，已逐步构建出一个有广泛受众的互动交流平台。微博用户既是微博信息的生产者，也是微博信息的营销对象。利用微博平台进行营销不同于传统的营销方式，微博形式精简、操作便捷、内容碎片化，其时效性和可读性都更强。

（三）旅游App营销

随着智能手机和平板电脑等移动终端设备的普及，旅游App营销已成为旅游接待业进军移动营销的主战场。游客在马蜂窝旅游、途牛旅游等App上分享旅途中的所见所闻已成为常态，当游客分享的内容受到他人关注时，旅游App营销的作用将进一步发挥。旅游企业商家常借助“意见领袖”的力量，让他们发布旅游产品、服务和品牌的信息，吸引更多潜在游客。

三、现代信息技术与游客行为的分析

（一）个性化需求分析

大数据和人工智能技术为旅游接待业市场营销提供了新工具、新方法和新范式，旅游接待业企业借助它们可以即时、动态地分析游客的需求，提升游客主动搜集数据的有效性。首先，从海量大数据中提取数据结果，即对游客的属性数据、行为数据、调研数据等进行收集与汇总。其次，对游客消费习惯、支付偏好、信用情况等进行分析，形成游客“个人画像”，洞察游客行为背后的共性，以标签化的方式对群体进行分类，预测不同类别顾客的长期消费行为和能力。最后，提供有针对性的产品或服务以实现精准营销。

（二）活动轨迹分析

旅游接待业利用地理信息系统（GIS）空间技术，可以从空间数据中获取有关地理对象的空间位置、分布、形态、形成和演变等信息并进行分析，实现旅游接待业的转型升级和跨越式发展。例如，在旅游景区部署移动信号监测设备，可以发现同类游客的相似属性；在不同景点之间部署，可以发现游客移动的轨迹变化，分析游客在不同景点的逗留情况。基于此，营销人员可以更加合理地部署零售商铺，销售相应的旅游

产品。

(三) 旅游评价分析

游客决策前会参考旅游新媒体平台中其他游客的旅游消费体验和服务质量评价，同样游客也可以在旅游的同时通过微信、微博等社交网络平台分享所见所闻，这些反馈信息最终会通过搜索引擎的映射连接，被其他游客搜索并作为其购买决策的指导意见，形成一个良性循环。面对内容丰富的网络口碑，旅游接待业营销人员可以利用大数据适当提取并进行文本分析，了解自身的旅游服务和营销活动开展情况。

四、现代信息技术与旅游市场环境的洞察

(一) 分析市场竞争力

旅游企业在开展营销活动前，要借助系统数据对自我有一个清晰准确的认知，即通过感知技术、定位技术、移动互联网技术等，实现营销过程中的市场监控、数据收集和聚类性分析，快速分析自身在市场中的竞争力。通过对行业市场竞争力的对比分析，有针对性地选择营销渠道和网络营销方式，制定相应的营销主题、打造适销对路的产品，解决传统营销模式效率低、行为转化率低的短板。

(二) 监控市场舆情

舆情监控系统具备舆情跟踪定位功能，可以实时动态监测旅游接待业市场，通过多种营销渠道获取并分析舆情数据，如与第三方研究机构、在线旅游平台或旅游企业之间建立信息收集和交换机制，生成相关舆情分析报表，分析舆情的变化趋势。在此基础上，与指挥调度中心实时对接，及时处理舆情事件，并通过自媒体平台向游客公开舆情处理结果，以此引导舆情向有利于经营的方向转变，挽回旅游接待业形象。

(三) 量化营销效果

营销效果评价系统能帮助监测旅游企业产品的市场关注度，及时洞察企业在整个旅游接待业市场的营销效果，以便有针对性地改进营销方式和策略。例如，酒店会根据各营销渠道导入的网站流量、咨询量和预订量，判断酒店平台、组团社或第三方网站的营销效果，筛选出合作效果好的网络营销渠道。在社交网络中，营销评价系统可以通过游客的注册方式、内容订阅方式、订阅数量、互动频率、关注产品及订阅主体等，对比分析营销效果，抓住自身的薄弱环节，选择最佳的营销伙伴和营销方式。

第三节　人工智能技术与旅游接待服务

新一轮科技与产业革命正聚焦于人工智能的创新发展，万物感知、万物互联、万物智能的大智能时代已来临。如今，人工智能在计算机视觉、语音识别、自然语言处理、机器学习、大数据等方面都有了飞跃性的进展，智能识别技术、智能服务机器人和智能虚拟代理在旅游接待业中得到广泛应用。

一、智能识别技术在旅游接待服务中的应用

（一）简化服务流程

游客在线上预订房间，到达时便可根据酒店管理系统发出的入住提示操作，凭借酒店人脸识别系统直接入住，不需要到前台办理相关手续；景区通过人脸识别技术减少安检排队等待的时间，与旅途中以人为中心、便捷的人际互动方式契合；酒店或景区的食宿费用、其他定制服务费用会在游客消费时自动发送扣款提醒，游客在智能终端设备接收后，只需通过指纹、刷脸就可完成支付结算。

（二）提供精准服务

通过人脸识别技术、声纹识别技术，可以实现在视频流中进行人脸监测、关键点定位及人脸识别功能的毫秒级响应，与底库中的人脸特征向量进行特征比对，可以快速检测出 VIP 客户，并提供最佳的匹配服务；普通员工难以充分了解外国游客的需求，不能提供相应服务，但通过人工智能语音识别系统可以对语言进行实时、精准的转换；利用声源定位技术，可以实现在嘈杂的环境中自动跟踪，实时记录游客轨迹，以此提供精准服务。

（三）保障服务安全

智能识别技术的另一个不可忽视的功能便是安全防护。在酒店内，AI 语音电梯支持视频通话、异常检测和声纹识别身份验证；客房内外有人来访，系统会将识别结果发送到客户手机或者电视屏幕上，充分保障客户的隐私安全。在景区，智能识别技术可以对图像中不同目标及其行为做出准确的识别，对异常事件做出快速的响应。例如，游客在公共场所遗留可疑物体或在敏感区域停留时间过长，此类现象识别为可疑活动，并提示安全人员提前做好准备。

（四）评估服务质量

利用智能语音情绪分析，旅游接待相关企业可以实时采集游客语音数据，分析游客的语音语调和内容以获取游客情绪变化，从而智能判断和收集游客的满意度信息。如游客对业务办理是否满意及一线员工的态度是否端正；通过对员工的语音内容分析和情绪分析判断员工的服务水平以及服务过程中游客的满意度，为量化员工工作质量提供依据。此外，利用智能识别技术可以记录员工在指定区域的在岗时间，起到监督和考核作用。

二、智能虚拟代理在旅游接待服务中的应用

（一）智能信息推送

旅行社的虚拟代理通过运用图片识别能力和语言识别能力，将旅游途中的各类事物信息进行统一收集，然后利用智能推理功能将搜集的信息与计算机中的相应信息进行比对，最终将旅游信息高度总结并传达给游客群体，以便游客自主合理安排旅游行程。在酒店中，智能虚拟代理主要提供网络咨询，通过人工智能的自然语言理解，帮助游客解决客房位置、价格、房型等问题，并酒店周边旅游景点和餐饮。

（二）智能线路规划

智能客服可以根据游客的需求特点，包括时间、预算、兴趣爱好、出游方式等，

为游客提供个性化行程定制服务。例如，旅行社的虚拟代理会汇总旅游目的地的基本信息、游客目的地的评价信息、游客个性化行程安排信息、游客旅途中交通服务信息等，结合当前实际路况与客流状况等进行综合排名，借助大数据在多个百万级别的分类数据里以毫秒级的时间向游客推荐最优方案。此外，在旅游过程中，通过同声传译加强与游客交流，帮助游客优化线路以避免遇到困境，在不可预见事件或危险的情况下自动重新规划游览路线。

（三）智能语音解说

具备旅游解说功能的虚拟代理实现了较高水平的智能化与信息化，为游客更好地了解景区的交通状况、人文状况发挥重要作用。以往的导游讲解通常在人群密集的景点，游客很难听见并深入地了解，这种情况下人工智能的优势越发明显。智能虚拟代理可以通过智能手机讲解该景区特色，在讲解的同时通过图片、视频的方式呈现，让游客对该景点的了解更为深入。而且，人工智能还设置了自助导游模式，可以根据游客的喜好推荐当地演出活动和餐馆类型，这种游览模式更具个性化和特色，旅游的体验感和互动感都明显增强。

三、智能服务机器人在旅游接待服务中的应用

（一）餐厅服务机器人

游客走进餐厅时，餐厅服务机器人可以向游客介绍餐厅及活动，通过识别系统自动根据游客常住地菜系特点和饮食偏好将符合的菜肴口味呈现在游客面前。待游客选择后，餐厅服务机器人会将订餐信息再次给游客确认，确认后将菜单发送至厨房系统，让厨师准备饭菜。备好饭菜后，再由餐厅服务机器人将菜品端送至餐桌。最后，支持微信、会员卡、支付宝等多种支付方式，能够实现快速结算。

（二）酒店服务机器人

酒店可大量引进服务机器人吸引游客。搬运和迎宾机器人会为其提供行李运送、问题咨询、前台引领等服务；前台机器人会进行会员身份认证，帮助客人办理入住、智能选房、移动支付、交付房卡等业务；客房机器人会向游客提供音乐、故事、新闻、叫早、灯光语音控制、呼叫等服务；配送机器人会依据指令独自乘坐电梯到达指定楼层，找到指定房间并向客房机器人发送信息，由客房机器人提醒客人开门取物。在新冠肺炎疫情蔓延的特殊期间，配送机器人替代人类员工提供全自主、免接触式的物资配送，为被隔离人员提供物资即时配送服务，极大程度减轻了抗疫一线工作者的负担。

（三）景区服务机器人

随着语音识别技术的发展，具有语音交互功能的讲解机器人、问讯机器人、导游机器人在各大旅游景区都受到欢迎。它们依靠语音识别技术，将识别后的词条与机器本地存储的预设词条库进行匹配，若匹配成功则从预先设置的应答知识库返回应答信息，这些词条库和应答知识库可以进行事先设置和更新。其中，讲解机器人可以通过语音识别功能与游客进行交流；问讯机器人可以回答陌生人的提问；导游机器人通过计算机视觉和增强现实技术准确无误地与游客进行语音互动，不仅会传播知识层面的信息（景点相关的历史典故、风土人情等），还会为游客提供精准的游览线路。

（四）会展服务机器人

会展服务机器人主要由智能+人工后台管理系统、机器人显示界面、迎宾接待、智能导览、人脸识别问候、语音交互、智能娱乐、辅助定制开发等功能模块组成，主要实现会展讲解、会展信息公开和智能交互服务。服务机器人通过将会展建设知识的输入和学习，可以定点讲解专业知识信息，也可以行进式宣传法律法规内容。进入迎宾讲解模式时，机器人可按预设路径引导宾客到达目的地并进行讲解，讲解途中机器人具有多处传感器感应障碍物，能够自主避开障碍物，继续行进。导航结束后，机器人会自动回到出发点。

第四节　旅游接待业的智慧管理

2014 年被国家旅游局确立为“智慧旅游年”，各级政府部门和旅游企业在宏观政策指导下，开展了如火如荼的智慧旅游建设。智慧酒店、智慧景区、智慧旅行社被认为是智慧旅游在旅游产业链上的三大支柱性应用产业，得益于现代信息技术的发展，智慧旅游实现了传统管理方式向现代化管理方式的转变。

一、智慧酒店管理

（一）智慧酒店的定义

智慧酒店指酒店利用云计算、精准定位、移动互联网、物联网、大数据、信息智能终端等新一代信息技术构成一体化平台，通过酒店内各类旅游信息的自动感知、及时传送和数据挖掘分析，实现旅游六要素的电子化、信息化和智能化，满足客人与酒店方数据的实时交换与互动，帮助酒店达成开源、节流、增效等目的的智能管理体系。

（二）智慧酒店的管理内容

1. 酒店智能客房管理

为提升游客的入住体验，智慧酒店致力于打造智能客房，以实现客房的节能、安全和自助服务。进入智能客房，灯光会根据入住的不同时段自动调整到预设亮度，电动窗帘会徐徐打开，背景音乐自动响起，客房内的电视会播放入住欢迎语和天气信息，系统能自动监测门窗是否关紧，并依据实际情况对游客进行语音提醒。游客也可以根据需求自行设置不同的灯光模式（全亮、柔和、休闲、电视、阅读、睡眠等）、调节客房内的温度。

2. 智慧酒店设备物资管理

智慧酒店通常有一套针对酒店设施设备、相关物资进行检查和档案管理的系统，这套系统具有实时性数据库信息、强大的模糊查询功能、友好的操作界面、保障系统安全的权限设置等。例如，酒店被褥、服装可以通过识别设备实时统计送洗状况、使用寿命和催洗物品的信息，并及时反馈给执行员工。该系统在酒店的投入使用，有利于减少酒店管理部门的劳动量，改善酒店内部管理、设备调度与资源配置，使酒店管理更加程序化、制度化和规范化。

3. 智慧酒店安防管理

智慧酒店主要依托智能监控软件和智能终端进行安全防控。智能监控通常的覆盖范围为酒店公共区域，具备危机警告功能，其控制面板能控制画面缩放和镜头转动，实现图像的实时远程观看，图像和声音的记录可以为突发事件的处理提供查询依据。同时，智能监控与防盗报警等其他安全防范系统联动运行，保障住店游客的人身及财务安全。而智能终端主要由安防人员或相关负责人随身携带，遇到突发情况时可以利用智能终端及时协同处理。

5. 智慧酒店绿色管理

智慧酒店打破了传统酒店在服务、宣传、运营、管理等环节资源浪费和环境污染的现状，通过使用物质化办公、环保公用品实现了酒店内部系统的绿色化，采用节能的发光二极管（LED）照明设备降低了能耗。此外，通过建立能源运行检测系统对酒店电、热、水、暖、气等能源系统的运行状况进行实时监测，依据大数据分析系统使用的高峰和低谷期，能够有针对性地提出节能降耗的改进方案。

6. 智慧酒店人力资源管理

除了将人工智能技术应用于招聘环节，实现对应聘者简历的智能筛选外，关注入职后的酒店员工状态也是酒店人力资源管理的重要方面。根据员工身上配备的射频识别 RFID 电子标签，通过遍布酒店的感知系统可以记录员工的考勤和在岗情况，也可以根据客人的需求及时就近安排员工前往服务。同时，对员工实现智慧考评和智慧挖掘，发挥每位员工的工作潜力，利用 RFID 工作卡的读写与信息存储功能直接对酒店员工的服务打分评价。

（三）智慧酒店的管理问题

1. 管理水平参差不齐

我国大多数酒店集团规模较小，难以支撑高额的信息化工程投资、运营、维护以及升级的成本。通过智慧管理建设综合对比来看，绝大多数的四星级酒店都显著低于五星级的酒店，不同星级的酒店智慧化水平不均衡。而同等高星级酒店的管理层有的表示有进一步全面使用智慧管理系统的意向，但仍停留在购入系统投资收益分析的阶段，有的则早已付诸实践，这导致建设与管理水平差距甚远，在很大程度上制约了区域酒店智慧化建设与管理。

2. 存在信息安全隐患

游客入住酒店时，酒店就开始对游客数据进行收集。对酒店而言，通过分析游客数据了解游客偏好便于酒店提供令游客满意的服务。智慧酒店采用各种新一代信息技术使游客信息在酒店内呈半透明的状态，自助式办理入住、身份证件拍照传输、手机 App 密码开门等方式都让客人有隐私被泄露的感觉，甚至有游客对酒店信息保护能力存在质疑，认为一旦客房防护系统被破坏，就会对信息和人身安全造成威胁。在这种顾虑之下，部分游客更愿意选择传统型酒店。

（四）智慧酒店的管理对策

1. 实现区域协同发展

智慧酒店的运营管理是传统企业与新技术的跨界融合，必然催生新的产业链，形成产业集群化的发展。面对不同智慧酒店发展水平参差不齐的现状，区域内各酒店要结合实际、结合行业需求，实行行业认证，在政府的指导下制定统一的智慧酒店行业标准和规范，如硬件支撑体系、综合应用系统和应用价值评价体系。在此基础上，区域内各酒店还应积极开展交流合作，实现资源共享，形成整体协作发展优势。

2. 加强信息管理与保护

首先，酒店必须大力加强智能设备检测和系统管理控制，定时对酒店信息管理系统进行安全升级，以防对住店游客的人身及财产安全造成威胁。其次，系统运行必须专人专岗，工作人员须定期对个人服务账号和密码加强防护，采用最先进的防火墙技术，更新酒店信息管理设施和系统使用密码，对员工进行游客隐私安全专项培训并与专职员工签订保密协议，强调保密信息的严谨性和重要性。最后，在游客身份证件扫描或拍摄系统中设定使用权限和时间，以防不法人员有机可乘。

二、智慧景区管理

（一）智慧景区的定义

智慧景区有广义和狭义之分。广义的智慧景区是指将科学管理理论同现代信息技术高度融合，实现人与自然和谐发展的低碳智能运营景区，旨在更有效地保护生态环境，为游客提供更优质、更舒适的服务，为社会创造更大的价值。狭义的智慧景区是数字化景区的完善和升级，指能够实现可视化管理和智能化运营，对环境、社会、经济三方面有更透彻的感知，有更广泛的互联互通和更深入的智慧化发展。相比之下，狭义的智慧景区着重强调技术因素及其应用，广义的智慧景区更强调管理、服务和生态的融合。

■知识拓展

根据中央信息化建设战略部署方向，我国数字化景区建设于2004年起步，原建设部推荐将黄山和九寨沟风景名胜区纳入国家“十五”科技攻关项目——“数字景区示范工程”，这两个示范景区分别于2005年4月和6月通过科技部一期工程验收，示范成效显著。自此，掀开了我国数字化景区建设的新篇章。

（二）智慧景区的管理内容

1. 智慧景区票务管理

智慧景区利用RFID电子标签技术建立景区电子门票系统，完成票务查询、售票、验票和统计功能的同时，还可以实现门票的回收再利用，符合降低成本与低碳环保的要求。RFID门票充当着景区的“一卡通”，只要游客在景区内通过识别身份领取门票，在金额保证的情况下可以用于景区内票务、乘车、餐饮、住宿、购物、娱乐等项目的消费，内置RFID标签的智能手机终端实现网上支付。

2. 智慧景区资源管理

景区利用红外感应器、激光扫描器、全球定位系统等对景区旅游资源的色泽度、温度、湿度、光照、紫外线等方面进行全时段、全方位的监测，以便景区管理人员及时发现问题，及时维护和修复旅游资源。景区还可以利用互联网将传感器采集的数据信息发送给相关专家或技术人员，由他们进行更专业的研判，为景区提供更具有针对性、更科学合理的解决方案。在长期的智能监管下，景区资源将更富有生命力。

3. 智慧景区导览管理

景区可为每位游客配备临时无线耳机或可视化便携接收设备，自动导览系统可以在游览过程中为游客服务。当接近某一景点时，导览设备预置的景点介绍就会自动进行提示，询问是否需要介绍。游客不必再按照固定路线参观景区，可以根据自己的喜好自主设定路线进行游览。随着景区 App 软件的进一步完善，景区传感网络在游客进入景区后便会向其发送提醒信息，告知游客景区导览的使用方式。

4. 智慧景区客流管理

智慧景区通过配备电子门票传感器、接收器监控客流总量，当游客进入数量超过景区最大承载量时，售票系统会自动放缓或直接停止售票。利用电子门票还可以实时定位持票游客的所在位置，分析局部范围内的游客数量、景点流量密度、游客滞留时间、旅游热点分布等。此外，景区智能疏导系统将获取的实时信息与景区自身条件相结合，在各处科学地布置游客疏导路线图，使用其信息播报、LED 引导、实时视频查看等功能，准确清晰地展示区域标志牌。

5. 智慧景区安防管理

智慧景区提高了安防系统的匹配性，构建了从景区综合管理、景区保护、游客安全三个板块出发的全方位安防系统，可以根据不同场景需求设置多种安防产品和设备。此外，智慧景区还建设了能够对景区安防事件进行快速有效反应的安防系统，事件发生前能及时预警、事件发生中能有效配合行动、事件发生后能降低事件的影响，增强了系统联动反应能力。

（三）智慧景区的管理问题

1. 散客接待能力匮乏

随着移动互联网和旅游交通的发展，我国自助游市场越来越发达，散客接待能力成为衡量一个旅游景区成熟度的重要标志。目前，我国智慧景区的建设尚未能完全适应散客接待，如旅游黄金周期间散客数量暴增，景区还不能很好地利用景区智慧旅游系统对游客进行分流，自驾游和自助游客的增加导致的景区入口和内部交通瘫痪问题也未得到有效解决。

2. 后期支撑动力不足

很多景区起初依赖于政府在信息化建设方面的投入，出于跟风和炒作的目的开始景区的智慧化建设，但并未从本景区的战略目标、基础设施条件、运营现状出发进行部署，也未考量游客的适应能力。由于智慧景区的建设周期长，开发和管理都需要高昂的费用，很多景区难以维系后续管理，智慧景区建设陷入尴尬境地。

（四）智慧景区的管理对策

1. 建立并完善散客信息服务体系

智慧景区应通过数据整合建设和完善旅游咨询中心，发挥“信息提供商”的作用，向散客提供多元化、全方位的服务信息，满足散客需求，实现整个景区、景点、饭店、交通等设施的融合互联。例如，在景区内提供免费无线网络（Wi-Fi），在多处设置功能各异的二维码，为散客提供网络票务、信息查询、实时互动、道路旅游引导标识、公共电话、紧急联络点等一站式咨询和服务。此外，建立信息共享平台，鼓励散客自由发表言论，帮助智慧景区直观地看到自身的不足并及时做出改进。在此基础上，通过各种智能数据分析与数据挖掘，将信息上升为资源，为景区散客管理决策提供参考依据。

2. 政府引导、景区实力与游客需求相结合

从目前的建设情况来看，智慧景区建设过程中的协调、资金问题都离不开政府的支持。智慧景区建设要从全局出发，认真规划并反复论证在政策条件下智慧景区建设的可行性及现代信息技术选择的时效性，根据区域旅游资源特征和经济要求合理选择新技术。同时，也要与自身既有的建设条件和目标定位相契合。若景区选择的新技术过于先进、造价成本过高，那么技术的稳定性和应用性都不能得到长期有效的保障和控制。此外，各景区管理主体要以游客需求为中心，针对景区发展存在的薄弱问题，立足“远、中、近”规划，集中力量，突出重点，提高游客的适应性，使景区的智慧建设和管理真正起到作用。

三、智慧旅行社管理

（一）智慧旅行社的定义

学者主要从应用和技术角度来阐述智慧旅行社的定义。从应用角度来看，智慧旅行社指以旅行社信息化建设为基础，实现各信息系统间数据的智能流转，使旅游要素配置、游客招徕、旅游产品开发、市场营销和旅游管理服务等旅行社业务实现在线化、数字化和智能化，形成的一个高效管理运行、能相互感知的新兴旅行社，为游客提供个性化定制服务。从技术角度看，智慧旅行社的建设主要是信息通信技术的应用，是一个由物联网、移动互联网、云计算、精准定位、大数据等技术搭建而成的智慧型综合平台。旅行社组团、连锁业务、市场营销、客户关系管理、电子商务等都需要智慧型系统，该系统的基础是所有业务流程数据化形成的大数据，由旅行社数据中心负责运营管理，是智慧旅行社建设的关键内容。

（二）智慧旅行社的管理内容

1. 智慧旅行社电子合同管理

智慧旅行社的电子合同管理是智慧建设的重点，它影响到组团效率和管理能力。合同中需对目的地、旅游线路、住宿标准、酒店名称、行程具体安排等做出明确标记，并提供手写签名设备，供游客签名确认。电子合同管理系统可以打印出带光学水印和二维码的防伪纸质合同，对合同进行统一编码管理并通过专门流程上报管理部门备案。游客通过合同编号可以登录旅行社信息门户网站查询并核对合同电子文本。数据服务与销售管理和营销管理对接，有效提升了旅行社经营效率和效益。

2. 智慧旅行社客户关系管理

智慧旅行社会将客户作为市场资源进行运作，智能储存客户信息、建立档案，对

客户生日、性格偏好等进行统计分析，适时提供客户关怀（节日祝福、生日祝福、出行提醒等），也为旅行社进行价格决策、营销决策、关系维系等提供数据支持。智慧旅行社会基于客户关系管理系统挖掘客户价值，为客户提供个性化服务，实现专门针对关系客户的营销。此外，智慧旅行社还会为参与交易的游客提供投诉、处理流程跟踪的平台，汇总客户未达成最终交易的原因，对服务过程及服务质量进行实时记录。通过该系统的互动功能，及时反馈游客诉求信息，编制游客评价等级机制，了解客户的潜在需求，提升游客的满意度。

3. 智慧旅行社团队管理

智慧旅行社借助企业资源计划（ERP）技术对所有团队、导游领队的即时信息进行管理和查询，实现了团队成员的在线调度和在线监管。例如，旅行社对所属导游进行专门的业务档案管理和业绩管理，导游电子档案与导游证编号相互关联，实现在线管理。同时，也对临时导游或义工导游加强管理，当业务需要时旅行社可以随时通过网络与他们交谈，游客可使用导游证编号查询导游的行业记录和资质年检情况。

4. 智慧旅行社采购管理

智慧旅行社利用在线采购技术实现对供应商资质信息、产品价格、出售合同、采购过程的全方位控制，实时查询供应商的产品资源、采购量和付款情况，其数据在业务系统和财务系统中可实现同步。该技术通过在线系统的统计分析，可提供核算报表，根据结果快速进行采购，有利于降低旅行社的采购时间成本、控制业务成本。例如，在线采购系统可以实时查询多个景区景点资源，在线采购门票、饭店、交通工具、旅游保险等服务产品，实现在线采购合同管理及在线支付功能。

5. 智慧旅行社车辆定位监控

智慧旅行社针对旅游大巴、景区公交进行可视化管理，即通过 GPS 定位技术进行实时跟踪和监控管理，对汽车司机违规驾驶、行车路线偏离预定行程、异常停车等行为采取询问、警告、报警等方式及时处理，保证车辆系统运行的安全可控。

（三）智慧旅行社的管理问题

1. 缺少与游客间的互动沟通

虽然智慧旅行社会自建网站平台，以期与游客形成良性互动，但仍存在许多问题。一方面，旅行社自建网站平台的窗口功能不足，提供给浏览者的商务信息单一，未充分利用电子商务提供专业、全面、实用、个性化的旅游搜索服务，信息发布不及时。例如，在某些旅行社网站上只能找到出境游、自由行、游轮的旅游线路信息，而找不到周边游、国内游的相关链接。另一方面，对浏览者的疑问留言，在线客服未能及时予以回复。此类问题主要归因于旅行社自身对网站的不重视，缺乏体系化的管理和规范，从而使潜在游客流失。

2. 组团产品购买力不足

智慧旅行社的包价组团旅游产品虽有一定的价格优势，但依旧存在着包价过于死板，旅游项目、路线限制过多，游客缺乏活动自由的缺陷。个别旅行社一味追求经济利益，将旅游项目安排得过于集中，使游客在各个景点只能走马观花，无法尽兴，从而使游客对包价旅游产品失去兴趣。因此，散客旅游逐渐成为当今旅游的主要方式。

（四）智慧旅行社的管理对策

1. 构建立体化沟通渠道

智慧旅行社可以运用移动端智能的个性化推荐、旅游团购优惠券增强信息的覆盖面和影响力，使广大游客在旅游时能够更方便、快捷地做出最优选择和决策。为提高游客活跃性，必须使信息内容具有话题性和吸引力。无论是在自建网站平台还是其他社会化媒体形式中，不时地抛出一些具有附着力和深度的话题，比起一味地注重宣传产品本身的内容，往往更加能够吸引广大游客的围观、交流和互动，达到更好的宣传效果。在与客户形成良好互动的基础上，将客户引流至线下，帮助线下旅行社积攒人气，塑造口碑。此外，必须保证线上承诺和线下服务质量的一致性，同时借助一些具有影响力的人物对这些正面信息进行宣传扩散，及时反馈，提升企业的价值和可信度。

2. 转移产品和服务销售重心

团体旅游不可能完全消失，如单位组织的集体游、老年旅游，但其规模将会缩小。智慧旅行社可以利用虚拟现实和增强现实技术，或者创建旅游产品宣传册和二维码图等新媒体服务，让游客在出游前了解组团型线路产品和服务并感受其魅力。此外，针对不断发展的散客旅游市场，智慧旅行社应大力发展自助游客的旅游咨询、交通服务、食宿服务、票务服务、路线咨询服务，以及购物美食、旅游设施租赁方面的服务，把自由行产品作为重点进行销售，以先进的网络技术为依托，让游客自主选择自己喜欢的线路、产品。同时，旅行社应有效发挥旅行顾问的作用，进行一对一的服务，充分利用网络优势完成远程咨询和支付等服务，以创新求发展。

《案例》

新冠肺炎疫情倒逼景区智慧化管理提速　引 OTA 争夺新风口①

全国各地旅游景区陆续复工，景区防疫工作成为重中之重。线上实名制登记、大数据动态监测、控流等智慧化管理成为景区的迫切需求，携程、美团、驴妈妈等 OTA 平台都在疫情期间加速布局景区实名制系统，帮助景区提供控流、实名制购票等提升服务。

一、实名制带来新机遇

随着全国各地旅游景区陆续恢复开放，游客开始增多。为了继续防控疫情，景区实名制登记似乎成了“标配”。文化和旅游部对此也下发《旅游景区恢复开放疫情防控措施指南》，要求各地旅游景区继续实施疫情防控，实行实名制购票，记录入园游客联络方式、来往交通等信息，利用大数据等手段，做好游客信息动态监测。与此同时，不少互联网企业开始紧盯这一商机。

携程相关负责人表示，应对景区实名制购票要求，携程一方面会在平台上推出景区实名制购票系统，记录游客游览信息；另一方面，在线下景区推行实名制售取票机，鼓励游客扫码实名购票。随着景区陆续开放和防疫要求的严格执行，越来越多的景区在携程售取票机上启用刷证购票功能，并被要求留下游客的身份证信息，以方便记录

---

① 改编自关子辰的《疫情倒逼景区智慧化管理提速　引 OTA 争夺新风口》。

和管理。据统计，疫情之前携程平台上已有2 000家左右的景区可以分时预约购票。而疫情之后，出于安全、流量控制、优化游览体验等因素考虑，启用分时预约门票的景区数量进一步增多。除携程外，美团也在景区布局“实名信息登记系统”。驴妈妈旅游网表示，将对部分景区开放后的运营管理提供大数据服务和技术支持，帮助景区升级改造票务系统，实现实名预约制、电子化管理等智能化管理。

二、门票背后的流量之争

景区实名制必然要运用新技术，这一过程对于各大在线平台来说也是一次从线下向线上引流的机会。实际上，在线旅游预订平台本就是实名制，以前由于景区线下信息并没有互联网化，因此很多景区并未真正将游客信息提供给这些互联网平台。面对疫情，出于安全考虑，景区迫切需要进行实名制，在这一过程中，OTA或互联网平台提供了实名制系统，甚至将景区的预订流程和线下核销流程全部转移到线上，这就意味着原来景区直销渠道的部分变相成为OTA或一些线上分销渠道的流量。即便是疫情期间，景区限制游客数量，但依旧可以为OTA带来不少线上流量，OTA平台可以获取更多佣金。

过去，OTA主要业务在机票、酒店领域，酒店领域的佣金在8%~15%，如今业务已快速扩展到景区。不仅如此，掌握流量，OTA平台还可以有针对性地对游客进行二次消费的开发。例如，在得知这些游客以往的历史消费以后，平台可以利用或结合大数据，推荐一些景区周边的酒店、民宿、餐饮、交通等方面的预订。如此一来，平台不仅可以获得更多佣金，还能在获取支付端的庞大的现金流。

三、景区合作意愿有待提升

景区将游客信息接入互联网之后，景区和平台都可以更准确地实时掌握游客的动态，提升景区的安全性和游客的游览体验，但现阶段还有很多传统景区迫于资金或缺乏互联网思维意识，不愿意投入资金，导致合作意愿不强烈。

智慧景区相关负责人表示，景区通常不会自主投入智能化设备，而是采用与智慧景区落地服务商合作的形式，接入互联网平台。合作就意味着分成，景区同样要拿出部分门票收入作为佣金，然而只有一些知名度高的国有体制的景区合作意愿较强。虽然国家已经针对景区门票预约制度、限制最高接待游客量方面出台了相关要求，未来景区智慧化管理、精细化管理也已成为行业趋势，景区究竟是采用自主研发的形式还是与第三方合作的形式涉足智慧化管理，仍要看市场反应。

复习与思考：

1. 简述我国旅游接待业的核心技术基础。
2. 论述现代信息技术对我国旅游接待业发展的作用。
3. 结合现实，论述现代信息技术如何推动旅游接待业营销。
4. 结合现实，简述人工智能技术在旅游接待服务中的应用。
5. 简述智慧酒店、智慧景区、智慧旅行社的管理内容。
6. 分析智慧酒店的管理问题和对策。
7. 分析智慧景区的管理问题和对策。
8. 分析智慧旅行社的管理问题和对策。

第十二章 旅游接待业的新兴业态

■学习目标

了解旅游接待业业态创新的背景和形式

理解共享住宿的概念和主要特点

掌握共享住宿标准体系

了解共享住宿接待规范

了解城市商业综合体的特点

了解田园综合体的概念、特征、意义

掌握城市商业综合体、田园综合体的管理重点

了解房车露营地的功能区划

掌握房车露营地的业务运营重点

核心概念：旅游业态创新、共享住宿、城市商业综合体、田园综合体、房车旅游、房车露营地

第一节 旅游接待业业态创新概述

一、业态创新的背景

（一）需求侧背景

随着国民经济的发展，人民的生活水平进一步提高，带薪休假制度也不断完善，旅游已成为我国居民大众化和常态化的生活方式。旅游需求侧规模不断扩大的同时，也形成了散客化、多元化、个性化、高端化的深刻变化。旅游者对旅游产品的全新体验需求大幅度提升，倒逼旅游接待业进行业态创新。

（二）供给侧背景

旅游业供给侧结构性改革是调整旅游供给总量、提高旅游供给质量、调整旅游供给结构、补充公共旅游供给短板的过程。随着我国旅游者对旅游的消费需求越来越多元、越来越高端，针对个性游、自主游、深度游、高端游以及综合性度假产品的开发不断受到旅游投资者的关注。而新技术、新科技的发展，则大大丰富了旅游产品的创新可能，驱动了很多以装备制造、科技创新为依托的新型旅游接待业的产生。

（三）管理侧背景

2019 年 8 月，国务院办公厅印发《关于进一步激发文化和旅游消费潜力的意见》并指出，要顺应文化和旅游消费提质转型升级新趋势，深化文化和旅游领域供给侧结构性改革，提升文化和旅游消费质量水平，增强居民消费意愿，以高质量文化和旅游供给增强人民群众的获得感、幸福感。

2019 年 11 月中央经济工作会议提出着力推动高质量发展，要坚持巩固、增强、提升、畅通的方针，以创新驱动和改革开放为两个轮子，全面提高经济整体竞争力，加快现代化经济体系建设。

2020 年 11 月，文化和旅游部、国家发展改革委等十部门联合印发《关于深化“互联网+旅游”推动旅游业高质量发展的意见》（以下简称《意见》），并提出到 2022 年，建成一批智慧旅游景区、度假区、村镇和城市，全国旅游接待总人数和旅游消费恢复至新冠肺炎疫情前水平。到 2025 年，国家 4A 级及以上旅游景区、省级及以上旅游度假区基本实现智慧化转型升级，全国旅游接待总人数和旅游消费规模大幅提升，对境外游客的吸引力和影响力明显增强。结合新时期“互联网+旅游”发展面临的新形势、新机遇和新挑战，提出加快建设智慧旅游景区、完善旅游信息基础设施、创新旅游公共服务模式、加大线上旅游营销力度、加强旅游监管服务、提升旅游治理能力、扶持旅游创新创业、保障旅游数据安全等八项重点任务。《意见》强调坚持技术赋能，深入推进旅游领域数字化、网络化、智能化转型升级。坚持开放共享，加快形成以开放、共享为特征的旅游业发展新模式。

（四）全域旅游、智慧旅游背景

“全域旅游”的出现给整个旅游行业带来了新的冲击，也提供了巨大的发展机遇，对于整个旅游接待业来说也是一个全新的起点。通过“旅游+”的途径来发展全域旅游促使单一景区发展模式成为过去，使得全体旅游资源都能得到开发利用。除了“全域旅游”外，“智慧旅游”“民宿旅游”等一些新的旅游热点的出现也给整个旅游接待业注入了活力。

二、旅游接待业业态创新的内涵

旅游接待业的业态创新是指在旅游市场日趋成熟、旅游产业规模逐步扩大、产业结构不断调整、产业发展充满机遇的背景下，由旅游供给侧、旅游需求侧、旅游管理侧各方协同推动的，在原来传统旅游业态基础上发展、衍生、融合、创新形成的，具有新情景、新业态、新标准、新技术等特征的新的旅游接待业业务类型。新型旅游接待业就是这些新出现的旅游接待业务类型的集合。

三、旅游接待业业态创新形式

基于接待业面临的全新局面，旅游接待业业态创新的形式分为以下几个类型：第一，基于技术革新的新型旅游接待业，例如智慧旅游、VR 旅游、OTA 等；第二，基于出行方式创新的新型旅游接待业，如自驾车旅游、房车旅游、邮轮旅游等；第三，基于接待设施更新的新型旅游接待业，如民宿、汽车露营地等；第四，基于出行目的细分的新型旅游接待业，如研学旅游、会奖旅游、医疗旅游等。本章将结合新型旅游接待业的发展趋势，选取发展势头较快的共享住宿、城市与田园综合体、房车露营地作为新型旅游接待业的代表进行介绍。

第二节　共享住宿

一、共享住宿的发展背景

（一）共享经济发展趋势良好

共享经济是人们对大量生产、过度消费、能源危机、生态质量下降等现象进行反思的结果，隐含着人们对资源节约型和环境友好型生活方式的探索。在该背景下，消费逻辑已从工具主义过渡到价值共创与共享。2010 年，美国《时代》周刊将共享经济列为未来影响世界的十大理念之一，各经济学家、投资者均看好共享经济未来的发展，这样的发展正在改变人们的消费方式和生活方式。2019 年，我国约有 8 亿人参与共享经济，交易规模达 32 828 亿元，比 2018 年增长 11.6%。另外，共享经济“提高资源使用率”的核心理念也符合可持续发展的要求，当下发展朝气蓬勃，未来可期。

（二）共享经济与旅游住宿业融合发展

共享住宿不管是在满足游客个性需求方面，还是在数量供给上都是对传统酒店的补充，使旅游者在住宿上有更多选择。催生共享住宿的条件有两个，一是闲置的房地产库存较大。过去几年买房热，很多业主手里有大量闲置的房产资源。其二是共享经济在旅游业、住宿业的渗透融合。2015 年以来，国家放宽在线短租等新业态的准入和许可经营，政府政策一直都对其持支持的态度。共享住宿整合大量零散的资源，扩大了旅游住宿供给规模。与传统酒店相比，共享住宿提供的住宿方式不再局限于传统酒店的单间、标间、商务套房、豪华套房，还提供了度假公寓、别墅、城堡、房车等多样住宿方式，丰富了旅游住宿模式。

二、共享住宿的概念

共享住宿，也被称作在线短租或者分享住宿，是一种非标准住宿。目前学术界尚无统一的定义。安德松和赫尔特曼认为共享住宿多数是作为副业经营的，房东并不以获取经济收益作为唯一的经营目的，社交体验以及人情收获是其分享生活空间的重要动力。学者帕尔根和兹沃尔斯卡认为共享住宿是基于点对点平台，由信息通信技术驱动，在短期内租赁、交换、借用或借出现有私人空闲住宿设施。我国学者骆莹莹认为广义上的共享住宿指由个人业主、房源承租者或商业机构利用闲置的房屋资源为旅游度假、商务出行及其他居住需求的消费者提供除床、卫浴外的更多个性化设施与服务，并按天（24 小时）计费的一种非标准住宿；狭义上的共享住宿也称为短租，是指由房东将自有房屋的部分空间和设施出租给房客，宾主共享生活空间，以获取经济收益和社交收益为目的的住宿形式。

根据国家信息中心分享经济研究中心提出并牵头组织发布的《共享住宿服务规范》，共享住宿平台是以互联网为依托，根据服务协议，整合房源供需信息，为房东及房客提供在线住宿交易的服务商。因此，共享住宿以共享住宿平台为依托。目前，国内知名的共享住宿平台有小猪短租、爱彼迎、途家等。

三、共享住宿的主要特点①

从基本属性、相关主体、过程环节等出发，可以将共享住宿行业的特点概括为以下四个方面：

（一）供给主体多元化

供给主体多元化主要表现在不同类别的群体、组织及机构都可成为共享住宿房源的提供者，提供的房源包括公寓、别墅、书房、房车、宅院等。从相关报告的调查数据来看，共享住宿的供给主体主要有职业房东、白领、企业高管、公务员、设计师、旅行者等，其中职业房东占比最高，达到 40%；其次是白领，占比为 11%。从房东拥有的房源数量来看，68%的房东表示他们拥有 1~4 套房源，发布于共享住宿平台。因此未来职业房东可能将成为共享住宿平台的主要参与者，房源规模化或成趋势。

（二）用户需求多样化

旅游度假、聚会社交、求学求医、携宠出行等逐渐成为租客选择共享住宿的新场景。从相关数据看，有 72%的房客表示会在旅游度假时选择共享住宿，由此可见，旅游度假成为共享住宿平台的首要使用场景。其次是商务出差，占比为 49%。探亲访友和团体聚会的占比分别为 33%和 18%。

（三）供需主体年轻化

“80 后”“90 后”正在成为共享住宿的主要用户群体。从房客的年龄结构上看，房客主要集中在 24~40 岁，占比高达 63%。“80 后”“90 后”已逐渐成为旅游消费的主力军。“80 后”“90 后”客源中又以商务白领为主，他们在旅游时更加追求独特的体验，会对旅游住宿提出更高的要求，相较于标准化服务的酒店，共享住宿更能满足他们的个性化需求。

从房东的年龄结构上看，25~35 岁的年轻房东占比最高，占比为 47%，造成这一结果的原因是年轻一代的思想更为开放，对新鲜事物包容性更高，因此他们更愿意与他人分享自己的房屋。共享住宿的房源提供者呈现年轻化、良好的受教育程度等特点。

（四）监督管理复杂化

共享住宿属于非标准化住宿产品，其房源主要由个人房东提供并运营，为房客带

① 本节数据来源为智研咨询发布的《2019—2025 年中国共享住宿行业发展现状分析及市场前景预测报告》。

来多样化、个性化的住宿体验，但大多数房东未曾接受过专业的服务培训，从而导致房源的配套设施质量不一，房东服务水平参差不齐。此外，共享住宿市场准入门槛较低（工商税务登记制度不健全）、服务质量参差不齐、个人隐私与安全缺乏保障、相应标准规范缺失等，导致共享住宿监管工作存在诸多难题。

四、共享住宿标准体系构建

（一）基本原则

1. 需求导向原则

构建共享住宿标准体系的需求主要来自三个方面：一是从监管和法律的层面出发，构建共享住宿标准体系有助于规范共享住宿市场行为，为共享住宿监督管理、维权执法、隐患排查、提升质量等各方面提供标准指引；二是从共享住宿行业发展的角度出发，构建共享住宿标准体系在于促进本行业规范发展，重点在于设立行业的市场准入条件及退出机制、有关安全、健康的基本要求、信用确认、分等分级、权利保护、投诉纠纷处理等；三是从直接参与者的需求出发，构建共享住宿标准体系在于维护和保障各方利益。

2. 系统协调原则

构建共享住宿标准体系应注重系统性、协调性，提炼共享住宿的共性部分来逐层构建。共享住宿标准体系构建的核心是针对共享住宿标准化的对象实现现有业务全面覆盖，其系统协调既包括共享住宿的房东、房客、平台等不同主体间的协调，也包括技术、管理、服务等不同专业领域的协调，结合实际需求，对共享住宿子体系进行扩充和完善，最终形成不同维度协调适应的标准体系。

3. 普遍适用原则

构建共享住宿标准体系的最大难点在于面对共享住宿供需主体多元化带来的“非标准化”属性构建标准。随着住宿行业供给侧改革的不断推进，共享住宿衍生出的“非标准化”住宿产业迅猛发展。目前，我国共享住宿房源涵盖500多个城市，共享住宿服务提供者超400万人。多元化房源、个性化需求、差异化服务、社交化体验等，既是共享住宿的特色标签，也是其“亮点”和“卖点”。只有厘清共享住宿行业对标准化的公共需求、基础需求和本质需求，找准“最大公约数”，才能解决好共享住宿产品“非标”属性与构建共享住宿标准体系之间的矛盾，使共享住宿标准体系覆盖和适用范围更广。

（二）构建过程

第一，明确共享住宿标准体系构建的目标和标准化对象；第二，对共享住宿标准化现状开展调研，分析挖掘各相关方的标准化需求；第三，根据调研结果，围绕共享住宿标准体系建设目标，从行业发展、相关方需求、共享住宿产品自身需求等角度进行标准需求分析和整理；第四，根据需求分析得出的结论，统筹设计共享住宿标准体系的结构及层级，确定其标准体系结构图；第五，参照GB/T 13016-2018《标准体系构建原则和要求》编制共享住宿标准明细表；第六，有针对性地组织共享住宿标准体系宣贯与培训；第七，根据共享住宿标准体系实施信息跟踪；第八，根据实施效果、行业以及经济发展新需求对标准体系进行完善。

（三）体系框架

1. 平台技术标准

共享住宿是依托信息化、互联网等技术提供平台服务的业态模式，平台技术标准主要通过对系统软件、元数据、分类编码等各个方面进行规范化和标准化，指导系统软件建设，保证数据的准确性与可靠性，实现数据交互共享与信息集成应用。

2. 服务管理标准

服务管理标准子体系分为服务标准与管理标准。服务标准是以共享住宿线上线下交互式服务为特点，针对房东、共享住宿平台等服务提供方所涉及的服务提供标准；而管理标准是以共享住宿运行中重复性管理事项为对象，在归纳总结可以固化、卓有成效的管理经验的基础上，在坚持管理标准科学的前提下，研制的一系列标准化文件。

3. 安全保障标准

作为共享住宿标准化的重点，安全保障标准是指导共享住宿行业持续、健康发展的基本保障，涉及线上线下多个维度的安全、标准，包括数据安全、内容安全、运行安全、设施环境安全等方面的标准。数据安全标准指保护数据在采集、处理、存储、利用等过程中免于受到授权范围之外的非法操作的标准。内容安全标准用来针对网络信息流动过程进行选择性阻断，保障信息流动处于安全可控的状态。运行安全标准是指保证共享住宿网络与信息系统稳定运行的标准。设施环境安全标准是用于保障共享住宿网络与信息系统、线下服务提供等方面的支持性基础设施及物理环境安全，如消防安全、卫生安全等。

4. 评价标准

评价标准体系是科学衡量共享住宿运行效果的系统性、规范化文件，作为共享住宿标准体系的子体系，主要包括服务质量评价标准和评价指标标准。

五、共享住宿接待规范

（一）共享住宿平台服务与管理要求

1. 基本要求

（1）应依法办理工商登记注册；涉及行政许可的，应取得主管部门的行政许可。

（2）应在其官网主页面或从事经营活动的网页显著位置公示以下信息或如下信息的链接标识：①营业执照和社会信用代码；②互联网信息服务许可登记或经备案的电子验证标识。

（3）应依法记录、保存发布的房源、服务信息、交易信息，确保信息的完整性、保密性、可用性，并依法尊重用户在相关法律规定下删除个人信息的权利。

（4）应依法采用技术等手段引导用户完整阅读用户协议，合理提示交易风险、责任限制和责任免除条款。

（5）制定并公布的服务协议应符合《信息安全技术互联网交互式服务安全保护要求》（GA1277-2015）的要求。服务协议的制定、变更、修改应对用户进行公示，告知相关权利义务及可能需承担的法律责任，如存在免责声明，需以醒目的方式提示用户。

（6）平台停业或其他原因终止经营的，应提前告知用户。

（7）应做好市场交易统计工作，依法定期向有关行政主管部门报送。

2. 信息安全与因私保护服务要求

（1）应经用户认可同意后，方可收集以下信息：

①账户信息：包括但不限于照片、姓名、性别、出生日期、住址和电话号码等；②验证信息：如身份证件号码、护照号码或其他验证信息；③订房信息：通过平台创建或预订房源时提供的信息（如房客信息、房源地址等）；④支付信息：收付款时，通过平台提供的财务信息（如金融账户或信用卡信息等）；⑤通信内容：用户通过平台交流时提供的通信内容；⑥其他信息：用户通过平台进行搜索、评价、投诉、回答调查、发布社区/论坛内容、参与活动或使用平台其他功能时提供的信息。

（2）应依法制定并公布隐私保护协议，尊重用户的个人隐私权，未经用户许可不得非法公开、编辑、透漏用户的非公开资料给第三方。

（3）应在法律允许范围内从第三方合作伙伴获取用户个人信息，并要求第三方保障提供信息的合法性。

（4）应依法存储用户个人信息。

（5）应依法配合国家机关数据信息的查询和调取工作。

（6）应创建和维护平台服务的安全环境，包括验证身份信息，监测、评估、防范和处理可能的欺诈、窃取、破坏或其他违法行为。

（7）应建立专门的信息安全管理制度、流程和组织，对用户提供的信息采取保密管理及保护措施，避免信息泄露。

（8）经用户同意方可将其个人资料的部分资料（如个人头像、名字和描述等）以及通过平台发表的评论、意见公开。

3. 交易服务要求

①应制定住宿保洁标准，并要求房东和保洁人员按照标准执行。若平台提供保洁服务，则应严格按照平台保洁服务标准执行；②应为房东提供财产保险服务，保障交易和出租安全；③应为房客提供人身及意外保险服务，保障交易和入住安全；④应提供第三方信用保障服务；⑤应根据房源的价格、好评率、信用等多种分类方式向用户显示房源搜索结果；⑥宜为房东提供智能安全硬件设施；⑦宜提供专业摄影实拍服务，拍摄图片不得过度美化。

4. 订单管理要求

①应制定服务费收取规则，并加以明示；②未有房客预订的房源、交易未成功和未支付情况下取消的订单不得收取服务费；③应明示房东收取押金的退还方式、程序；④应制定房东收款规则，并遵照规则发放收款；⑤应制定房东退款规则，并按照规则处理退款。

5. 违规行为管理要求

①应有针对房东不良信息及违规行为的管理制度，对虚假房源、刷单、干预点评、线下交易、拒单、到店无房、到店加价、态度恶劣行为及时发现并处理；②应有针对房客不良信息及违规行为的管理制度，对虚假注册、刷单、线下交易、虚填或拒填入

住人信息、违规点评行为及时发现并处理；③宜建立平台间用户信用信息共享机制，定期公示违法违规的房东、房客及房源的黑名单。

6. 安全管理要求

①应加强安全管理体系建设，加强风险管控。确保平台交易及运营安全，维护用户的利益。②应根据法律要求，实时或定期向有关政府部门报送预订、交易信息，依法积极配合有关政府部门发出的协查事项，接入与公安联网的信息采集系统。③应有专门人员负责配合公安机关的网络安全处理、网络有害信息清除等工作，并建立与公安警务进行快速沟通、联系的渠道。④应制定网络安全和人身财产安全事件应急预案，发生安全事件时，应立即启动应急预案，采取相应的补救措施，并向有关主管部门报备。⑤应建立包括涉嫌违法犯罪线索发现、异常情况报告、安全提示和案件调查配合等方面的公共安全防范配合制度。⑥应建立用户信息安全管理制度和规范，确保用户信息安全。

（二）房东要求与规范

1. 上线房源要求

①房东应清楚所在地区房产和土地相关法规政策；②应合法拥有房屋所有权或使用权；③房屋主体建筑结构、消防设备、出入口和通道等，应符合消防安全和治安管理规定；④应确保经营的房屋不得属于以下类型：危险房屋、违章建筑、国家明令禁止出租或转租的政策保障性住房；⑤利用文物保护建筑物经营住宿时应经文物管理部门批准；⑥房屋建筑风貌及装饰装潢应与周边环境和谐统一、充分体现当地文化特色，结构安全牢固。

2. 设施要求

①应提供床、桌椅等家具；②应提供床上用品（床单、枕芯、枕套、被芯、被套及床衬垫等）；③应有卫生间，条件允许的应配备抽水恭桶、洗漱台、必要的盥洗用品、淋浴装置等设施；④应采取有效的防滑、防溅措施；⑤在电信和无线网络覆盖的地区，应确保电信、无线网络信号良好；⑥客房内部装饰材料不得对人体产生危害，室内空间空气质量应符合《室内空气质量标准》（GB/T 18883）的相关规定；⑦应及时修换已陈旧或损坏的房屋基本设施；⑧宜有电视机、洗衣机、冰箱、热水壶等家用电器，功能良好；⑨宜有厨房，厨房可备有微波炉、餐具及洗涤用品；⑩宜提供智能安全硬件设施；⑪宜有空调或供暖设施；⑫宜在房屋显著位置明示紧急求助电话及相关信息。

3. 信息发布与维护要求

①应按照平台房源发布规则及标准填写房源相关信息，并提交平台审核；②应提供真实的房源信息（包括房源照片、设施描述、房价、房源地址、周边环境、交通路线、房源租住状态），并及时更新；③应制定并明示房客交易规则，包括押金收取、退款时限、订单金额、取消订单时限、额外费用（保洁费用、食材费用等）及违约金的设定；④应明示房源里安装的所有图像及声音采集设备，私人空间（卧室和卫生间）应禁止安装任何监控设备；⑤房源文字信息不得包含房源详细地址信息、经营者联系方式，不得发布反动、色情、暴力、污言秽语破坏性、煽动性文字，及谐音词语等国

家法律明确禁止的内容。

4. 订单处理要求

①应及时处理房客的预订申请；②应及时回复房客的咨询；③应了解房客的入住需求（包括网络、卫浴、洗衣、厨房设施、停车等）；④应提前与房客进行联系，提供房源的准确详细地址及交通路线；⑤应明示入住中可能产生的额外费用，并严格遵守承诺；⑥不得在订单成交前向房客透露联系方式、详细地址、向房客索要联络方式；⑦在接受订单后，应为房客保留预订房源。

5. 入住服务要求

①应随时保持与平台和房客的通信畅通；②在房客入住前，应确认房客到达时间，清扫房间，做好接待准备；③在房客入住前，应提供地图定位服务并告知房客详细的交通路线，当地的气候变化及周边信息；④在房客入住时，宜亲自或通过技术手段查验房客身份证件和入住人数等信息，并核对上述信息与平台登记入住信息一致性；⑤应提供房客入住时需注意的事项（安全须知、文明行为、紧急联络信息）；⑥应及时协助房客处理在入住中的突发情况；⑦在发现房屋有设施和物品损坏情况时，应及时与房客友好沟通协商，必要时可联系平台介入解决。在与房客的沟通中应避免不规范、不文明、过激和违法的行为；⑧应房客要求，协助提供紧急情况的联络服务；⑨宜针对儿童、老人、残疾人等提供人性化设施与服务；⑩应及时处理房客投诉，与房客沟通协商解决或通过法律途径解决；⑪对房客点评回复时，不得胁迫、诱导房客做出不真实点评；⑫对房客点评进行回复时，不得使用暴力、污秽、侮辱性等词语攻击、诽谤、敲诈勒索房客；⑬应及时向平台或相关政府主管部门反映突发事件及违法行为。

6. 清洁卫生要求

①应按照平台标准全面清理房间；②应房客要求更换床上用品（床单、枕芯、枕套、被芯、被套及床衬垫等），做到一客一换；③应有适量的垃圾桶，方便使用，生活垃圾应及时清扫；④应做好厨具、餐具、杯具消毒，确保卫生；⑤应及时对房屋开窗换气，确保房间无异味；⑥应做好房屋内定期消毒杀菌和防虫害工作。

第三节　城市与田园综合体

一、城市商业综合体

（一）城市商业综合体的定义

城市商业综合体的概念源自城市综合体，是指将城市中商业、办公、交通、居住、酒店、展览、餐饮、会议、文娱等城市生活中三项以上的功能进行组合，并在各部分间建立一种相互依存、相互裨益的能动性关联，从而形成一个多功能、高效率、复杂且统一的聚集体。从建筑形态上，可将城市商业综合体分为单栋的商业综合体建筑和多栋的商业综合体建筑。目前我国在建或已经建成投入使用的城市商业综合体之中，主要以维护开发商经营效益为出发点和落脚点，不包括诸如公共医疗、公共教育等公益性机构或组织。

（二）城市商业综合体的特点

城市商业综合体是城市现代化发展的主要产物之一，能够在一定的空间环境内，有效地联系城市商业功能、居住功能、办公功能以及餐饮功能等，有效地适应以及促进城市立体化发展。随着城市化进程持续加快，城市综合体越来越丰富，总体来说其具有如下特征：

1. 超大空间尺度

城市商业综合体作为城市的标志性建筑形式，不仅要与城市规模具有较好的匹配性，也要与城市干道具有一定的联系，这就要求城市商业综合体室外空间尺度具有一定规模。而且为了能够与室外巨大的空间尺度保持协调性，并满足城市商业综合体多功能性的需求，综合体建筑空间尺度也相对较大。

2. 功能复合性

现代城市商业综合体取代原始封闭的商业广场，不仅空间网络更具多功能性，而且室内外空间与城市景观也实现了有效的交织和融合，集购物与娱乐于一体，为人们打造一个购物、娱乐、休闲于一体的功能复合场所。

3. 高科技集成设施

城市商业综合体集众多功能于一体，不仅具有大众化的一面，而且是高科技及高智能的有效集合。无论是其内部电梯系统，还是通信系统、安全系统、暖通系统等都体现出较高的科技性。各类设施较高的科技含量，确保了城市商业综合体的正常、稳定运营。

4. 通道树型交通体系

城市商业综合体通常会采用通道树型交通体系，即合理规划地下层、地下夹层和天桥层，有效地将建筑群体的地下或是地下交通和公共空间贯穿起来，同时将城市交通设施及建筑内部的交通系统有效地联系起来，使街道空间更加丰富。

（三）城市商业综合体的基本类型

城市商业综合体的类型主要以占地面积划分。占地面积划分方式不仅是面积的差别，也包含了经营项目及发展方向的重要差别。目前，城市商业综合体占地面积主要分为 5 万 ~ 14 万平方米的初级规模综合体、15 万 ~ 64 万平方米的二级规模综合体以及 65 万平方米及以上的三级规模综合体。初级模式的城市商业综合体，其项目主要集中于实体销售与小商家群落，就像一个魔方，每一个区块都被不同的商家所占据，商家与商家之间并无太多内在联系，所以初级城市商业综合体主要获益于店铺租赁，在销售方面的获益并不显著。相较于初级规模综合体，二级规模综合体需要更大占地面积，因为引入了百货商场、大型超市、电影院等规模较大的业态形式。二级规模综合体的租赁收益所占比重大大减小，主要依靠零售获益。三级规模综合体则是在二级规模的基础之上进一步扩大占地面积，进行大型酒店、商务酒店、高级公寓群落等投资建设，从而逐渐将一座商业综合体大楼扩展为一个大型商圈，不仅可以满足购物、娱乐等休闲需求，更能满足工作与生活需求。一般来说，构建一个比较成熟、功能较为完善的三级规模城市商业综合体，占地面积需达近百万平方米，几乎可以媲美一个小村落。

（四）城市商业综合体的管理重点

在城市商业综合体管理过程中，要特别重视以下几点：

1. 城市商业综合体定位

商业综合体的定位有别于住宅等其他建筑的定位，住宅定位相对来说比较模糊、粗放，而商业定位则需要系统全面，其周边的经济发展水平、商业格局、经济发展态势、消费能力、城市人口规模、项目的交通条件等都会对商业产生相当大的影响。基于此，前期的实态调研和商业策划是商业综合体成功的基础，很多开发商在项目运行出现问题时，总把问题归咎于招商等方面的缺失。其实不然，真正的问题在于前期的策划方向的偏离导致后期招商引资失去了基础保障。

2. 城市商业综合体运营模式的选择和确定

城市商业综合体有两种运营模式：一种模式是产权销售模式，即通过快速销售盈利后再投资的模式；另一种模式是持有经营模式，即长期持有物业自主经营的模式。不同的运营模式直接决定了商业综合体规划设计的形态和思路。

3. 城市商业综合体设计

如何发掘商业综合体的最大商业价值和文化特质，如何在设计中贯穿并创造性地解决诸多问题，如前期定位、商业策划、后期招商和运营等，是商业综合体空间结构与功能配置管理要面对的重要课题。

二、田园综合体

（一）田园综合体的概念解读

田园综合体的概念源自2017年中央一号文件，是集现代农业、休闲旅游、田园社区为一体的乡村综合发展模式，其目的在于通过旅游助力农业发展、促进三产融合。

纵观我国农业、休闲农业、乡村旅游、城乡一体化的发展进程，不难看出，田园综合体和农业综合体、农旅综合体等概念是一脉相承的，从其内涵和外延上看，它是在原有的美丽乡村、生态农业和休闲农业概念基础之上的延展，是在新时代背景下、新的社会和经济发展阶段提出的适应乡村振兴发展的新模式、新平台、新业态。

首先，田园综合体是基于乡村地域空间的概念；其次，田园综合体是在农业综合体的层面上，随着产业融合的深度发展、对生态的重点关注、市场的多元变化，以及经济利益进一步交融，跟区域整体发展有密切的联动性；最后，从“三农”角度来说，田园综合体更加关注农民的参与性和农民的收益。

总之，田园综合体是在农村第一、二、三产业融合的基础上，聚焦凝练出的乡村振兴发展新模式，是对产业、科技、业态乃至区域社会综合发展的升级，是乡村振兴战略的统筹考虑。田园综合体强调农民参与、市场化运作和模式创新，关注项目的落地性和可持续运营，发展的核心动力仍然是基于科技和模式创新的农业产业升级。

（二）田园综合体的特征

1. 以现代农业为核心，一、二、三产业融合发展

田园综合体的核心产业为现代农业，即现代农业是田园综合体可持续发展的核心驱动力。需要指出的是，田园综合体产业经济结构多元化，需要将农业从第一产业向

第二产业和第三产业延伸，实现一、二、三产业整合发展，即一、二、三产业相互依存、相互促进，共同助推田园综合体整体发展。

2. 参与主体多元

真正的田园综合体，必须是村民、村集体、开发商、政府、游客等多方主体参与，既强调跟原住民的合作，让农民参与进来，通过建设运营田园综合体受益，又强调城乡互动，秉持开放、共建思维，着力满足村民、游客、政府、投资者、开发者、运营者及其他利益相关者等人群的需求。

3. 突出农事体验

与传统农业不同，田园综合体注重农业创意，强调农事体验，按照特色化、个性化和艺术化的理念，将农作体验与知识传授相结合，将农业生产要素融入田园综合体的产品设计和产品服务中。

4. 乡村旅游特征明显

田园综合体具备乡村旅游的功能，其最大的特点是将农业生产要素融入田园综合体的产品设计和产品服务中，打造以田园景观、农业生产和优质农产品为基础的主题观光区域，使游客身临其境地感受田园风光和农业魅力，在繁忙的工作之余享受休闲度假的乐趣。

（三）发展田园综合体的意义

1. 是农业农村发展形势的客观要求

当前，我国城乡一体化发展步伐加快，农村第一、二、三产业融合发展加速，社会资本向农业农村流动力度加大，新型农业经营主体实力不断加强，农村生产方式、经营方式、组织方式全面调整，农业生产体系、产业体系、经营体系优化完善，农业农村发展格局已到了转型升级、全面创新的新阶段，建设田园综合体顺应了农业农村发展趋势，反映了农业农村内部和外部的客观要求。

2. 为推进农业供给侧结构性改革搭建了新平台

田园综合体是推进农业供给侧结构性改革、转化“三农”发展动能的核心和关键，是确立承载产业、集聚项目和融合要素的平台。田园综合体集循环农业、创意农业、农事体验于一体，以空间创新带动产业优化、链条延伸，有助于实现第一、二、三产业深度融合，实现现有产业和发展载体的升级换代。

3. 为农业现代化和城乡一体化联动发展提供新支点

2015 年中央城市工作会议指出，“我国城镇化必须同农业现代化同步发展，城市工作必须同‘三农’工作一起推动”“形成城乡发展一体化的新格局”。以城带乡、以工促农、形成城乡发展一体化新格局，必须在农村找到发展的新支点和新平台。田园综合体要素集中、功能全面、承载力强，是城乡一体化的理想结合点和重要标志，为乡村现代化和新型城镇化联动发展提供支撑。

4. 为农村生产、生活、生态统筹推进构建新模式

建设田园综合体在发展生产、壮大产业的同时，还为农民探索多元化的聚居模式，既保持田园特色，又实现现代居住功能，为实现城乡基础设施和公共服务均等化提供了最佳空间。田园综合体的田园风光、乡野氛围、业态功能等，加之优良的生态环境

和循环农业模式，能够更好地满足城市居民对生态旅游和乡村体验的消费需求，使生产、生活和生态融合，互动发展。

5. 为传承农村文明、实现农村历史性转变提供新动力

田园综合体有助于实现城市文明和乡村文明的融合发展，为传承和发展我国传统农耕文化提供契机，使乡村治理获得更多深层次的文化支撑，进一步助力实现美丽田园、和谐乡村。田园综合体推动农业发展方式、农民增收方式、农村生活方式、乡村治理方式的深刻变化，全面提升农业综合效益和竞争力，真正让农业成为有奔头的朝阳产业，让农民成为体面的职业，让农村成为安居乐业的美丽家园，从而实现乡村发展的历史性转变。

（四）田园综合体的管理重点

1. 田园综合体应当定位明确，产业突出

不同的田园综合体具有不同的特质，但都有一个根本的相同点，就是依靠资源禀赋和特色找准自身定位，挖掘特色产业、发展特色产业、放大特色产业。事实上，部分田园综合体在规划上没有创新，甚至老套，这突出表现在定位不明确、同质化现象严重，以及产业不突出、吸引力不够两个方面。没有规划或者规划老套的田园综合体是一种重复建设，不具备持久发展的活力和动力，注定走不长远。因此，建设田园综合体一定要找准定位，发展壮大产业，借势而为，顺势而起。

2. 田园综合体功能规划

田园综合体的管理是跨产业、跨功能的综合管理，具体到项目中就是多功能、多业态的综合运营。因此，田园综合体的管理需要涵盖生态农业、休闲旅游、田园居住等复合功能。总体而言，田园综合体包括农业、文旅、地产三个产业。农业产业的重点是现代农业生产型产业园+休闲农业+社区支持农业；文旅产业的重点是自然生态型旅游产品+度假产品的组合，组合中注重融入当地丰富的地区文化、民俗文化，做好功能配搭、规模配搭、空间配搭，以多样的业态规划管理形成旅游度假目的地；地产及社区建设，需要按照村落肌理打造新社区，遵从项目本来的特色，而不是大拆大建，推倒重来，并且要提供现代的管理和服务，以吸引源源不断的城市旅游者。

具体来说，管理田园综合体，需要以乡村特色资源和特色产业为基础，以乡村休闲旅游为脉络，以商业产业为配套，以高品质服务为保障，对项目地进行综合开发，以满足地方政府、社会资本、居民、乡村旅游者等多方需求。

3. 集约配置乡村资源

社会资本需要整合城市与乡村、资本与产业、投资者与农民、建设方与运营方等相关经营资源要素，通过产业规划布局、规模设计、空间搭配、功能搭配、人文资源搭配等，组织成多产业、多业态、多要素的经营综合体，形成商业模式的顶层设计。

通过对田园综合体的规划、设计、建设和管理，以及对田园综合体所在地农村资源禀赋和乡村传统文化等进行系统梳理，实现资源的有效利用和生产要素组合分配的最佳效果。

4. 休闲农业要“文”“旅”兼备

我国是一个农业大国，城郊地区、偏僻地区的农村比比皆是。那么，田园综合体

靠什么吸引城市旅游者呢？显然，只有好的自然风光和山水是不够的，还需要有独特的文化内涵。换句话说，田园综合体既需要具有唯一性、稀缺性和不可替代性的山水资源，还需要有区别于其他休闲农业区的文化符号，以吸引广大游客。

5. 生态保护和修复

田园综合体对生态环境有严格的要求，良好的生态环境是大力发展现代农业和休闲农业的基础。需要指出的是，田园综合体生态保护和修复，不是对原有生态的破坏甚至抛弃，而是在原有生态基础上的进一步提高。因此，田园综合体在管理时，重点是保护好原有生态，并对已经破坏的生态进行修复。实践中，需要对原有农田、村庄、山林、道路、水域以及景点进行系统梳理，做好生态保护和修复规划，保持乡村湖光山色的基本构架和乡土风貌。

第四节　房车露营地

一、房车露营地的概念

房车露营地是随着自驾车旅游及露营的发展而兴起，是自驾车旅游发展的必然产物，也是新兴的休闲旅游复合型产业。房车露营地指在交通发达、风景优美之地开设的，专门为自驾车爱好者提供自助或半自助服务的休闲度假区，其提供的服务主要包括住宿、露营、餐饮、娱乐、汽车保养与维护、汽车租赁、度假、户外运动、信息服务、医疗与救援等。

二、房车露营地的功能区划

房车露营地的功能区划主要根据资源禀赋和市场需求来设置。一般来说，房车露营地设置有露营区、管理服务区和休闲娱乐区三大分区。

（一）露营区

露营是房车露营地的核心功能，露营区是最主要的生活区，可为露营者提供停车、搭设帐篷等场地。其住宿设施的类型多样，包括帐篷、木屋、木屋别墅、移动车房、汽车旅馆等，住宿功能需根据自驾车旅游者需求进行设计。露营区主要由道路系统、营位、活动空间和露营所需的各种设施组成。

（二）管理服务区

管理服务区包括管理和服务的各项设施，是整个营地的控制中心，具有行政管理、游客服务、购物、餐饮、住宿等服务功能，可以说是露营地管理运转的中心，几乎提供游客露营生活所需的各种服务。服务区包括为整个营地服务的管理中心、工作人员办公室、保卫室，为游客准备的接待处、淋浴间、餐厅、咖啡厅、医务室、露营设施租赁部、汽车维修服务部、加油站等。

（三）休闲娱乐区

休闲娱乐区主要是公共娱乐的活动区域，这里的娱乐项目应当满足各个层次、各个年龄段游客的需求。此区域的项目很多，如以休闲为主的采摘园、观光园、音乐茶座、露天电影等，以娱乐为主的健身中心、游泳池、高尔夫、乒乓球、羽毛球场地，还有小朋友和青少年喜爱的游乐设施，如摩天轮、小赛车、碰碰车等。项目选择应尽可能贴近自然、融于自然，突出露营文化，选择适合大多游客的活动项目。考虑到游客要在露营地内过夜，可为游客提供一些能普遍参与的夜晚娱乐活动，如篝火晚会、夜晚沙滩排球等。有条件的地方还可以设置拓展区，这是结合当地的地理、人文、环境等因素而设计出独特的、区别于其他营地的、最精彩的一部分功能组合，最能体现露营地的鲜明特色和主题，也是露营地避免陷入雷同和重复建设的关键部分。

三、房车露营地接待业务的特点

（一）综合性和集成性

房车露营地接待业务具有综合性特点，包含要素十分广泛，基本囊括了食、住、行、游、购、娱等旅游要素。房车露营地在满足基本食宿服务需求之外，会尽可能提供多方面的娱乐设施及活动服务。此外，露营地可以针对游客在旅游期间的其他服务需求，如道路交通状况、旅游路线和信息、汽车租赁和养护，为游客提供相应的服务。

（二）实用性和便捷性

房车露营地接待业务讲究服务和产品的实用性。房车露营地中无论是餐饮、住宿、咨询，还是娱乐、维修等服务都应该把实用、有效作为其标准。游客在旅游期间对道路交通状况、旅游路线和信息、汽车的租赁和养护、娱乐活动以及相关的配套设施都有较多的要求，在房车露营地的驻留也并不长久，甚至只将房车露营地作为暂时停留补给的驿站，因此，他们并不会过多地追求服务的高端和舒适，而会更需要服务的便捷和效率。

（三）专业性和规范性

房车露营地所提供的自驾车游客集散、自驾车旅游管理、住宿、餐饮及购物接待、文化娱乐、自驾车旅游信息采集与发布、自驾车旅游咨询服务、自驾车旅游道路安全保障、应急救援、金融保险服务、维修等相关配套服务功能，都需要专业的接待人员加以实施。随着房车露营地的不断发展，《汽车旅游营地等级划分与评定》《汽车露营营地开放条件和要求》等行业标准出台，应进一步规范上述接待业务流程，提高接待服务质量。

四、房车露营地业务运营的重点

（一）游客服务中心业务

游客服务中心业务运营需突出以下四项功能。

1. 咨询功能

首先应向游客提供房车露营地的服务手册，包括服务项目、营地地图、收费标准、服务电话、安全须知等内容；其次工作人员应充分了解营地的各项设施和规章制度，以旅游接待人员的基本素质和礼仪，随时在岗解答游客问题。

2. 结算功能

结算功能是指对游客在房车露营地所发生的消费进行统一结算。

3. 预订功能

处理好游客的现场预订、电话预订以及互联网预订等各个渠道的预订信息，准确记录游客预订类型，包括车位、住宿、餐饮、维修、休闲娱乐等。

4. 展示功能

发挥游客中心的平台作用，充分宣传和展示房车露营知识，推介相关品牌房车，提高旅游者对房车旅游新业态的认知。

（二）营位业务

营位业务运营应突出以下三项功能。

1. 引导功能

一些规模较大、营位较多的房车露营地，为避免旅游者找营位困难，应有工作人员提供停泊引导服务，并针对游客自身情况，推介适合的服务方案。

2. 补给功能。

主要是通过提供水电桩，给房车提供补给。

3. 维护功能

为房车提供简单的专业保养和维修。

三、餐饮业务

餐饮业务是房车露营地接待业务的基本内容。一般而言，房车露营地应向游客提供能够满足游客基本生活需求、简洁便利、安全卫生、具有一定本地特色风味的标准化餐饮。

四、休闲娱乐业务

房车露营地不仅要提供基本的食宿服务，还应当具备休闲娱乐功能。房车露营地可策划一系列迎合游客偏好和适合在营地开展的休闲娱乐活动，例如水上运动、丛林探秘、射击场、跑马场、高尔夫球场等户外休闲娱乐活动，以及电影院、SPA、酒吧、场馆游乐等室内休闲活动。

五、购物和租赁业务

房车露营地应配备购物场所，向旅游者提供旅途中可能需要的生活日用品、食品等，还可以提供当地土特产等旅游商品。除此之外，房车露营地还需向游客提供租赁服务，如烧烤架、钓具、帐篷等户外设施。

《案例》

房车露营成湖南旅游市场复苏新力量[①]

湖南文旅资源十分丰富，生态环境优越独特、文化底蕴灿烂深厚。近年来，以房车露营为代表的自助自驾游正成为湖南旅游产业新的经济增长点，催生了包括车辆制造、房车租赁、露营地建设、户外装备、俱乐部运营等在内的全新产业链。2020年，受疫情影响，在出游人数大幅降低的情况下，自驾游和房车游可谓异军突起，成为湖南旅游业复苏的先行者。

作为一种新兴的自驾游新业态，房车露营近年来发展迅速。据不完全统计，截至2019年年底，中国露营地总量为1 778个（不含港澳台），其中包括1 565个已建营地、213个在建营地，其中以华东、华北地区的营地最多，全国营位数约56 000个。自驾车、房车营地既是旅游吸引物，也是重要的旅游基础、服务设施，营地的建设有利于推进湖南省旅游基础设施的完善。同时，自驾车、房车营地的建设有利于盘活景区存量资源、推进旅游扶贫工作。通过自驾车、房车营地的布局，推出自驾车旅游线路，可以盘活沿线人气较差的景区、乡村旅游点，增加其客流量。另外，通过在旅游扶贫村布局一批驿站式营地，不仅可以吸引人流量，还可以作为服务设施，完善其旅游功能，从而推动旅游扶贫。

但在实际的发展中，这一新兴业态也面临许多困难。湖南省的自驾旅游新业态发展迅猛，自驾车游客已占据70%~75%的旅游客源市场份额，但行业的相关标准和规范、管理与制度的建设仍滞后于自驾游市场的发展速度，成为制约自驾游发展的瓶颈。以长沙为例，长沙周边近年来兴建了多家房车露营地，但由于缺乏相应的标准，不少露营地存在配套设施不完善的问题，如缺少水电补给，商业配套跟不上，通信信号不好，旺季服务质量下降，有了营地却不提供房车租赁，等等。高投入低产出让不少房车营地接近于“闲置”状态，有的甚至停业关闭。因此，建设一个高标准的汽车露营地是十分重要的。

鉴于房车露营自驾游发展中存在的问题，2020年6月20日，湖南省自驾旅游与露营房车标准化技术委员会成立。目前湖南省已发布了3项自驾旅游标准、立项9个。标委会拟在3年内完成由行业管理、公共服务、基础建设、自驾线路、第三方服务五大项目约20个标准组成的自驾游与露营房车新业态标准体系建设。

另外，湖南省文化和旅游厅提出了“3年内完成自驾旅游标准体系建设”的工作目标，并将在标准体系的基础上建立完善自驾游运营、服务、管理体系，为湖南省自驾旅游事业的可持续发展提供保障。此举为湖南房车露营行业发展奠定了信心。

---

① 改编自高慧的《湖南：房车露营成旅游市场复苏新力量》。

复习与思考：

1. 分析旅游接待业业态创新的内涵。
2. 论述共享住宿标准体系构建的基本原则和主要内容。
3. 简述城市商业综合体的基本类型。
4. 简述田园综合体的特征。
5. 论述发展田园综合体的意义和管理重点。
6. 简述房车露营地的功能分区。
7. 论述房车露营地业务运营的重点。

第十三章 旅游接待业的公共服务体系

■学习目标

掌握旅游接待业公共服务体系的内容

了解旅游接待业市场治理的理论依据和法制依据

理解旅游接待业市场治理的长效机制

掌握旅游接待业规划的主要内容

了解旅游安全问题的主要形式

了解旅游安全预警系统的基本职能和类型

掌握旅游救援的类型

理解旅游救援系统的构成和运行机制

了解旅游保险的类型和特征

核心概念：公共服务、市场治理、旅游接待业规划、旅游预警、旅游救援、旅游保险

第一节 旅游接待业公共服务的内容

旅游接待业公共服务体系既是我国基本公共服务体系的重要组成部分，也是保障旅游业持续健康发展的重要基础。旅游接待业是国民经济的战略性支柱产业，也是实现人民群众美好生活的幸福产业，产业发展的新阶段与新形势，要求加快构建和完善旅游公共服务体系。

一、旅游接待业公共服务的定义

旅游接待业公共服务，是指以政府及其公共部门为主导、以社会团体和其他机构为补充的服务供给者，运用公共权力和资源，在资源可行的范围内，为满足旅游者、

旅游企业及相关组织的共同需要和公共利益，而向其提供的旅游公益性服务，以及有关服务内容、服务形式、服务机制、服务政策等制度安排。这一定义的具体含义包括旅游接待业公共服务具有非营利性，既包括专门为旅游者提供的公共服务，也包括其他社会性公共服务中能满足旅游者需求的部分，具有社会效益优先于经济效益的公益性特征；服务的提供者主要是政府及其公共部门，也包括旅游行业组织等社会团体和履行辅助人等机构；服务对象不仅是潜在或现实的旅游者、旅游企业，也兼顾了社区居民甚至是政府部门自身的需要，体现了旅游公共服务的公共性和公平性。旅游者、旅游企业及相关组织的共同需求、目的地公共利益需要及其存在的客观性决定了政府提供旅游公共服务的必要性。政府可以通过多种机制和方式提供旅游公共服务，其目的在于提高服务效率而非转移责任。

■知识拓展

在我国，旅游公共服务作为专业术语出现，始于2006年中央提出建设“服务型政府”。随后，“旅游公共服务”在各级政府及旅游管理部门频繁使用。2007年国家旅游局分别发布了《国家旅游局关于进一步促进旅游业发展的意见》（旅发〔2007〕51号）和《国家旅游局关于贯彻落实党的十七大精神的意见》（旅发〔2007〕62号），提出要“加强旅游公共服务体系建设”“进一步强化旅游公共服务”；2011年，国家旅游局印发实施《中国旅游公共服务“十二五”专项规划》；2012年，国家旅游局印发《关于进一步做好旅游公共服务工作的意见》，同年，国家发改委和国家旅游局共同印发《国家“十二五”旅游基础设施建设专项规划》；2013年，国务院颁布的《国民旅游休闲纲要（2013—2020年）》中也提出“完善国民旅游休闲公共服务”；2017年，国家旅游局发布《“十三五”全国旅游公共服务规划》。上述政策性文件的密集发布与实施，极大地推动了我国旅游公共服务的实践与发展。

二、旅游接待业公共服务的内容体系

旅游接待业公共服务的内容体系是旅游接待业公共服务内涵的延伸，是一个由多要素共同构成的复杂系统。依据现有理论研究成果中的观点（见表13-1），结合面向行业实践的《中华人民共和国旅游法》的相关条款，可总结出我国旅游接待业的公共服务内容体系由五个方面构成。

表13-1　旅游接待业公共服务体系构成要素相关研究

作者	时间	旅游接待业公共服务体系构成要素
张泰城	2009	基础性旅游公共服务、市场性旅游公共服务、管理性旅游公共服务
李爽	2010	旅游基础设施类服务、旅游公共信息类服务、旅游行业指导类服务、旅游安全监测类服务

表13-1（续）

作者	时间	旅游接待业公共服务体系构成要素
谷艳艳	2011	旅游信息服务、旅游交通服务、旅游安全服务
李军鹏	2012	旅游公共信息服务、旅游公共服务设施、旅游安全保障、旅游公益惠民产品、旅游行政服务
徐菊凤	2014	旅游信息咨询服务、目的地便捷旅游公共交通服务、旅游消费者权益维护服务、旅游安全保

资料来源：徐福英，刘涛. 国内旅游公共服务研究回顾与展望［J］. 山东工商学院学报，2020，34（4）：37-46.

（一）旅游基础设施供给服务体系

旅游基础设施供给服务是旅游接待业公共服务中的基础部分，是为保证旅游者食、住、行、游、购、娱等旅游活动顺利开展而提供的服务设施、服务项目及服务环境的营造。旅游基础设施供给服务包含一般基础设施、目的地便捷旅游交通和作为公共资源的旅游吸引物三个子系统，供给主体主要由目的地地方政府、旅游行政主管部门及其他公共管理部门构成，部分履行辅助机构也会参与供给。

1. 一般基础设施

一般基础设施指公共交通、邮电、水电、餐饮、住宿、金融、园林绿化、环境保护、治安、医疗系统等。旅游者对一般基础设施的需求与普通旅行者和目的地居民相同，无须特别为旅游者提供。但由于旅游者身处“非惯常环境”当中，作为游客对目的地一般基础设施的感受和评价也会与日常生活不同。例如对住宿、餐饮的卫生要求更高，对目的地（非惯常环境）的市容市貌、园林绿化、山水风景等更加关注。

2. 目的地便捷交通

目的地便捷交通产生于旅游者外出时间有限，对旅游过程中的交通便捷性和舒适性有更高要求的现实背景。正因为外出旅行的时间非常有限，并对陌生环境不熟悉，旅游者对目的地旅游交通这一公共要素就会有更高要求，从而催生“便捷旅游交通”这一子系统。

3. 作为公共资源的旅游吸引物

目的地拥有的名山大川、文物古迹、博物馆、城市街区等在公共资源基础上形成的旅游吸引物，是吸引旅游者出游的重要因素，同样属于旅游基础设施，是旅游接待业公共服务的重要组成部分。

（二）旅游权益保障服务体系

旅游权益保障服务体系是旅游接待业公共服务中责任主体最多元、综合性最强的领域。旅游权益保障服务包含旅游消费权益基本保障、旅游市场规范和监管、旅游者权益保护和旅游者素质培养四个子系统，供给主体包括国家和地方政府、旅游行政主管部门、相关公共部门、行业协会、消费者协会、旅游企业、志愿机构等。

1. 旅游消费权益基本保障

旅游消费权益基本保障指中央政府从宏观层面为旅游者开展旅游活动提供制度保障和资源保障。比如保障旅游活动得以开展的制度性闲暇时间、便利的签证政策、充足的旅游吸引物资源和景区等公共旅游资源的定价机制等。

2. 旅游市场规范和监管

旅游市场规范和监管指目的地政府及相关部门（旅游、工商、城管、立法等）制定相关政策法规、标准、准入条件等，以监管旅游市场秩序，确保旅游市场交易活动主体行为符合强制性规范和推荐性标准，营造安全可信的旅游消费环境，保障旅游者合法权益。包括准许旅游交易活动主体进入和退出旅游市场的法规和标准、监管旅游交易活动主体行为行业要求的法规和标准。比如旅游企业的资质要求、旅游设施设备的最大承载量与价格管理等。

3. 旅游者权益保护

旅游者权益保护指建立旅游投诉受理、旅游纠纷处置的畅通渠道和合理程序，切实维护旅游者合法权益。

4. 旅游者素质培养

旅游者素质培养主要指发挥公共职能，大力倡导文明旅游，培养旅游者良好的行为习惯、监管不良旅游行为。加强旅游消费知识推广培训，合理引导旅游消费行为。

（三）旅游目的地信息服务与营销推广体系

旅游目的地服务与营销推广体系是旅游部门特有的公共服务职能，主要包括目的地信息服务、目的地形象塑造和维护、目的地市场培育和推广四个子系统。服务提供者为各级目的地旅游行政主管部门。

1. 目的地信息服务

目的地信息服务指建立旅游公共信息和咨询平台，提供满足旅游者所需的旅游产品信息（景区、旅游线路等）、旅游交通信息（区内与对外交通）、住宿信息（各层次的住宿）、餐饮信息（地方特色餐厅等）、旅行社与辅助旅行机构的相关服务信息、休闲娱乐与地方特色文化活动信息、旅游救援及预警信息以及其他相关信息（医疗、金融）等服务的总称。其具体内容包括建设目的地官方旅游信息网、游客咨询中心，提供旅游资料架、免费旅游资料、设置电子触摸信息机、旅游服务热线电话、旅游吸引物解说系统等。

2. 目的地市场培育和推广

目的地营销推广是政府旅游部门最重要的公共服务职能之一，这是旅游接待业区别于其他产业的一个显著特征。由于旅游行为具有以某一旅游目的地为“总体消费对象”的特点（尤其是过夜游），将目的地营销推广工作纳入整体考虑是旅游接待业发展的客观需要。目的地营销推广服务首先表现为目的地形象策划和维护工作；其次表现为通过统计分析目的地的旅游市场数据，推动区域交流和合作，为旅游企业培养新兴市场需求、开发创新旅游产品和业态，服务于目的地旅游市场培育和推广。

（四）旅游接待业规划、统计与政策供给体系

旅游接待业规划、统计与政策供给是将旅游接待业的发展纳入国民经济和社会发展规划范畴，对促进旅游接待业发展所需要的旅游资源、社会及自然生态环境、旅游基础设施、文化和旅游项目、旅游接待业质量提升、旅游接待业产业发展政策、旅游接待业智库建设、旅游接待业人力资源开发与培育、旅游统计服务等进行全局性规划和安排。

（五）旅游公共安全服务系统

旅游公共安全服务是旅游者的旅游活动能够安全、顺利进行，旅游业能够得以健康发展的保障。旅游公共安全服务具体可包括建立旅游交通安全、游乐设施安全、旅游饮食安全、旅游消防安全、汛期旅游安全等行业规范；制定旅游公共安全应急预案与机制，提供旅游公共突发事件应急救援服务；建立旅游监督与救援管理志愿者队伍等。

三、旅游接待业公共服务的特征

（一）生产性和消费性的双重属性

根据旅游接待业公共服务的服务对象和具体内容，旅游接待业兼具生产性公共服务和消费性公共服务属性。前者主要以旅游产业为服务对象，服务内容面向旅游供给侧，如为旅游企业提供旅游市场统计服务，为旅游企业提供完备的经营政策，创造良好的经营环境；后者则以旅游者为主要服务对象，服务内容面向旅游需求侧，如信息服务、安全保障、消费者权益保障、投诉处理服务等。

（二）公益性和营利性的双重功能

并非所有的公共服务都具有纯粹的公共产品性质，旅游接待业的大多数公共服务属于公共产品和私人产品之间的具有收费性质的准公共产品。一般情况下，对于具有纯粹公共产品性质的旅游公共服务无法制定价格，也不可能收费。但对于不属于纯粹的公共产品性质的旅游公共服务，政府可以通过较低价格来提供。需要注意的是，政府及相关组织和机构提供旅游公共服务的目的主要在于维护和保障公民的旅游权利，促进旅游产业健康运行和旅游经济持续发展，公共服务的商业化经营最终不会、也不该脱离其公益性质。

（三）功能性和享乐性的双重需求

根据马斯洛的需求层次理论，旅游者有对旅游接待业公共服务的需求随着社会的进步和经济的发展日益多样化。现在的旅游者除了关注旅游公共服务物质层面的特定功能外，还关注旅游公共服务精神层面的享乐性内容和意义，比如精神价值诉求、愉悦身心和审美态度等。这些需求远远超出了一般公共服务产品作为满足公众基本需求的界限，对旅游者的体验产生更为持久、深远的影响。

（四）供给范围不可分割性和区域性

目的地的旅游公共服务是向整个目的地提供的，具有共同受益和共同消费的特点，不能分割为若干部分，分别由单个的个人和单位分享。由于旅游目的区域限制，一个目的地旅游公共服务的供给一般只涉及在该目的地范围内的旅游者，该目的地以外的旅游者就很少或几乎不能享受到该目的地旅游公共服务。因此，对于某些外延过大的旅游公共服务，不是由目的地本身所能完全供给的，而是需要不同目的地之间，甚至是国家间合作才能成功供给，如重大旅游安全救援服务。

第二节　旅游接待业的市场治理

旅游接待业的发展推动了旅游市场消费环境、经营模式、供需关系的巨大改变，尤其是全域旅游这一理念的提出，更使旅游市场的概念在地域和空间上都进一步扩大。旅游产业边界不断拓宽，产业链条不断延伸，旅游市场秩序的内涵也有了新的延展。旅游市场的市场治理和监管除对行业准入、主体资质、具体经营行为等明确对象外，还延伸到了旅游服务环境提升，旅游目的地品牌维护等具备了公共属性的抽象客体。依法治理旅游市场，协调政府、旅游接待企业、旅游者和社区居民之间的关系，寻求经济、效率、效益与公平之间的平衡势在必行。

一、旅游接待业市场治理的概念、目的和依据

（一）旅游接待业市场治理的概念

旅游接待业市场治理是指旅游目的地通过制定与旅游业发展相关的政策、制度以及执行的过程中所构建出的互动规则等，协调政府部门、非政府组织、旅游企业、旅游者之间的关系，建立一套可以实现社会公平公正、生态可持续、经济效益、文化多元化等多种目的的健康治理体系。

（二）旅游接待业市场治理的目的

旅游接待业市场治理的目的在于更好地发挥旅游市场与资源配置的作用，更好地发挥政府的引导作用，依据市场机制和政府监管的相关理论、政策和法规，由旅游市场监管主体对旅游接待业市场秩序和服务质量进行监管。即要求遵守法律法规，不扰乱正常社会秩序；倡导尊重社会公德，不损害社会公众利益；确保旅游市场中各主体之间的平等、自愿、公平关系，提供和消费安全可靠的旅游产品和接待服务，建立国家、地方旅游目的地和旅游企业诚实守信的品牌形象和旅游者文明出游的个人形象，实现旅游接待业可持续发展目标。

（三）旅游接待业市场治理的依据

旅游接待业市场治理的依据包括理论依据和法制依据。市场失灵理论和中心治理理论是旅游接待业市场治理的主要理论依据。新制度经济学理论认为，政府需要负责建立和维护市场经济活动得以顺利进行的基础，尤其要解决竞争失灵、公共物品提供、市场外部性、不完全竞争市场、信息失灵以及供需平衡这六种市场失灵问题，否则旅游市场容易发生侵权行为。多中心治理理论强调把相互制约但具有一定独立性的规则的制订和执行权分配给数量众多的管辖单位，所有公共治理主体的官方地位都是有限、独立且相对平等的。该理论契合了当前旅游市场治理模式转变的新思潮，通过多元主体的竞合，自发推动制度的形成，形成更多的制度选择与政策安排，交叠全面的监管领域，有助于建立旅游市场规范和秩序，实现公共利益的可持续性。

旅游接待业市场治理的主要法制依据包括《中华人民共和国旅游法》《旅游安全管理办法》《中华人民共和国合同法》《中华人民共和国消费者权益保护法》《中华人民

共和国侵权责任法》《中华人民共和国刑法》以及《关于假期旅游诚信建设实施失信联合惩戒的通知》《关于规范旅行社经营行为维护游客合法权益的通知》等各级政府制定的旅游规范性文件，上述法律法规是明确和落实旅游接待业各个市场主体的权利、义务和责任的操作性指南。

二、旅游接待业市场主体的权力、义务与责任

（一）旅游接待业市场主体

根据《中华人民共和国旅游法》的相关规定，旅游市场的监管主体是县级以上地方人民政府（以及由其明确的相关部门或机构），包括旅游行政主管部门、工商行政管理、产品质量监督、交通执法部门、安全生产监督管理部门等，对旅游接待业相关经营行为实施监督检查。

旅游经营活动的主体是旅游接待业中的经营者（旅行社、景区经营者、旅游住宿经营者、旅游交通经营者等）、提供旅游接待服务的旅游从业人员（领队、导游等），以及满足旅游者其他旅游需求的经营者。具体的旅游经营活动主体类型可参照《国家旅游及相关产业分类统计（2018）》中对旅游接待业供给主体的分类说明。

旅游活动主体主要是指旅游者和各类组织层面的旅游消费者，如商务会奖旅游团队等。

此外，旅游市场主体还包括受旅游经营活动和旅游活动影响的目的地社区居民。

（二）各市场主体之间的权利、义务和责任

旅游市场监管主体、旅游经营活动主体、旅游活动主体以及目的地社区居民之间的权利、义务和责任关系如下：

旅游市场监管主体要规范市场秩序，保障旅游者和旅游经营者的合法权益；保护和合理利用旅游资源，促进旅游接待业持续健康发展；建立健全旅游市场规则和服务准则，避免行业垄断和区域垄断。

旅游活动经营主体要诚信经营，公平竞争，主动承担经济、法律、道德等社会责任，为旅游者提供安全、卫生、健康、舒适、便捷的旅游产品和服务。

旅游活动主体在开展旅游活动或解决旅游纠纷过程中，不得损害目的地社区居民的合法权益，不得干扰他人的旅游活动，不得损害旅游经营者和旅游从业人员的合法权益。

三、旅游接待业市场治理的长效机制

（一）建立旅游接待业市场全过程监管系统

治理旅游接待业市场秩序的全过程监管系统由前馈监管、同期监管、反馈监管和协调监管四个子系统构成。

1. 构建旅游接待业市场前馈监管

构建旅游接待业市场前馈监管，实现旅游市场相关主体对市场治理形成事先认识、达成共识并做好准备接受、配合监管工作。具体包括：①要求市场监管主体事先制定好维护旅游接待业市场秩序的，适用于旅游者、旅游经营者的法律规范、质量标准、

合同范本与实施程序等；②积极宣传和推广治理文件及举措，形成旅游市场主体自觉参与维护市场秩序的意识和共识，比如形成对旅游接待业中的优秀主体或行为进行表彰奖励，对违法违规行为坚决整治和惩罚的预期；③培育主动维护旅游市场秩序的社会意识和习惯，使旅游者与旅游经营者之间的权利、义务和违约责任界定都有据可依，并形成书面约定，为事后双方或第三方对各自责任和义务履行情况的评价和监管提供依据。

2. 构建旅游接待业市场同期监管

构建旅游接待业市场同期监管，使旅游者、旅游经营者、旅游行政主管部门等旅游市场相关主体都能够实时监测和处理旅游合同履行过程中出现的问题。主要举措包括：①旅游接待企业设置实时监测接待质量和受理投诉的机制和责任人；②旅游行政主管部门设置实时监测接待质量和受理投诉的机制和责任人，并针对旅游接待企业的同期监管活动进行监督和检查；③建立综合执法机构，并切实实施综合执法。

■知识拓展

《中华人民共和国旅游法》第八十三条规定："县级以上人民政府旅游主管部门和有关部门依照本法和有关法律、法规的规定，在各自职责范围内对旅游市场实施监督管理。县级以上人民政府应当组织旅游主管部门、有关主管部门和市场监督管理、交通等执法部门对相关旅游经营行为实施监督检查。"第八十五条规定："县级以上人民政府旅游主管部门有权对下列事项实施监督检查：

（一）经营旅行社业务以及从事导游、领队服务是否取得经营、执业许可；（二）旅行社的经营行为；（三）导游和领队等旅游从业人员的服务行为；（四）法律、法规规定的其他事项。旅游主管部门依照前款规定实施监督检查，可以对涉嫌违法的合同、票据、账簿以及其他资料进行查阅、复制。"

3. 构建旅游接待业市场反馈监管

构建旅游接待业市场反馈监管，使旅游市场相关主体能够做到事后对标，监测评估，不断完善旅游市场监管系统。主要举措包括：①旅游接待活动结束后，旅游市场监管主体或旅游接待企业对旅游者进行抽样调查，了解旅游者和目的地居民对旅游目的地社会和自然环境、旅游活动的态度及建议；②对标合同或行业标准，自查自纠，提高旅游接待质量。

4. 构建对旅游市场监管者的协调监管

旅游市场监管者是防止和解决旅游市场秩序问题的最后一道关卡，监管者在监管工作中处于主导地位，如果对监管者缺乏相应的监管机制，容易酿成许多重大问题。因此有必要构建对旅游市场监管者的协调与监管机制，使旅游接待业市场治理发挥协同效应，市场监管及时高效。由于旅游市场监管涉及多部门联动，为切实加强部门之间的协调配合，促进我国旅游接待业的持续健康发展，国务院建立了旅游工作部际联席会议，旨在协调和监管相关部门是否有效履行市场监管职责。

（二）建立旅游市场秩序整治的分类管理系统

根据文化和旅游部的监管资源状况和旅游地区接待业发展的实际情况，在对全国旅游地区实行全面指导监管的基础上，实行分类重点监管。可以将全国旅游地区分为三类进行监管：①旅游市场监管重点区，对具有全国性或区域性影响力的旅游主体功能区，如5A级景区，以及在某一时期旅游市场秩序混乱、产生全国性或区域性恶劣影响的旅游区实施重点监管；②旅游市场监管试点区，在自由贸易试验区内的旅游地、边境旅游区、“一带一路”中的旅游区等建立旅游监管试点区，探索符合国际惯例和地区特点的旅游投资、签证、消费惯例等政策；③旅游市场监管示范区，培育和推广具有典型示范意义的旅游监管区，如三亚的旅游警察监管模式。

第三节　旅游接待业的规划管理

一、旅游接待业规划的定义和类型

根据国家标准《旅游规划通则》（GB/T 18971-2003）的界定，旅游接待业规划对应标准中的旅游发展规划，即指根据旅游业的历史、现状和市场要素的变化所制定的目标体系，以及为实现目标体系在特定的发展条件下对旅游发展的要素所做的安排。旅游接待业规划的主要任务是明确旅游业在国民经济和社会发展中的地位与作用，提出旅游业发展目标，优化旅游业发展的要素结构与空间布局，安排旅游业发展优先项目，促进旅游业持续、健康、稳定发展。

根据规划的范围和政府管理的层次，旅游接待业规划可分为全国旅游业发展规划、区域旅游业发展规划和地方旅游业发展规划。地方旅游业发展规划又可分为省级旅游业发展规划、地市级旅游业发展规划和县级旅游业发展规划等。县级以上地方人民政府可以编制重点旅游资源开发利用的专项规划，对特定区域内的旅游项目、设施和服务功能配套提出专门要求。根据规划时间，旅游接待业规划包括近期发展规划（3~5年）、中期发展规划（5~10年）或远期发展规划（10~20年）。

二、旅游接待业规划编制的要求

《旅游规划通则》（GB/T 18971-2003）明确提出，旅游规划编制要符合如下要求：第一，旅游规划编制要以国家和地区社会经济发展战略为依据，以旅游业发展方针、政策及法规为基础，与城市总体规划、土地利用规划相适应，与其他相关规划相协调；根据国民经济形势，对上述规划提出改进的要求。第二，旅游规划编制要坚持以旅游市场为导向，以旅游资源为基础，以旅游产品为主体，经济、社会和环境效益可持续发展的指导方针。第三，旅游规划编制要突出地方特色，注重区域协同，强调空间一体化发展，避免近距离不合理重复建设，加强对旅游资源的保护，减少对旅游资源的浪费。第四，旅游规划编制鼓励采用先进方法和技术。编制过程中应当进行多方案的比较，并征求各有关行政管理部门的意见，尤其是当地居民的意见。第五，旅游规划编制工作所采用的勘察、测量方法与图件、资料，要符合相关国家标准和技术规范。第六，旅游规划技术指标参照《旅游规划通则》的资料性附录选择和确立，应当适应旅游业发展的长远需要，具有适度超前性。第七，旅游规划编制人员应有比较广泛的专业构成，如旅游、经济、资源、环境、城市规划、建筑等方面。

三、旅游接待业规划的主要内容

依据《旅游规划通则》(GB/T 18971-2003）和旅游发展规划，旅游接待业规划的主要内容包括：第一，规划区域旅游接待业的发展历史与现状、旅游接待业的发展机遇、威胁、优势以及劣势评价；第二，规划区域的客源市场需求总量、地域结构、消费结构及其他结构，预测规划期内客源市场需求总量、地域结构、消费结构及其他结构；第三，规划区域旅游接待业发展的总体目标、战略定位与依据以及相关指标体系的制定；第四，规划区域旅游接待业发展的空间结构梳理、空间布局与供给要素规划；第五，规划区的旅游主题形象、品牌定位与配套营销体系设计；第六，规划区域旅游产品开发的方向、特色与主要内容；第七，规划区域旅游接待业可持续发展体系设计，厘清自然资源与人文社会资源的保护开发利用的关系，提出推动旅游接待业可持续发展的合理措施；第八，对规划实施的总体投资分析，主要包括旅游设施建设、配套基础设施建设、旅游市场开发、人力资源开发等方面的投入与产出方面的分析。

第四节　旅游接待业的安全管理

一、旅游接待业中的安全问题

旅游接待业中的安全问题泛指旅游活动中的各种安全现象及其具体的表现，它既包括旅游接待业中相关行为主体的安全意识，也包括发生在旅游活动各个环节或者旅游活动中各行为主体之间的潜在风险、具体安全事件和安全事故。由于旅游接待业的综合性、关联性特征，旅游安全问题带给游客和旅游接待业的负面影响极其广泛、严重。充分了解旅游接待业中的安全问题形态，并对此进行科学管理，是推动旅游接待业持续健康发展的必要前提。

（一）旅游接待业中的安全问题形态

旅游接待业中的安全问题主要表现出如下形态：

1. 犯罪

由于给旅游者带来严重创伤，社会影响巨大，犯罪成为旅游安全问题中最为引人注目的表现形态之一。旅游接待业中存在的犯罪现象数量众多，具有一定的规律和特点，可分为三类：一是侵犯公私财产类犯罪。这类犯罪数量较多，作案范围广，包括盗窃、诈骗、抢劫、抢夺、敲诈勒索罪等，其核心目的就是非法获取旅游者的钱财。二是危害人身安全的犯罪。旅游中危害旅游者人身安全的暴力犯罪与财产性犯罪的实施密切相关，即在侵犯财产的同时侵犯了旅游者的人身安全。三是性犯罪和与毒品、赌博、淫秽有关的犯罪。毒品、赌博、淫秽并不一定给旅游者带来直接的安全威胁。但毒品、赌博、淫秽本身是犯罪的温床，是威胁旅游安全的潜在因素之一。

2. 交通事故

在旅游接待业运行各环节中，旅游交通是安全问题影响最大的环节之一。根据交通形式，旅游交通事故可分为以下四类。一是道路交通事故。全国道路交通事故中，旅游交通事故占比并不大，但每年全国道路交通事故的发生率在很大程度上说明旅游交通存在的巨大安全隐患。二是航空事故。相较于其他交通方式，航空交通相对安全，但对民航客机而言，任何事故都可能是灾难性的。三是水难事故。水难事故指发生在水体中的安全事故，随游轮、旅游景区竹排等水上旅游交通和水上主题旅游项目的产生而出现，水难事故包括海难、内河（湖）安全事故等。四是缆车索道等景区交通事故。缆车索道等景区交通使游客大量集中于容量有限的空间，一旦发生停运、碰撞或高空坠落，极易引发心理恐慌和人身伤亡。

3. 火灾与爆炸

旅游接待业中因火灾与爆炸死亡的人数低于旅游交通事故，但是火灾（爆炸）往往造成严重的后续反应，如基础设施破坏、财产损失等，严重的甚至会造成整个旅游经济系统的紊乱。旅游接待业构成系统中，旅游饭店是重大和特大火灾发生的重灾区。

4. 旅游活动中突发疾病、感染、中毒等疾病

旅游活动中突发疾病、感染、中毒等疾病范围较广，主要包括以下四类。一是旅途劳累、旅游异地性导致“水土不服”、客观存在的食品卫生问题等可能诱发游客病毒或细菌感染等疾病。二是旅游目的地地理环境导致的身体不适，如高原反应等。三是旅游活动开展过程中发生的意外，如意外摔跤、跌落等导致受伤。四是发生在餐饮接待业中的食物中毒事件。

5. 其他意外事件或事故

旅游接待业中的安全问题具有复杂性和突发性，还存在很多特殊、意外的表现形式。比如台风、地震、泥石流、极端天气等自然灾害，凶禽猛兽、有毒动植物等自然因素，恐怖主义、政治暴乱等社会因素，以及突发性公共卫生事件，如新冠疫情等，上述形式的旅游安全问题都给旅游接待业带来极大威胁。

需要注意的是，旅游接待业中安全问题的各种表现形态往往相互交叉，并可能在旅游活动的各环节同时出现或交替出现。例如，某些交通事故、火灾与爆炸就是由犯罪行为引起的，而火灾也可能引起其他交通事故。

（二）旅游接待业安全问题的时空特征

由于旅游接待业的系统性和旅游体验的整体性，旅游安全问题具有较强的时空特征，并且这一特征会随着旅游接待业发展的不同阶段和旅游接待业不同运行环节有所不同。

1. 旅游安全问题在旅游接待业不同发展阶段的表现差异

旅游接待业发展初期阶段，旅游接待设施设备极不完善，管理极为薄弱，喜欢新鲜、刺激经历的探险型旅游者进入，这时的安全问题往往由自然原因或设施设备原因引发。随着旅游接待业的发展，旅游设施设备相对完善，管理水平不断提高。这一阶

段设施设备造成的安全问题急剧下降。然而，大批旅游者的涌入，如果破坏性影响旅游地居民的生活，再加上文化差异的客观存在，旅游地居民与游客之间容易产生冲突。受旅游者及其所带来思想文化冲击和旅游发展带来的经济利益驱使，旅游地的价值标准和道德产生了变化，可能出现诸如卖淫、赌博、犯罪等人为旅游安全问题。在旅游接待业发展成熟阶段，各种工作按部就班，趋于常规，往往容易疏忽安全细节，从而出现各种意外安全事故。旅游接待业的衰退阶段则，则可能出现因设施设备老化而造成安全事故。

2. 旅游安全问题在旅游接待业不同运行环节的表现差异

虽然旅游安全问题的各种表现形态贯穿于旅游接待业运行的各个环节，但由于旅游活动本身的动态性和在不同时空背景下的差异性，旅游安全问题在旅游接待业运行的不同环节也具有差异。一般而言，食的环节的安全问题主要是食品卫生问题及其引发的疾病；也可能由于客人饮酒过量发生醉酒闹事、伤人、斗殴等意外事故。住的环节防火防盗问题相对突出。行的环节主要是交通安全和交通场所犯罪问题。游的环节的安全问题往往与旅游地资源类型和社会文化背景有关，并主要地表现为景区犯罪、游览安全及其他意外事故。购的环节主要是消费安全问题，主要表现为欺诈、假货等。娱的环节的安全问题表现出极端复杂性，如存在火灾、卖淫嫖娼、吸毒、赌博、打架斗殴引发的犯罪。

二、旅游接待业安全管理的目标

旅游接待业安全管理的目标主要有两个：一是保障旅游者的人身财产安全，二是保障旅游接待企业的安全生产。在旅游接待业安全管理体系中，旅游接待企业承担安全生产主体责任，相关政府部门承担管理与监督的责任，旅游者具有监督的权利。具体而言，各级政府通过协调各职能部门和旅游企业开展相应工作，将旅游应急管理纳入政府应急管理体系，对相关政府部门职责的原则性规定，按照“谁主管、谁负责”与“谁审批、谁负责”的原则，旅游、公安、交通、工商、质监、食品药品监管等部门按照各自职责对旅游经营单位及其工作人员的安全保障工作实施监督管理，为旅游者创造安全的旅游环境，确保旅游者合法权益得到保障。通过相关政策文件对旅游接待企业经营进行安全规定，旅游接待企业的经营需要经过有关部门的审批，符合安全规定，且经营时应向符合资质要求的企业购买产品和服务。旅游经营者应履行旅游安全生产主体责任，防范旅游安全事故发生，一旦发生安全事件，须立即进行处置，并向有关部门报告。旅游接待业中从事特殊工作的人员须具备相关资格，如特种设备操作人员。当然，旅游者有遵守相关安全规定的义务，安全地开展旅游活动。

三、旅游安全预警

为保障旅游者安全和旅游接待业平稳顺畅运行，建立旅游安全预警系统，发布与旅游安全相关的权威信息，警示旅游者和旅游接待企业，有助于增强旅游者的旅游安全意识，提高旅游安全防范和控制能力，为旅游者和旅游接待企业预见旅游安全问题，并采取行之有效的应对措施提供依据。

（一）旅游安全预警的功能

1. 保护旅游消费者权益

旅游安全预警系统的建立，是对旅游消费者知情权的尊重和保护，有助于旅游消费者获得权威、可信的旅游安全相关信息，防止旅游者做出违背其初衷或意愿的旅游决策，避免陷入不安全的旅游环境，蒙受不必要的损失。

2. 降低旅游安全事故发生率

旅游安全预警系统发布的及时、有效的信息，对旅游者和旅游接待企业都具有警示作用，使其重视有预警系统发布的旅游安全相关问题，在旅游活动开展的各个环节保持警惕并做好防控准备，能够有效降低旅游安全事故的发生。

3. 保障旅游接待业企业安全经营

旅游安全预警系统的建立有利于旅游接待企业正常、有序经营。旅游安全预警系统都能够凭借其旅游安全信息的权威性和公正性，向旅游接待企业发出不同级别的安全警示，这样既能避免因发生安全事故而使旅游接待企业蒙受损失，也能避免信息错误或信息夸大导致业务受损。

4. 促进旅游目的地稳定发展

旅游安全预警系统的构建有利于旅游目的地稳定发展。旅游安全预警系统既有利于梳理旅游目的地良好形象，有能够通过信息发布调节旅游地客源数量，引导客源分流消费，缓解客流高峰，避免承载超过接待容量的游客而导致的各种不安全因素或潜在安全问题，避免生态环境和社会环境遭到破坏，从而实现旅游目的地可持续发展的作用。

（二）旅游安全预警系统的基本职能

旅游安全预警是一个负责旅游安全信息搜集、分析、对策制定和信息发布的综合性行政联动机构，具有以下基本职能：

1. 旅游安全信息收集

收集国内外或境内外的旅游安全信息，包括国内外社会治安情况、目的地政治态势、世界军事态势、目的地疫情情况等。

2. 旅游安全信息分析

对源于各种渠道的旅游安全信息进行分析，并根据这些信息所代表的事件严重程度，对其进行安全级别的划定、公布，以警示旅游者和旅游接待企业。

3. 对旅游安全形势进行对策研究

根据各类安全事件的安全级别和具体情况，制定相应的行动建议或管制措施。比如进行出境限制、对相应的国家提出外交保护请求等。

4. 旅游安全信息发布

旅游安全信息发布是将经过确认和选择的旅游安全信息通过特定权威媒体向国民进行发布的行为，目的在于向相应的旅游接待企业和旅游者提供旅游安全信息，帮助其做出正确的旅游经营决策或旅游消费决策。

从上述职能来看，旅游安全预警系统是一个由多职能部门构成的、结构复杂的行政职能协调系统，应该融合旅游行政主管部门、公安部门、卫生防疫部门、国家信息发布机构等职能体系。

（三）旅游安全预警的类型

根据警示内容，旅游安全预警可以分为治安预警、健康预警、容量预警、政治预警、军事预警等不同类型。其中，治安预警指对旅游地治安状况进行的安全级别划定和信息公布，以提醒旅游者根据自身的安全适应性进行合理的行程规划和消费决策。健康预警是对旅游地的环境卫生状况、食品卫生状况、疫情等公共卫生状况进行安全信息发布，有传染病发生的旅游地往往是旅游活动回避区域。容量预警是以旅游地实际游客接待容量为标准以一旅游地客房预订数量为基础，对旅游地一定时期的客源空余容量进行预测和信息发布，旨在提醒旅游者在相应的时间段合理选择旅游目的地，以避免客流过分集中、人满为患而导致对旅游体验、旅游地生态环境、人文环境等造成损害或破坏。政治预警是对旅游地或旅游地所在国家的政治形势进行安全分析和信息发布，以避免政治暴乱对旅游者造成伤害。军事预警对旅游地或旅游地所在国家的军事形势进行安全分析和信息发布，以避免旅游地军事活动对旅游者或旅游接待企业带来意外伤害。

根据旅游安全预警针对的区域，旅游安全预警分为国内旅游安全预警和境外安全预警。国内旅游安全预警是针对国内不同旅游目的地所发布的旅游安全警示，比如对旅游地的客源容量、客房预订情况、旅游物价水平、社会治安等情况进行信息发布，以警示旅游者和旅游接待企业提高旅游安全意识和能力，维护旅游接待业安全运行。在国（境）内旅游安全预警方面，每逢重大旅游节假日，我国都会启动旅游安全预警系统。境外旅游安全预警是针对境外国家和地区状况进行的旅游安全警示，它的主要功能是给国（境）内旅游者和旅游接待企业必要的境外国家和地区的旅游安全信息，信息发布往往具有一定的前瞻性，帮助旅游接待企业合理设计境外旅游线路产品或开展境外旅游营销活动，提醒国（境）内旅游者合理选择旅游目的地和规划行程，促进境外旅游消费市场良性发展。

四、旅游救援

旅游救援体系是构筑我国旅游安全保障网的重要举措，对于提升旅游业安全风险应对能力和紧急救援保障能力、提升安全管理水平具有重要意义。

（一）旅游救援的概念

旅游救援有狭义和广义之分，狭义的旅游救援是指为发生突发意外的旅游者或旅游从业人员所提供的紧急搜救服务，它以搜索失踪人员和紧急救治受伤害人员为主要任务。广义的旅游救援则是指为旅游者或旅游从业人员提供事中紧急搜救、事后医疗救助和为旅游者提供覆盖事前、事中与事后的旅行支援服务的统称，它是一个综合性的旅游救援服务系统。

（二）旅游救援的类型

根据性质的不同，旅游救援机构应分为公共救援、公益救援和商业救援。

公共救援是以政府为发起主体、面向任何公众旅游者的救援服务。在我国，公共性旅游救援一般是地方应急管理系统的构成部分，通常通过地方的应急管理机制来调动公安、消防、武警等公共应急资源，以实施和完成对旅游者的搜救行动。

公益救援是以民间公益机构为发起主体、面向任何公众旅游者所提供的救援服务。公益性旅游救援主要是公益性民间救援机构所提供的自发性、互助性救援，它通过募捐来提供资金、依靠志愿者会员的自发行为来提供服务。

商业救援则是以商业性旅行援助机构为发起主体，主要面向本机构会员的救援服务。通常，公共救援和公益救援以提供旅游搜救服务为主，商业救援则以提供范围广泛的旅行援助服务为主，成熟的旅行援助公司通常提供包括旅行支援、道路救援、紧急医疗和事故处理在内的各种安全救助服务。商业性旅游救援主要通过保险机制来为救援行为提供经费基础，旅行援助公司通过雇佣相关医疗机构、交通机构、维修机构等服务代理机构来发展救援网络，最终通过调度救援网络中的商业机构实施救援行为。

（三）旅游救援系统构成与运行

旅游救援系统是包括救援核心机构、救援执行机构、外围机构在内的，由旅游接待企业、旅游救援中心、医疗、保险、公安、武警、消防、交通、通信等多部门多人员参与的联动系统。其中，救援指挥中心是统管救援工作的核心机构，发挥救援总指挥的作用。救援执行机构是旅游救援行为的实施机构，根据救援指挥中心的指令和要求，展开不同等级的救援行动，并把救援方案、过程和结果反馈给救援指挥中心，以利于救援指挥中心根据具体情况进行救援修正。救援外围机构包括旅游景区、旅行社等旅游接待企业、旅游地旅游安全易发区域组织和单位，他们在旅游救援中发挥信息源、救援现场维护和救援先锋作用，根据实际情况组织实施简单救援行动。

五、旅游保险

旅游保险作为旅游安全与风险管理的重要手段与工具，有利于完善社会安全保障体系，转移庞大的旅游出行人群带来的潜在风险，提升旅游服务质量，确保旅游业的长期健康成长。

（一）旅游保险的责任

旅游保险是将投保人出行期间的因意外风险造成的损失，如人身伤害、财产损失风险，或者保险范围内的意外事件导致的后续医疗、援助、遣返、赔偿等一系列费用支出进行承保的一类保险统称。旅游保险上常见的保险责任包括三类，第一类责任是旅行期间在当地产生的，遭遇突发事件而造成的人身补偿费用。如医疗救治费用、住院费用，紧急撤离或遣返费用，海外丧葬费、遗体运送费用，亲人的慰问探访费用，绑架、非法拘禁、恐怖主义行为补偿费用，不幸身故、受伤或残废的救济金等。第二类是因财务损失，行程受阻而造成的财务补偿费用。如敲诈勒索损失、个人钱财丢失（包括旅行证件遗失）、被盗或损坏，银行卡盗刷、随身财产丢失等出游期间的财产损失，以及重大和轻微的旅行取消、旅行受限、推迟离境，行李（包括紧急更换必需品）延误等造成的财务损失。第三类是意外事故导致的责任赔偿费用以及必要的法律援助、诉讼费用等。

（二）旅游保险的类型

旅游保险的险种较多，分类标准也较为丰富，目前常见的旅游保险有如下五种：

1. 旅游意外保险

旅游意外保险指专门承保在出游的所有旅游活动中，发生意外、偶然、不可预知的事件而造成人身伤害或财产损失，包括交通意外、身故或伤残意外的一种保险。在我国《旅行社条例》中，对旅游意外保险概念从合同承保方式、赔偿支付方式做出了相应的定义。

2. 旅游医疗保险

旅游医疗保险指承保游客在出游期间身体状况导致的就医、住院、手术、药物等一系列医疗治疗费用的保险。旅游医疗保险是发达国家最早产生的旅游保险险种，上市后广受欢迎，并且发展迅速。在我国，旅游医疗保险常常作为附加险种，被包含在一份综合性的旅游保险或意外保险中，或是由于签证需要，才购买满足规定要求的医疗旅游保险，主动投保率较低。

3. 旅游救助保险

旅游救助保险是指在出游期间内，为投保人提供紧急救援、帮助，包括提供翻译、沟通、组织援救等功能，是一种保证在遭遇紧急事件时，助其脱离困境和伤亡善后处理的安全服务。

4. 旅游责任保险

旅游责任保险是指在出游期间为投保人承保因造成第三方人身或财务损失而必须支付给他人的责任赔偿金的一类保险，其投保主体主要为旅行社或旅行社领队，在我国旅游责任保险份额中，占绝大多数的是旅行社统保责任保险。

5. 综合旅游保险

综合旅游保险是区别于专项旅游保险的名称，其保险责任范围往往是上述常见保险险种的集合，不同保险公司推出的综合旅游保险的保障范围略有区别，出行者面临的风险往往复杂多样，因此综合旅游保险也更加注重出游场景，进行专门的设计。这类产品在实际中更加符合消费者的出行需求，单一的旅游保险无法提供的全面保障，可以由综合旅游保险解决后顾之忧，这也是目前是商业旅游保险中最为畅销的险种。

（三）旅游保险存在的问题与建议

1. 人均投保费低

尽管我国出游人数不断上升，投保人数较多，投保覆盖率也在不断上升，但是人均保费还较低，安全保障程度也较低，旅游保险市场的需求还未充分开发。保险公司和旅游接待业都需要加大对旅游保险的宣传力度，提高社会对于旅游保险的认识，从而加大投保力度。

2. 旅游保险产品同质化严重，投保结构不合理

一方面，游客投保旅行意外险的比重过大，投保旅行医疗保险比例尚低；另一方面，保险公司将旅行医疗险与意外险组合为一份综合保险进行销售，内容与保险责任均大同小异，导致旅游保险险种单一的市场认知。伴随旅游种类和方式的多样化，研发多样化、专业化的旅游保险产品是大势所趋。

3. 保后服务不到位

目前保险公司普遍在保后服务方面存在短板的问题，这需要与紧急救援机构事前

搭建好完善的救援响应机制，体现出保险和紧急救援的意义。只有提供了有效率的救援，才会让投保人相信自己的风险得到了相应的保障。

4. 旅游与保险的行业配合度不高

首先，旅游保险与现行法律配合中存在错位和缺位。在《中华人民共和国保险法》中，“有争议时做出有利于被保险人利益的判决”虽然给投保人带来了一定的法律保障，但对现实情况中保险理赔的“近因原则”还有待进一步解释，规范需要细化到不同的事故原因之间的转换，需要提前整理相关保险赔案，及时进行规范性指导。其次，渠道配合不够通畅。在销售旅游保险的过程中，以往旅行社往往是主要的渠道，但由旅行社的人员对消费者解释保险责任难度较大，旅行社也往往难以胜任推荐合适的旅游保险的工作。因此，保险、旅游接待业在专项配合上既需要进行顶层合作框架设计，又需要进行微观销售利益的激励设计。

第五节　旅游接待业的统计体系

一、旅游接待业统计体系建设目的和功能

依据《中华人民共和国统计法》，旅游接待业统计体系由实际开展统计工作的指标体系、统计制度、统计方法、统计组织体系、统计技术手段、统计法制保障、统计人员素质和服务水平等构成。

建设旅游接待业统计体系的建设目的包括结果性目的和任务性目的。前者反映的是旅游接待业发展主体或利益相关者在一定统计周期内期望实现的目标，如反映游客满意度、反映旅游企业经营状况、反映旅游接待产业供需水平或产业结构的相关指标。后者反映的是旅游接待业发展主体或利益相关者在一定统计周期内要完成的任务，如设计游客满意度调查表，定期开展抽样调查；设计旅游接待企业经营状况调查表，要求旅游接待企业定期填报等。旅游接待业统计体系建设的结果性目的是任务性目的的方向和成果，而任务性目的是实现结果性目的的过程。

统计的基本任务在于对经济社会发展情况进行统计调查、统计分析，提供统计资料和统计咨询意见，并实施统计监督。因此，旅游接待业统计体系建设需要发挥好统计的信息功能、咨询功能和监督功能。这三大功能相互作用、相互促进和相互联系，其中，信息功能是保证咨询功能与监督功能有效发挥的前提。

二、旅游接待业统计内容与指标体系

（一）旅游接待业统计体系的国际标准

世界旅游组织作为联合国的一个专门机构，负责协调起草具有国际可比性的国家层面的旅游统计标准和规范。由其编制的《旅游统计的国际建议（2008）》（International recommendations for tourism statistics 2008）及《旅游统计的国际建议（2008）编制指南》（International recommendations for tourism statistics 2008 compilation guide）和

《旅游卫星账户：推荐的框架方法（2008）》（Tourism satellite account：recommended methodological framework 2008）是目前旅游统计方面最重要的国家标准和规范。二者在旅游统计的基本概念、旅游接待业产业和产品分类体系、游客分类、旅游消费和旅游供给测度等方面保持一致。

《旅游统计的国际建议（2008）》及《旅游统计的国际建议（2008）编制指南》倡导从需求和供给两方面编制旅游统计指标，为分析旅游及其经济贡献提供依据。根据《旅游统计的国际建议（2008）》及《旅游统计的国际建议（2008）编制指南》，旅游统计的基本概念主要包括游客、旅行、旅游消费、旅游产业、旅游就业等，旅游分类体系涵盖旅游形式、旅游产品、旅游活动（产业 ）的分类标准。以基本概念和分类体系为基础形成的指标体系包括旅游需求指标体系、旅游供给指标体系、旅游就业指标体系及其他。

《旅游卫星账户：推荐的框架方法（2008）》的主要功能是测量旅游接待业的经济贡献，因此该系统由测量旅游经济贡献的特有概念和核算指标构成，其本质上是国民经济核算体系在旅游领域的延伸与运用。旅游卫星账户主要包括旅游接待业总量指标、旅游消费产品和活动分类、旅游统计表式三部分内容。旅游接待业主要总量指标由旅游固定资产、旅游产业总增加值、旅游业直接增加值、境内旅游支出、境内旅游消费、旅游就业、旅游公共消费等构成。旅游消费活动和产品分类包括旅游产品的分类、旅游活动的国际标准分类、社会总产品的分类、旅游特征产品列表、旅游特有产品列表构成。旅游统计表式包括 10 张表格，它们共同构成了旅游卫星账户的统计体系。表 1 是按产品和游客类型分类的入境旅游支出；表 2 是按产品、游客类型和旅游类型分类的入境旅游支出；表 3 是按产品和游客类型分类的出境旅游支出；表 4 是按产品分类的境内旅游消费；表 5 是以基本价格核算的旅游产业与其他产业的产品账户；表 6 是以购买价格核算的国内供给和境内旅游消费账户；表 7 是关于旅游产业的就业情况；表 8 旅游产业与其他产业的固定资本总额；表 9 是按产品和政府层级分类的旅游公共消费；表 10 是旅游的非货币指标，比如旅游人次、住宿设施接待能力、旅游交通工具统计等。

（二）我国旅游接待业统计内容与指标体系

我国旅游接待业统计内容和指标体系主要依据国家统计局、文化和旅游部以及旅游接待业行业等主体发布和实施的相关统计文件和文献。具体包括国家统计局发布的《中国国民经济核算体系 2016》、《国民经济行业分类》（GB/T4754-2017）、《国家旅游及相关产业统计分类（2018）》；国家文化和旅游部每年组织和编制的《中国文化和旅游统计年鉴》及中国旅游研究院（文化和旅游部数据中心）每年编制的中国旅游景区、中国旅游住宿等各类专题发展年度报告；中国旅游饭店业协会与浩华管理顾问公司编制的《中国旅游饭店业务统计》；以及其他部分的旅游统计内容和指标体系，如农业部编制的《中国农业年鉴》中休闲农业概况条目。

《中国国民经济核算体系 2016》规定，我国的旅游核算是以旅游经济活动为核心的扩展核算，要遵循《旅游卫星账户：推荐的方法框架（2008）》。结合我国的具体情况，精简了部分账户内容和指标，最终运用在《国民经济行业分类》（GB/T4754-

2017）和《国家旅游及相关产业统计分类（2018）》中明确阐释的旅游统计内容和指标。

《中国文化和旅游统计年鉴》（包括原国家旅游局编制的《中国旅游统计年鉴》及副本）为旅游接待业统计提供了基本概念和主要指标解释。具体的统计内容和指标体系包括：第一，入境旅游市场统计，如入境旅游人次、主要特征、国际旅游外汇收入、地方接待过夜旅游者情况；第二，国内旅游市场统计，如国内旅游人次及构成、人均旅游消费；第三，主要旅游企业基本情况统计，如星级饭店、旅行社、A 级旅游景区基本情况统计；第四，主要旅游企业就业情况统计，如全国不同省市星级饭店、旅行社、A 级旅游景区（固定从业人员）的从业人数；第五，全国旅游院校基本情况统计，如旅游院校数、旅游院校人数。

原国家旅游局编制的《中国旅游统计年鉴》（副本）还包括全国旅游企业综合资料、分地区旅游企业资料、主要城市旅游企业综合资料、分城市旅游企业资料、全国星级饭店综合资料及全国 1~5 星级饭店综合资料。

原国家旅游局编制的《中国旅游财务信息年鉴》涉及的旅游统计内容主要体现为全国旅游行业经济效益评价主要财务指标表和补充财务指标表。这里的主要财务指标表和补充财务指标表包括了全部旅游企业、全部旅行社、经营出境业务的旅行社、经营费出境业务的旅行社、全部旅游饭店、各星级旅游饭店、未评星级饭店、旅游集团、全部旅游景区文物类旅游景区、自然类旅游景区、主题类旅游景区和其他旅游企业的经济效益评价主要财务指标表和补充财务指标表。

《中国旅游景区发展报告》涉及的旅游统计内容主要包括：A 级景区数量、等级、类型、门票价格、游客接待量、旅游收入、投资、经营管理主体、就业、新增景区等统计内容。此外，还参照国家行政区划代码，分别统计华东区、华北区、东北区、西北区、西南区、中南区的 A 级景区发展情况，统计内容和指标同上。

《中国旅游饭店业务统计》的统计内容和指标主要包括：饭店业务摘要、部门收支、客房部门、餐饮部分、水疗/健身部门及其他营运部门运营指标、未分配经营开支、客源构成、人事统计、部分城市业绩指标、收入与支出构成饭店业历史业绩比较、饭店业景气预测等。

《中国农业年鉴》对休闲农业的统计内容和指标包括：开展休闲农业和乡村旅游的村的数量、农家乐数量、规模以上休闲农业园数量、年接待游客人次、年营业收入、从业人员数量等。

《案例》

行业“推荐性标准”能否作为司法裁定的依据?[①]

自 1987 年原国家旅游局推出《旅游涉外饭店的星级划分和评定》开始，我国旅游业大力实施旅游标准化引领战略，在旅游标准体系建立、旅游标准制定实施以及旅游

---

① 改编自李广的《行业“推荐性标准”能否作为司法裁定的依据?》。

标准化运行机制创新等方面进行了很多有益尝试。回顾旅游标准化工作，无论是作为主管部门管理的抓手，还是承担填补监管法规空隙的工具，抑或作为指导企业改进服务、引导消费选择的依据，均发挥着独特的作用。

但是，在现行的旅游行业相关标准中，绝大多数标准为推荐性标准。笔者查询行业标准信息服务平台发现，现有的77部旅游行业标准均为推荐性标准。另据不完全统计，目前，涉旅国家标准约30个，其中只有一个为强制性标准，即《宗教活动场所和旅游场所燃香安全规范》。

标准能否顺利贯彻实施，起到治理与引导作用，需要主管部门的积极宣贯，企业的主动实施。而现行的这种宣贯体系，在一定程度上也导致大多数旅游企业形成“旅游相关标准都是推荐性的，可以执行也可以不执行”的认识。

这种认识具有一定的合理性。因为《标准化法》规定：“国家标准分为强制性标准、推荐性标准，行业标准、地方标准是推荐性标准。强制性标准必须执行。国家鼓励采用推荐性标准。”从字面理解，推荐性标准当然不具有强制性。但是，如果从《中华人民共和国合同法》《中华人民共和国旅游法》的相关条款，以及结合旅游合同的实践以及司法裁判结果来看，对于“推荐性标准”的实际效用可能就要重新认识了。另外，2020年颁布的《中华人民共和国民法典》对《中华人民共和国合同法》关于合同履行约定不明的补救条款进行了修正，更加精准地确定了各类标准在合同实践中的应用。

近期发生的一起游客与旅行社之间的人身损害赔偿案例就很有代表性。72岁的游客沈某参加一家旅行社组织的井冈山4日游，游览过程中突发疾病死亡，医院诊断为“不明原因猝死”。家属起诉旅行社，经法院审理，二审法院做出判决要求旅行社承担70%责任。其中一个理由就是旅行社未按照行业标准《老年旅游服务规范》操作，没有为沈某参加的老年旅游团队配备随团医生。该案件在业内引起较大反响，很多旅游企业认为判决过重，或者认为法院用一部推荐性行业标准作为判决依据，是不合理的。

如果不去争论该行业标准要求旅行社为老年旅游团队配备随团医生是否合理，而仅从《中华人民共和国旅游法》和《中华人民共和国合同法》对于标准适用的规定来看，法院的判决并无不妥：从《中华人民共和国合同法》的规定来看，在没有具体的服务质量标准时，国家标准和行业标准可以成为双方确定质量标准的依据，司法机关更可以依据该规定依法裁量。《中华人民共和国旅游法》也明文规定，旅游经营者必须遵守安全生产的国家标准和行业标准，无论该标准是强制性标准还是推荐性标准。《老年旅游服务规范》中要求旅行社为老年旅游团队配备随团医生，显然是出于人身安全的考虑，因此该条款虽然是推荐性标准中的规定，但对于旅游企业而言，也应遵照执行。

旅游行业开展标准化工作较早，行业内标准众多，无论是景区、酒店、旅行社，还是民宿、车船、餐饮业，抑或是购物场所、旅游厕所、旅游集散中心，以及导游、领队、景区讲解员等旅游从业人员，绝大多数均有相应的国家标准、行业标准、地方标准、团体标准。旅游行业已基本实现了标准全覆盖，同时标准化工作还在持续深入渗透到文化和旅游以及相关行业的方方面面。

总之，标准尤其是推荐性标准，看似不具有强制效力，但在特定条件下，都可能成为衡量是非对错的尺度和依据。高度重视标准、审慎制定标准、认真学习标准、切实贯彻标准，是推进旅游治理体系和治理能力现代化过程中的一项重要课题，需要行业管理部门、旅游企业和从业人员认真对待。

复习与思考：

1. 论述旅游接待业公共服务体系的内容体系。
2. 简述现阶段我国旅游接待业市场治理的主要法制依据。
4. 分析我国旅游接待业的市场治理运行机制。
3. 论述旅游接待业规划的必要性和主要内容。
4. 结合现实问题，列举旅游安全问题的主要形式。
5. 简述旅游安全预警系统的基本职能。
6. 简述旅游安全预警的常见类型。
7. 简述旅游救援的基本类型。
8. 分析我国旅游救援系统的运行机制。
9. 简述现阶段我国旅游保险的主要类型。

参考文献

安显楼，2019. 基于历史文化名村建设的福建乡村旅游可持续发展研究［J］. 长春工程学院学报（社会科学版）(1)：52-56.

陈道山，2015. 新常态下会展人才培养模式的探讨与实践［J］. 郑州航空工业管理学院学报（4）：89-96.

陈青松，徐智涌，王岩，等，2018. 田园综合体实操指南及落地案例［M］. 北京：中国市场出版社.

陈哲，任雁，陈晓占，2020. 我国房车行业标准化现状及建议［J］. 中国标准化(5)：110-113.

崔立新，2020. 服务质量管理理论与技术［M］. 北京：北京理工大学出版社.

蔡淑野，2020. 提升智慧化水平，让景区服务更精准高效［N］. 无锡日报.

陈修岭，2019. 我国旅游市场的失范与治理：基于东道主的视角［J］. 山东青年政治学院学报 35（6）：102-106.

迟明坤，2020. 大数据时代的旅游精准营销研究［J］. 广西质量监督导报（12）：226-227.

戴志强，2020. 旅游大数据商业化应用中的游客隐私保护研究［J］. 福建电脑(8)：50-52.

戴宏，郭嘉，李羿翔，刘晗，2018. 中国汽车露营地发展模式与创新路径研究［J］. 长安大学学报（自然科学版）(5)：196-204.

戴国良，2019. 图解顾客关系管理（第 2 版）［M］. 北京：企业管理出版社.

邓宁，牛宇，2019. 旅游大数据：理论与应用［M］. 北京：旅游教育出版社.

邓爱民，2018. 旅游接待业管理［M］. 北京：中国旅游出版社.

邓爱民，桂橙林，2016. 汽车露营地规划与管理［M］. 北京：中国旅游出版社.

付雨鑫，2020. 节事活动对城市文化形象的影响与塑造［J］. 现代交际（20）：87-89.

傅广海，2015. 会展与节事旅游管理概论［M］. 第二版. 北京：北京大学出版社.

高玲，2009. 旅游安全的科技支撑体系研究［D］. 泉州：华侨大学.

龚笑，2021. 智慧酒店与传统酒店大数据分析及未来展望［J］. 中国市场（19）：48-49.

顾佳敏，姚惠芳，2019. 互联网时代 OTA 对传统旅行社的影响分析及对策研究［J］. 中国林业经济（6）：101-103.

何建民，2019. 旅游接待业：理论、方法与实践［M］. 重庆：重庆大学出版社.

扈龚喆，陈泽胤，2020. 以行为活动为导向的城市综合体公共空间活力研究［J］. 住宅科技（11）：9-15+34.

胡爽，2020. 基于城市意象性的城市建设文化综合体设计研究［J］. 工业建筑（10）：222-223.

黄丽红，2019. 旅游消费者权益保护的法律问题研究［J］. 社会科学家（8）：113-118.

华旅兴，2018. "全域旅游"热词［M］. 上海：人民出版社.

蒋文恬，2018. 国际旅游统计对我国全域旅游统计的启示［J］. 中国统计（11）：64-66.

金赛，2020. 近 10 年国内旅游大数据文献综述［J］. 旅游纵览（17）：27-29.

李绍伟，2018. 旅游景区公共服务机器人应用研究［J］. 当代旅游（3）：47，49.

李爽，黄福才，李建中，2010. 旅游公共服务：内涵，特征与分类框架［J］. 旅游学刊（4）：20-26.

李慧，鲍富元，2018. 国外旅游市场治理经验比较及对海南省的启示研究［J］. 经济研究导刊（26）：113-115+126.

李东和，孟影，李经龙，2021. 旅游目的地救援系统构建的初步研究：以黄山市为例［J］. 旅游学刊（9）：29-36.

李振环，冯学钢，王亚玲，2020. 对全域旅游发展理念的思考及其实践：以新疆莎车县为例［J］. 喀什大学学报（5）：23-27.

李锦林，2019. 历史文化名村游憩活动的规划原则研究［J］. 旅游纵览（4）：34-35.

李伟静，2020. 在线旅游企业商业模式创新研究［J］. 中小企业管理与科技（中旬刊）（6）：60-62.

李应军，唐慧，杨结，2019. 旅游服务质量管理［M］. 武汉：华中科技大学出版社.

林琼芬，2020. 浅谈节事活动对城市品牌提升［J］. 江西电力职业技术学院学报（11）：158-159+162.

林文超，2017. 旅游卫星账户视域下的旅游统计方式［J］. 中国统计（3）：67-69.

刘晓明，2011. 从日本地震反思我国旅游安全预警和救助体系的构建［J］. 热带地理（6）：641-644.

刘晓燕，2016. 旅游统计国际建议及对我国的启示［J］. 调研世界（10）：47-52.

刘德谦，2012. 关于旅游公共服务的一点认识［J］. 旅游学刊（1）：3-4.

刘翠，2021. 人工智能在旅游活动中的应用研究［J］. 西部旅游（6）：77-78.

刘展，臧传胪，肖遥，等，2020. 共享住宿标准体系构建探析［J］. 中国标准化

(10)：106-112.

梁少华，2020. 人工智能背景下酒店机器人应用现状与思考［J］. 现代商业（18）：40-42.

卢雨曦，姚长宏，2020. 旅游购物者及购物行为研究文献综述［J］. 现代商业（25）：16-17.

卢新新，2019. 基于参会者视角的会议接待服务满意度研究［J］. 产业创新研究（3）：82-83.

陆均良，宋夫华，2017. 智慧旅游新业态的探索与实践［M］. 杭州：浙江大学出版社.

吕妮，马骞，孙越，2018. 旅行社服务与管理［M］. 北京：九州出版社.

楼嘉军，李丽梅，徐爱萍，2019. 中国城市休闲化发展研究报告（2018）［R］. 上海：上海交通大学出版社.

MARIA LENHART，裴超，2019. 大放异彩的奖励旅游 谈会奖旅游业的发展［J］. 中国会展（中国会议）（24）：70-75.

米红，冯广刚，2017. 公共危机管理：理论、方法及案例分析［M］. 北京：北京大学出版社.

马开良，叶伯平，葛焱，2018. 酒店餐饮管理［M］. 第二版. 北京：清华大学出版社.

马勇，2018. 旅游接待业［M］. 武汉：华中科技大学出版社.

马镇丹，2020. 在华外国人管理新思考［D］. 北京：中国人民公安大学.

孟凡哲，2019. 论旅游市场秩序调控中的行业协会治理［J］. 北方工业大学学报（1）：25-31.

孟庆杰，唐飞，2020. 前厅客房服务与管理［M］. 第七版. 大连：东北财经大学出版社.

欧阳日辉，2020. 旅游业共享经济是新型消费的重要形态［J］. 新经济导刊（4）：13-18.

齐泰恒，2020. 2020 年上半年中国在线旅游市场数据报告发布［J］. 计算机与网络（20）：6-7.

邱峰，刘洪利，2010. 虚拟现实技术在旅游资源开发与保护中的应用［J］. 商业经济（2）：108-110

单友成，李敏强，赵红，2010. 面向客户关系管理的客户满意度指数模型及测评体系［J］. 天津大学学报：社会科学版（2）：119-124.

孙嫘，2019. 浅析人工智能对酒店业发展的影响［J］. 科技资讯（5）：109-110+112.

孙宗虎，2021. 餐饮企业运营与管理全案［M］. 北京：人民邮电出版社.

宋梓棉，郑英花，金佳凯，2015. 浅谈礼仪在会展接待中的应用［J］. 科技创新与应用（14）：284.

邵振峰，章小平，马军，邓贵平，2010. 基于物联网的九寨沟智慧景区管理［J］.

地理信息世界（5）：12-16+28.

苏朝晖，2020. 客户关系管理：建立、维护与挽救［M］. 第2版. 北京：人民邮电出版社.

谭建共，石磊，曹卫. 休闲体育项目策划与管理［M］. 北京：高等教育出版社，2020.

ULRIKE GRETZEL，向征译，2020. 人工智能时代的旅游［J］. 旅游学刊（1）：1-3.

王浩，李卉妍，2021. 论旅游景区管理的发展历程及其管理创新的必要性［J］. 中国市场（1）：244+248.

王国惠，韩克勇，2021. 浅析旅游业如何运用客户关系管理［J］. 福建论坛（人文社会科学版）（2011-3）：34-37.

王瑾，2019. 旅游文创商品开发策略研究［J］. 现代营销（信息版）（8）：127.

王永贵，马双，2021. 客户关系管理（第2版）［M］. 北京：清华大学出版社.

王天佑，2021. 饭店餐饮管理（第四版）［M］. 北京：北京交通大学出版社.

王琳，2020. 基于共享发展理念的房车营地营建策略研究［D］. 大连：大连理工大学.

王宇，2019. 中国旅游保险发展与创新研究［D］. 南宁：广西大学.

王雪娟，2021. 打造智慧文旅生态圈 推动景区数字化转型［N］. 中国文化报.

温碧燕，2011. 旅游企业顾客感知服务质量理论与实证［M］. 北京：科学出版社.

吴应利，文南薰，2017. 休闲管理实务［M］. 北京：中国旅游出版社.

解大琴，2019. 智能识别技术在智慧旅游中的应用［J］. 南国博览（3）：38

谢洪忠，胡锡茹，2016. 旅行社经营与管理［M］. 北京：中国旅游出版社.

肖来，2019. “一带一路”背景下购物旅游供给侧结构优化研究：以义乌为例［J］. 商业经济（8）：38-39+50.

徐硕，2020. 国内房车营地盈利模式与发展趋势研究［J］. 旅游纵览（24）：32-34.

熊卫平，2019. 危机管理：理论. 实务. 案例［M］. 杭州：浙江大学出版社.

徐福英，刘涛，2020. 国内旅游公共服务研究回顾与展望［J］. 山东工商学院学报（4）：37-46.

徐菊凤，潘悦然，2014. 旅游公共服务的理论认知与实践判断：兼与李爽商榷［J］. 旅游学刊（1）：27-38.

杨丽春，关萍，2015. 优化我国旅游景区管理的对策研究［J］. 对外经贸（10）：72-74.

杨宏，2015. 大数据与智慧酒店管理［J］. 科技创新与应用（19）：259-260.

杨强，2016. 体育旅游产业融合发展的动力与路径机制［J］. 体育学刊（4）：55-62.

杨絮飞，蔡维英，2020. 旅游景区管理［M］. 第2版. 北京：北京大学出版社.

叶娅丽，陈学春，2018. 旅行社经营与管理［M］. 北京：北京理工大学出版社.

于凤霞，2020-08-28. 共享住宿新业态发展的六个趋势［N］. 人民邮电.

张志雄，2019. 大数据助推“智慧”旅游发展研究［J］. 决策与信息（7）：34-40.

张超，曹兵，2020. 旅游景区服务机器人的应用研究［J］. 信息系统工程（5）：8-9.

张进福，郑向敏，2001. 旅游安全表现形态与时空特征简析［J］. 桂林旅游高等专科学校学报（1）：36-38+44.

张进福，2001. 旅游安全管理现状分析与对策思考［J］. 旅游科学（2）：44-46.

张永民，2017. 运用“五位一体”协同机制 提升会议服务质量［J］. 办公室业务（22）：105.

张曌，智根娣，可凯燕，李彬彬，2020. 国内房车旅游营地顾客需求分析［J］. 现代企业（4）：127-128.

张河清，2018. 旅游景区管理［M］. 重庆：重庆大学出版社.

张河清，2011. 会展旅游［M］. 广州：中山大学出版社.

张跃西，2017. 旅游危机管理［M］. 北京：中国旅游出版社.

张泊平，2020. 虚拟现实：理论与实践［M］. 北京：清华大学出版社.

张骏，2017. 旅游新业态发展研究［M］. 北京：旅游教育出版社.

张骏，尹立杰，常直杨，张德仪，2019. 田园游憩：乡村旅游开发与经营管理［M］. 北京：高等教育出版社.

张科，2018. 多中心治理视角下旅游市场监管模式研究［D］. 西安：西北大学.

赵艳丰，2020. 打破我国奖励旅游发展的瓶颈（上）［J］. 中国会展（中国会议）（6）：44-47.

赵艳丰，2020. 打破我国奖励旅游发展的瓶颈（下）［J］. 中国会展（中国会议）（8）：44-47.

郑向敏，2003. 旅游安全学［M］. 北京：中国旅游出版社.

郑向敏，宋伟，2005. 国内旅游安全研究综述［J］. 旅游科学 19（5）：1-7

郑思雯，汤钦，2019. 探讨旅游购物环境的构成［J］. 智库时代（14）：54-55.

邹统钎，2003. 体验经济时代的旅游景区管理模式［J］. 商业经济与管理（11）：41-44.

邹永广，2020. 旅游安全评价：研究现状与述评［J］. 旅游学刊（7）：133-146.

赵卉，2020. 智慧酒店的发展分析［J］. 旅游纵览（15）：18-20.

朱定局，2018. 共享经济理论与人工智能机器人.［M］北京：人民出版社.